U0882746

教育·社会·历史研究丛书
闫广芬 主编

近代中国大学社会服务研究

许衍琛 著

Research on Social Service of Modern Chinese Universities

中国社会科学出版社

图书在版编目（CIP）数据

近代中国大学社会服务研究／许衍琛著．—北京：中国社会科学出版社，2021．4

（教育·社会·历史研究丛书）

ISBN 978－7－5203－8126－0

Ⅰ．①近…　Ⅱ．①许…　Ⅲ．①高等学校—社会服务—研究—中国—近代

Ⅳ．①G649．2

中国版本图书馆 CIP 数据核字(2021)第 047053 号

出 版 人　赵剑英
责任编辑　马　明　孙砚文
责任校对　任晓晓
责任印制　王　超

出　　版　中国社会科学出版社
社　　址　北京鼓楼西大街甲 158 号
邮　　编　100720
网　　址　http://www.csspw.cn
发 行 部　010－84083685
门 市 部　010－84029450
经　　销　新华书店及其他书店

印　　刷　北京明恒达印务有限公司
装　　订　廊坊市广阳区广增装订厂
版　　次　2021 年 4 月第 1 版
印　　次　2021 年 4 月第 1 次印刷

开　　本　710×1000　1/16
印　　张　17.25
插　　页　2
字　　数　274 千字
定　　价　79.00 元

凡购买中国社会科学出版社图书，如有质量问题请与本社营销中心联系调换
电话：010－84083683
版权所有　侵权必究

目　录

第一章

导　论

大学随着时代的变迁而发生改变。从产生之初，大学是与社会保持相当距离的象牙之塔，到逐渐走向、融入社会。中世纪西欧大学从产生开始，就受到宗教的束缚和控制。随着欧洲民族国家的崛起，大学、国家、教会三者开始了曲折、复杂的博弈过程。博弈的总趋势是大学的世俗性越来越强，教会对大学的控制越来越弱，大学实现了从社会边缘到中心的位置变换，大学和外界社会的关系显得更加紧密。“高等教育比过去任何时候更加是社会的一部分，而且，作为一个结果，更少脱离社会，在将来这很可能越来越正确。”① 在与社会的互动当中，大学依托社会这个更大的平台，自身取得了巨大的成功，这种成功也使社会对大学提出了更多的要求。英国著名比较教育家阿什比（Eric Ashby）说：“大学由于成功所造成的后果是什么？简单说，过去，校外的力量对大学的发展变化仅有微不足道的影响，现在却可能发挥巨大的作用了。”② 每个先进的国家都有自己为世人称颂的大学，大学为发展科教事业，实现国家、民族的富强做出了卓越的贡献。知识经济时代的来临为大学在人类文明史上发挥更大的作用提供了难得的历史机遇。每一个想在以知识为主要博弈武器的时代立于不败之地的国家或者民族，都必须高度重视大学的作用。

---

① ［美］克拉克·克尔：《高等教育不能回避历史》，王承绪译，浙江教育出版社 2001 年版，第 273 页。

② ［英］阿什比：《科技发达时代的大学教育》，滕大春、滕大生译，人民教育出版社 1983 年版，第 13 页。

关于大学作用这一论题，学者们从多种角度、多种学科进行深入的探讨，提出了不少创见。在不断揭示大学与社会之间繁复关系的过程中，人们更加深刻地认识到大学对于社会发展的重要性。“更多的人相信大学在未来社会中的地位依旧重要，甚至不可或缺。我们清楚地知道，有关高等教育在未来社会中的作用的争论有着重要的深远意义。那种独特的富有成效的合作关系，即大学和社会之间形成的社会契约，不可能继续建立在上一世纪所依赖的条款和条件上。”① 从近代中国大学发端，大学就在探讨服务、拯救中国社会之道。在漫长的发展过程中，大学为我国物质建设做出巨大贡献。随着软实力在国际舞台的竞争中发挥越来越重要的作用，大学应该致力于促进国家软实力发展。大学社会服务必须向深入、全面的方向发展。为此，《国家中长期教育改革和发展规划纲要(2010—2020)》明确提出增强高等教育社会服务能力的要求，对大学社会服务提出新的挑战。挑战之一就是如何发挥大学的“智库”作用以更好地服务于我国社会转型的需要。大学必须“为国家提供具有远见的思想和智慧，特别是作为智库发挥服务决策的作用……在关乎国家、社会和产业发展的重大战略问题上，为政府决策提供综合性、全方位的智力支持，对关键领域的未来发展趋势有所预见、有所引领，而不能仅仅停留在技术层面”②。高校智库建设日益引起人们的关注，这一现象隐喻的是人们对大学社会服务提出的新要求，在此种背景下探讨近代中国大学社会服务具有重要的历史和现实价值。

第一节 研究缘起、意义

一 研究缘起

在充满复杂、激烈竞争的国际舞台上，经济和科技力量发挥关键作用。谁拥有了科学这一利器，谁就能够执世界发展之牛耳。科学与技术对于生产力发展的重要性，已经越来越为人所认识。从16世纪开始，科

---

① ［美］詹姆斯·杜德斯达：《21世纪的大学》，刘彤译，北京大学出版社2005年版，第5页。

② 张男星、王纾：《如何理解与发挥大学的社会服务职能：访天津大学校长李家俊》，《大学》（学术版）2013年第12期。

学的接力棒从意大利相继传到英国、法国、德国，如今则是美国。细读一部世界大学教育发展史，就会发现接力棒的传递跟近代大学发展中心的变更是惊人的吻合。近代大学诞生于意大利，11 世纪的博洛尼亚和萨莱诺这两所分别以法律和医学见长的高等学府享誉全欧。继而，英国的牛津大学、剑桥大学异军突起，之后是法国首先整饬本国高等教育机构，位于首都巴黎的理工、高师等院校引人注目。19 世纪以降，洪堡创建柏林大学，并且赋予大学科研职能，德国大学迅速发展，并且带动德国崛起，对于德国大学人们无不心向往之。20 世纪初的美国，高等教育迅速发展，继而引领世界高等教育发展的潮流。世界科技中心和大学发展中心转换的轨迹说明，一个国家的科技水平与之大学发展的程度是相适应的。

在与社会相互作用的过程中，大学自身职责得到拓展。大学不仅通过人才培养、科学研究等较为间接的方式促进社会的发展，实现自身的价值。而且，随着实践的发展，大学还直接参与到社会的发展过程中，将自身的人才、智力优势直接转化成社会生产力。大学服务于社会发展的趋势越来越强，职能的内涵也在发生变化，内容不断得到拓展，经历了教学、科研、社会服务的发展过程，这种拓展过程仍在继续。“随着技术的发展和科学研究在现代社会中的作用日益重要，大学的重要意义也提高了，作用也增强了。在传统大学传授和保存已有文化的职责上，又增加了许多新的职能。”① 大学作为社会分工体系中的组成部分，必须面对社会，不能自我封闭。大学社会服务正是在内、外环境的共同作用下实现的。人们对大学的关注可以说是前所未有的，对大学社会服务的研究也就引起学者的重视。然而，对我国大学这一职能的研究主要侧重于新中国成立之后，特别是改革开放之后。这一时期我国掀起轰轰烈烈的经济建设大潮，大学社会服务得到高度重视，大学甚至成为拉动经济增长的工具。

从近代第一所大学诞生到 1949 年新中国成立，在短短几十年时间内，近代中国大学经历了一个从初创到发展再到逐步完善的过程。就大学职能方面来看，现在大家普遍认可的人才培养职能、知识创造职能和社会服务职能，西方近代大学用了几百年的时间才逐渐完成这个职能的扩展过程，

---

① ［美］阿特巴赫：《比较高等教育》，付娟明译，文化教育出版社 1985 年版，第 17 页。

而我国近代大学只用了很短的时间就基本上完成了这个过程。近代中国大学产生以来，在极端恶劣的社会环境中，为我国现代事业的发展助力甚多。政治上，近代中国大学造就大批政治人才，大学成为先进思想的诞生地和政治运动的重要参与者；经济上，大学为我国近代经济的转型和发展造就了大批实用人才，为我国经济的发展提供了重要的智力支持。很多大学还积极面向社会办学，加强学校同地方、国家等的合作，直接服务于地方经济的发展；在文化方面，大学更是功勋卓著，它是新文化运动的滥觞。为转移社会风气、开发民众智力，近代中国大学大力普及教育……没有近代中国大学助力，我国的现代化事业将不可想象。

正是因为近代中国大学在社会转型当中所扮演的重要角色，对于它的研究引起人们的高度重视。研究人员既有中国的也有外国的，研究内容覆盖的范围已经相当广泛，研究的视角逐渐走向多学科的融合……然而，仔细翻阅已有的针对近代中国大学的研究成果，就会发现对于此时期它们的社会服务的关注并不多，成为大学社会服务这一研究热点中的薄弱环节。其原因主要是：

第一，“西方中心观”的影响。

由费正清大力提倡，以西方冲击、中国回应为基本分析框架的西方中心模式对于学者产生了极大的影响。西方学者拥有极大的话语支配权，我国学者也竞相努力与西方学者“接轨”。我国高等教育研究也深受“西方中心”的影响。从大学职能发展史角度来看，教学、科研两大职能诞生于欧洲大学，美国大学确立和发展了社会服务职能，并且后来居上超越欧洲大学。欧美大学发展史在很大程度上就是世界大学发展史。欧美大学成为全世界大学发展的标杆，其他国家和地区高等教育发展的状况以及针对高等教育的研究都要以欧美为标准。

在这里我们不免要问是否存在一条放之各国而皆准的大学之“轨”？一部世界大学发展史告诉我们，当今世界高等教育强国无不是在本国实际情况基础上，广采他国长处而逐步实现超越的。学者阿什比说：“任何类型的大学都是遗传和环境的产物。”① 威斯康星大学宣布州的边界就是

① ［英］阿什比：《科技发达时代的大学教育》，滕大春、滕大生译，人民教育出版社 1983 年版，第 7 页。

大学的边界，主张大学应服务于区域经济与社会发展。为此，威斯康星大学取得了卓越的成就，为世人瞩目，为世界各国所效仿，也成为人们认识、理解大学社会服务的话语系统，致使关于自身特色的研究关注不够。

第二，救亡图存时代主题的限制。

自步入近代以来，中国逐渐沦为半殖民地半封建社会，人民生活于痛苦中。在本研究时段内，中国政局更是风云变幻、民生凋敝。民国肇建、洪宪帝制、军阀纷争、列强虎视……救亡图存成为重要的任务。此时的我国高教界人士大多是教育救国、学术救国的倡导者和实践者，即先要解决民族生存的问题，然后才是发展的问题。威斯康星理念在美国诞生之时，正值美国经济、社会、文化等欣欣向荣的时期。为了加速美国的发展，美国人注重发挥大学的作用，要求大学面向社会、服务社会。威斯康星理念的酝酿与成长是旨在促发展的，而当时中国社会的现实要求却是求生存的。时代主题的限制在一定程度上影响了人们对近代中国大学社会服务的关注。

第三，我国教育实践中对于基层社会的关注不够。

作为后起的资本主义国家，由于地理、文化等方面的原因，美国教育发展的羁绊较少，其教育民主化、世俗化的进程是较快的。威斯康星理念产生的最初动机是促进美国农业以及与农业相关的领域的发展，它是直接面向广大普通民众的。我国历代统治者虽然也非常重视教育的作用，但是这种重视主要是在维护阶级统治的层面上进行的，是为“君民”而进行的“化民”。在此影响下，我国教育民主化、世俗化进程一直是比较缓慢的。在本研究时段内，虽然我国教育民主化、世俗化的水平较之以往有了很大的提高，但是对于广大普通民众来说，大学教育仍然是可望而不可即的，距离普通民众还有一段距离。正是因为这种原因，在研究时段内才会出现先进人士呼吁重视平民、实业等教育。滞后的教育民主化、世俗化进程使得人们对于教育的社会性重视不够，那么对于极富“社会性”的大学社会服务关注不多，也是情理之中的事情了。

二 研究意义

以史为镜，可以明得失。今天如何完善大学的社会服务实践，历史可以提供一些借鉴。然而，学者们一直未对本研究主题给予足够关注。就笔者目前掌握的资料而言，对近代中国大学社会服务的研究还缺乏比较深入、系统的著述，主要是一些零散的文章。本研究在理论与实践方面兼具重要意义。

（一）理论意义

首先，拓展和丰富我国高等教育研究的范围及内容。我国近现代高等教育发端较迟。从1895年近代中国大学诞生到1949年新中国成立，我国的大学基本上建立起教学、科研、社会服务三大职能体系。此时期的高等教育研究，学者关注最多的是近代中国大学的起源、理念、模式移植及现代大学制度的建立等内容。对近代中国大学在社会发展中作用的研究，可以进一步丰富人们有关大学职能的知识体系，充实中国近代高等教育的研究内容，开拓中国高等教育史的研究领域。

其次，有助于更好地认识我国高等教育发展过程中“外源”和“内生”的关系，为我国高等教育本土化和现代化提供新的理论支持。在探讨近代中国大学产生和发展的过程中，学者们普遍将外部刺激置于显著的位置，在一定程度上忽略了内部因素的作用。比如，人们在探讨近代中国大学制度诞生的时候，更多地注意对日本、法国、德国、美国等国大学制度的借鉴和模仿，忽视了近代中国大学发展中的传统因素。在有关近代大学社会服务为数不多的研究成果中，研究者普遍将“威斯康星理念”的刺激视为主要原因。诚然，外部刺激是近代中国大学产生和发展的一个重要原因，但是也不能忽略传统因素在近代中国大学产生中的作用。近代中国大学诞生于半殖民地半封建的旧中国，并且受到中国传统文化的影响和制约，从其诞生之时就注定了它较之西方大学要承担更多的社会服务责任。正因如此，近代中国大学的社会服务理念和活动异于西方。本研究通过探讨近代中国大学社会服务诞生的中国元素，对于我国大学本土化理论的完善、丰富我国高等教育的理论体系具有重要意义。

（二）实践意义

“一个人如果不理解过去不同时代和地点存在过的不同的大学概念，他就不能真正理解现代的大学。”① 从这个意义上讲，对于近代中国大学社会服务的研究具有重要的实践意义。这一意义主要有如下几点：

首先，为建立大学和社会之间良性互动关系提供借鉴。在大学发展过程中，人们对它的质疑从未间断。人们要么批评大学高坐象牙之塔，要么批评大学太过世俗，没有起到引领社会的作用。大学和社会之间保持一种什么样的“黄金分割”关系，既能使大学有效地开展社会服务，同时又不泯灭大学自身的组织特性，一直是学者们探讨的热点。本研究对于近代中国大学社会服务内容、机制、问题等方面的论述，对于现今我国高校处理政府、大学和社会的关系将提供良好的借鉴。

其次，解决困扰大学自身发展的一些现实问题。近代中国大学开展社会服务的原因固然很多，有政治的、文化的，等等。但是其中非常重要的一个原因是克服自身发展存在的困境，比如经费缺乏等问题。本研究通过对近代中国大学开展社会服务活动的分析，聚焦它们是如何利用自己的资源优势来谋取更多的社会财富，克服自身发展的困难。这对当今中国大学的持续、健康发展无疑具有重要启示意义。

最后，提高学生的责任感，克服当前大学生就业功利现象。学生是近代中国大学社会服务的重要力量之一。在多灾多难的近代中国，作为时代骄子的大学生在“天下兴亡，匹夫有责”精神的感召下，积极参与大学社会服务实践活动。特别是五四运动之后，在民主、科学思想的激励之下，青年大学生充分认识到民众的力量，纷纷深入平民百姓之中。在实践过程中，学生们加深了对于国力国情的认识，更加认识到自己所肩负的民族解放、国家复兴的重任。这种勇于献身和牺牲的精神是近代中国大学生留给当今大学生的宝贵精神财富。虽然生存的环境已经不同，但是这种精神将仍然对于中华民族具有重要的意义。受一些不良思想的冲击，当今我国一些大学生的责任意识不强，过分关注小我利益计算，追求物质享受，这特别表现于大学生择业的功利性上。通过对近代中国

---

① ［美］伯顿·克拉克：《高等教育新论——多学科的研究》，王承绪等译，浙江教育出版社2001年版，第49页。

大学生轰轰烈烈地参与社会服务实践的介绍和学习，有助于克服当今我国大学生奉献意识淡薄、社会责任感不强的问题。

第二节 概念界定

概念界定是科学研究的重要步骤，是研究向纵深发展的基础。马克斯·韦伯（Max Weber）认为对于概念的界定可以“力求阐明所有经验的社会学在处理同样的问题时究竟是指什么，并希望阐明什么是更方便和在某种程度上更准确的术语，尽管因此会显得有些学究气”①。概念界定同样对其他学科领域的研究具有重要意义。在本研究中，笔者主要对近代大学、社会服务、大学职能、大学社会服务等核心概念进行界定。

一 近代大学

“近代”是指从鸦片战争始到中华人民共和国成立止的一百多年的历程，本研究中的“近代”是从1895年到1949年这一时段。选择1895年作为本研究的起点，首先，基于近代中国大学发展历程而做出的选择。尽管对于近代中国高等教育的具体起源时间存在不同的看法②，但笔者赞同以1895年盛宣怀成立天津中西学堂作为近代中国大学发端的观点。潘懋元认为：“中国近代大学是在19世纪末开始萌芽的，1895年盛宣怀主持创办的天津中西学堂的头等学堂是其标志。”③ 熊明安、金以林等亦持有与潘先生类似的观点。④ 其次，从1840年中国开始逐步沦为半殖民地

① ［德］马克斯·韦伯：《社会科学方法论》，杨富斌译，华夏出版社1999年版，第34页。

② 现代意义上的高等教育源于西方，对于其在中国的发端学术界是见仁见智。一派认为，近代中国大学发端于以京师同文馆为代表的洋务学堂；另一派认为，1895年盛宣怀创办天津中西学堂开创了现代意义上高等教育的先河；还有人认为，近代中国高等教育的发端应该以1898年京师大学堂的成立为标志。洋务学堂的办学宗旨仍然在封建教育思想的框架之下，没有统一的计划安排，设置比较零散。1895年成立的天津中西学堂虽然从规模、影响等方面来看均比不上三年后成立的京师大学堂。但是，其办学思想和体制直接取自美国，学堂层次设置较有体系，课程设置亦采用美国大学的标准，学生毕业后还有出国接受研究生教育的机会。因此，笔者认为将其作为近代中国高等教育的发端比较合适。

③ 潘懋元：《中国高等教育百年》，广东高等教育出版社2003年版，第113页。

④ 熊明安：《中国高等教育史》，重庆出版社1988年版，第315页；金以林：《近代中国大学研究（1895—1949）》，中央文献出版社2000年版，第9页。

半封建社会，先进的中国人士开启了挽救民族危亡的艰难历程，中华民族日益觉醒。但是由于传统的束缚，这种觉醒在甲午中日战争之前仅限于一小部分人之内。“中国传统文化从来都不是被动吸收外来文化，而是把外来文化加以中国化，纳入中国固有的思维模式之中，以保持中国的固有发展格局与方向。这一思维定式严重地阻碍人们去认识新的、未知的事物和世界，故而成为推动现代化起步的沉重精神负担。”① 这使得这一小部分先进的中国人对于救国之道的认识在一定程度上说也比较肤浅，洋务派的失败就是最好的证明。甲午一役对于清王朝和日本的改革运动的利弊得失做出了最好的历史判决，泱泱华夏竟然输给了蕞尔小国，这一惨败对国人的影响是深刻的，在一定意义上说，国人的真正觉醒实自甲午一役始。梁启超曾经说过：“吾国四千余年大梦之唤醒，实自甲午战败割台湾偿二百兆以后始也。”②

从大学产生以来，“大学的含义和目的可以说是因时而异、因地而异”③，一直处于动态的变化之中。在本书研究的起止时间内，我国大学存在不同的类型。按照规模来分，有综合性大学和单科大学之分，1912年的《大学令》和1917年的《修正大学令》分别对此做出了规定；按照办学程度来划分，主要有专科、本科等不同；按照举办者来分，有国家设立、地方设立、私人设立和宗教团体设立之分。本研究当中的大学，是指在研究时段内高等教育机构中政府许可或者立案的较高层次的国立、省立、私立和教会大学。为了行文的方便，本书将其统称为近代中国大学。沦陷区的大学和中共在解放区、根据地举办的大学不在本研究之列。

二 社会服务

中国自古有“社”也有“会”，但是却鲜见有现代意义上的“社会”。中国古代的“社”表示祭祀之地、某种团体组织或者行政单位。“会”比“社”出现晚一些，意为会集、聚合，如“以文会友”。一旦相

---

① 罗荣渠：《现代化新论（增订本）》，商务印书馆2004年版，第284页。

② 梁启超：《戊戌政变记》，中华书局1954年版，第1页。

③ ［美］伯顿·克拉克：《高等教育新论——多学科的研究》，王承绪等译，浙江教育出版社2001年版，第24页。

“会”，就可能会建立某种联系，甚至形成某种组织。所以“社”与“会”有相通之处。

今天的“社会”是西欧文艺复兴之后近世思想演变的结果，来自拉丁语 societas，意为社团、团体。《现代汉语词典》（第五版）认为社会具有两种含义，即表示社会形态和人群共同体[①]，分别强调社会的不同层面。专门以社会为研究对象的社会学对于社会的定义更为专业、更具代表性。然而，即使在社会学界，对社会的定义也是见仁见智。《社会学大辞典》的定义是：“以共同物质生产活动为基础而相互联系的人类生活的有机体。”[②] 社会学视野下的社会范围比较灵活，根据研究的需要它可以是指整个宏观的人类社会，也可以具体微观到社区等不同层面。但是，这些不同层面的社会都含有诸如人口等一些必备的要素。吴俊斌在《国家与社会：内涵、分化及其范式转换分析》一文中总结认为社会学家的“社会”定义主要有四种，即分别强调社会是有机体、共同体关系、文化属性和宗教属性。[③] 这四种有关社会的定义都在一定程度上揭示了社会某一方面的属性。但是，作为一种复杂现象的社会，对其从某一方面进行单一解读显然不能穷尽社会的意蕴。在本书中，我们借用大社会的概念，它是经济基础和上层建筑的统一，也包括一定物质条件之内的人群组合，即《现代汉语词典》中的概念。

“服务”既可以做动词，也可以做名词。作为动词的“服务”是指：“为集体（或别人的）利益或为某种事业而工作。”[④] 名词的“服务”则是指所提供的该种工作或者努力。“服务”定义中的“集体”“某种事业”表明“服务”的社会属性。“社会”与“服务”连用而成“社会服务”更为强调服务的社会属性，必须是服务于公众的。早在 1921 年就有人撰文指出：“社会服务……美德也，然当为公众利益之社会服务。”[⑤] 学

---

① 中国社会科学院语言研究所词典编辑室编：《现代汉语词典》，商务印书馆 2005 年版，第 1204 页。

② 程继隆：《社会学大辞典》，中国人事出版社 1995 年版，第 259 页。

③ 吴俊斌：《国家与社会：内涵、分化及其范式转换分析》，《理论与现代化》2011 年第 4 期。

④ 中国社会科学院语言研究所词典编辑室编：《现代汉语词典》，商务印书馆 2005 年版，第 419 页。

⑤ 钝根：《社会服务观》，《礼拜六》1921 年第 102 期。

者吴文藻在谈到社会服务的原理时认为："我们做社会服务事业，因我们所得的东西必大众共享，不应独占；施与别人，好像传递非我们所有的东西一样；我们应该施与并建造；我们应该施与并领取；我们施与，并非像那视世界为可怜可惨的，要减去祸患；社会服务应该表现个性，带创造色彩；我们施与的事业，早晚必须使接受的人明了。"[①] 总结以上有关论述，笔者认为所谓社会服务是指社会中的团体或者个人为保证社会秩序稳定与和谐发展而进行的旨在造福集体、他人的社会活动。

三　大学职能

作为一个社会组织，在社会发展的过程中，大学必须承担一定的社会责任，由此产生大学职能。它是一个动态的概念，由于社会的需要和大学自身发展逻辑等原因，大学职能在不同的历史阶段具有不同的内容。学者 Olaf Pedersen（1920—1997）认为，满足社会需求、培养专业人才是欧洲早期大学产生的动因。[②] 作为一种会社形式存在的早期大学，在适应社会发展要求的同时实现保护自身的目的。宗教笼罩下的中世纪需要大量的神学人才，还需要大量与日常生活相关的法律、教育、医护人才。与此种社会需要相应，当时的大学主要设置文学、法律、神学、医学四种科目。宗教力量的羁绊、社会需求有限等因素剥夺了大学其他职能存在的可能性。人才培养成为大学最早和当时仅有的职能。英国的纽曼（John Henry Newman）在其代表作《大学的理想》开首就说："它（大学）是一个传授普遍知识的地方。这意味着，一方面，大学的目的是理智的而非道德的；另一方面，它以传播和推广知识而非增扩知识为目的。如果大学的目的是科学和哲学发现，我不明白为什么大学应该拥有学生；如果大学的目的是进行宗教训练，我不明白它为什么会成为文学和科学的殿堂。"[③] 我国学者陈祖兴等人也持类似的观点。他在《论高等学校职能与功能的关系》一文中认为："高等学校的职能只有一个，即培养高级

① 吴文藻：《社会服务的研究》，《清华周刊》1921 年第 7 期增刊。

② Olaf Pedersen, *The First Universities: Studium Generale and the Origins of University Education in Europe*, Cambridge University Press, 1997, p. 301.

③ ［英］纽曼：《大学的理想》，徐辉等译，浙江教育出版社 2001 年版，第 1 页。

专门人才。”[①]

文艺复兴冲击了神学教育在大学的主导地位，人文科学开始得到大学的重视。科技革命的爆发则为自然科学进入大学提供了客观基础。德国洪堡创建柏林大学，从此，科研的旗帜高高飘扬在象牙塔之上。大学职能实现了从最初的教学职能到教学和科研职能的转变，大学具备了两种职能。哲学家罗素（Bertrand Russell，1872—1970）说：“大学乃是为了两个目的而存在：一方面，为某些职业训练人才；另一方面，从事与眼前用途无关的科学研究。”[②]

不论教学职能还是科研职能，在很长时间以来它们主要限于学者在象牙塔之内的探索，大学与社会之间的联系非常少。在继承欧洲大学模式的基础上，美国大学不断结合自身生存环境进行调整。在本杰明·富兰克林（Benjamin Franklin）等人的努力下，美国大学逐步打破与社会之间的隔阂，走出校园开始服务社会。特别是以威斯康星大学为代表的赠地学院的创办，更是将这种理念发扬光大，大学社会服务职能得以确立。至此，大学集教学、科研和社会服务三职能于一身。这是目前有关大学职能论述中认可度最高的观点。

2011 年，清华大学建校百年之际，国家主席胡锦涛将“文化传承创新”同“人才培养”“科学研究”和“社会服务”并列为高校的重要工作。他的这一提法引起了人们对于大学文化职能的关注和兴趣。其实，早在 1995 年，潘懋元就指出，文化的选择与创造是高等教育的基本功能。[③] 可惜，这一观点在当时并没有引起人们的关注。大学以知识为业，知识的生命力在于继承基础上的锐意创新。这就要求大学能够善于吸收和利用人类历史上一切优秀的文化成果，不断推陈出新，创造适应并且能够引领现实的新文化。

综观大学职能发展史，大学职能是一个不断丰富的概念。在不同时空条件下，其呈现形式是不一样的。但是，这些具体的职能形式是作为

① 陈祖兴：《论高等学校职能与功能的关系》，《上海高教研究》1994 年第 1 期。

② ［英］罗素：《论教育》，靳建国译，东方出版社 1990 年版，第 193 页。

③ 潘懋元、朱国仁：《高等教育的基本功能：文化选择与创造》，《高等教育研究》1995 年第 1 期。

社会成员的大学能够发挥而且应该发挥的作用。职能兼有职责所在和力所能及的色彩。大学职能是指“大学作为一种社会机构所应承担的职责和应发挥的作用”①。

四　大学社会服务

大学社会服务可以从广义的视角和狭义的视角进行解读。广义的内涵是指在人类发展史上大学所发挥的一切作用。狭义的职能概念是指诞生于19世纪后半期美国大学的、继人才培养、知识发现之后而起的第三种职能。对于该种职能的兴起和发展，以威斯康星大学为典型的大批赠地学院发挥了重要作用。但是国内外学界对大学狭义社会服务的表述、内容等尚未达成一致的看法。国外对大学这种狭义的社会服务有社区、公共服务等不同称呼。我国学术界有关这一定义比较典型的观点是：

潘懋元认为，为了“区别于广义的社会服务，高校的这一职能可以叫做‘直接为社会服务’。直接为社会服务的基本意义可以表述为高等学校的智力资源直接地迅速地转化为社会生产力（社会实践）”②。

张楚廷认为：“在威斯康星大学提出社会服务职能之前，难道大学不是已经自觉不自觉地通过不同途径和方式在服务社会吗？威斯康星思想有何新意呢？从威斯康星大学实践这一思想的过程来看，它有如下特点。1. 更直接性……2. 更实际……3. 更融合。”③ 他是通过特点分析来把握狭义的社会服务职能。这一定义还告诉我们在威斯康星理念出现之前，大学已经在开展社会服务了。

朱国仁指出：“高等学校的社会服务职能，就是高等学校以直接满足社会的现实需要为目的，以培养专业人才职能和发展知识职能为依托，有目的有计划地向社会所提供的具有学术性的服务。”④

眭依凡指出：“高校社会服务是一个很宽泛的概念。广义的高校社会服务是指高校作为一个学术组织为社会做出的包括直接的和间接的所有

---

① 刘宝存：《大学理念的传统与变革》，教育科学出版社2007年版，第233页。

② 潘懋元：《高等教育学讲座》，人民教育出版社1993年版，第52页。

③ 张楚廷：《高等教育学导论》，人民教育出版社2010年版，第100页。

④ 朱国仁：《论现代高等学校三种职能的意义》，《高等教育研究》1998年第1期。

贡献，它从根本上解释了高校历经时代变迁和制度更迭后依然能够持续存在和发展的根本原因，即不断地服务和满足社会发展的需要。狭义的高校社会服务是指，高校在保证正常的人才培养和科学研究活动前提下，依托高校的教学、科研、人才和知识等资源优势，向社会提供直接的、服务性的、促进经济和社会发展的活动，其具有社会指向性、直接现实性、学术性、发展性、服务的有限性等基本特征。”①

在本研究中的社会服务是指，为了推动社会发展，大学所进行的以教学、科研活动为基础，直接向社会提供的服务活动，即社会服务的狭义概念。从内容上看，它不仅包含经济，也包括政治、教育、科学和技术等。大学社会服务要凸显学术特色，同时具有有限、直接、广泛等特点。大学社会服务要凸显学术色彩，是由大学以渊博知识为业的组织特性所决定的。以知识为业的大学，其所从事的社会服务活动必须具有浓厚的智力色彩。否则，就与一般社会机构的服务活动无异；学术性直接决定大学社会服务要在一定范围内进行。不具有学术色彩的社会服务，大学应该“敬而远之”。大学社会服务的有限性还意味着社会服务必须在大学职能体系中摆正位置，不能影响大学其他职能活动的正常发挥；社会服务的直接性是相对于大学教学、科研活动而言的，它比二者与社会的关系更为紧密，效果更为直接。广泛性是就大学社会服务的覆盖范围而言的。大学是社会分工体系中的一员，它所进行的高端智力活动是社会各方面都必需的。大学社会服务必须覆盖政治、经济、教育等众多领域，是全方位的，不能片面强调或者突出某一方面的服务活动。

第三节 研究现状

任何学人想在自己的学科领地登上辉煌的殿堂，都离不开借鉴已有的成果。正是在这个意义上，牛顿说：“我之所以能看得更远，是因为我站在巨人的肩膀上。”我国学者对于大学社会服务的研究自 20 世纪 80 年代兴起并逐渐成为研究的热点。但是，从时间上看，学者们的研究主要集中于改革开放之后的大学社会服务。从 1895 年近代中国第一所大学诞

① 眭依凡：《我国高校社会服务 30 年发展实践研究》，《中国高教研究》2008 年第 11 期。

生到1949年，我国大学模式经历了一系列的转变，逐步确立了现代大学制度。在曲折的成长过程中，我国大学日益确立和发展了自己的职能，最终形成了三职能体系。仔细探究这一时期我国大学社会服务职能产生的来龙去脉，对于我们优化大学与社会的关系，充分发挥大学的社会服务职能，建设繁荣、祥和的社会具有十分重要的意义。为了全面、准确地反映当前研究的现状，本综述拟分两部分进行。第一部分是有关大学社会服务的研究状况；第二部分是有关近代中国大学社会服务的研究状况。二者逐渐递进，以期能使读者对于相关研究状况有一准确的了解和把握。

一 有关大学社会服务的研究

在概念界定部分笔者已经言明，本书是在狭义的层面上探究大学社会服务的。这一职能最初在美国大学确立，进而向外广泛传播。

（一）关于美国大学社会服务的研究

这方面的研究首先体现在有关大学服务职能发展史的研究。厘清大学社会服务的发展脉络，是进行其他相关研究的重要基础。这方面的研究，研究者主要围绕欧美高校展开，朱国仁在此方面的研究较有代表性。他认为，从欧洲近代大学诞生到19世纪后期是大学社会服务发展的封闭时的开放时代。此时期大学基本上与社会绝缘，但是也有偶尔开门和社会交流的时候，大学社会服务处于萌发阶段；欧洲大学社会服务虽然早已萌发，但是社会服务观念和实践的确立，却在美国。富兰克林、杰斐逊等人早在建国之前就进行大学社会服务的探索。此后，在一系列法律条令激发下成立的赠地学院的努力下，社会服务终于在19世纪末的美国大学确立。20世纪以后，大学社会服务在争议中迈向全面开放的时代。[①] 朱国仁的研究开展较早，此后有关此方面的研究对他的成果多有借鉴。

19世纪中后期，大学社会服务在美国高校开始发端，一些赠地学院发挥了重要作用。虽然，在此之前的一些欧洲大学也开展了一定形式的社会服务活动。但是，影响非常有限。由于美国是大学社会服务的发源地，对于美国大学该职能的研究成果颇多。作为大学社会服务的滥觞，

① 朱国仁：《高等学校职能论》，黑龙江教育出版社1999年版，第116—129页。

威斯康星人首先为他们的这一传统而倍感自豪。为庆祝建校150周年，威斯康星大学的教授们纷纷撰写文章回顾自己学校的历史，展望学校的未来。他们这样写道："作为'威斯康星思想'（the Wisconsin Idea），传统是我们庆贺的另一项内容，即大学的特殊使命就是服务大众利益。"① 在书中各位作者各抒己见，表达自己对于美国大学特别是州立大学的见解，并对大学如何应对时代的挑战阐明了自己的看法。本书是了解威斯康星大学及其社会服务理念与实践不可多得的一手材料。在该校服务理念与实践发展之时，正值范海斯执政时期。因此，对他的研究也比较多，代表性的有美国著名教育家，曾任威斯康星大学校长的 Thomas Chrowder Chamberlin 撰写的 *Charles Richard Van Hise* 1857－1918②。该文作者由于生前和范海斯交往密切，而且两人都对教育领域建树颇多，该文的价值是不言而喻的。根据作者的分析，在出任威斯康星大学校长之前，作为学者的范海斯进行科学研究的时候就非常注重以研究所得贡献和服务社会。范海斯强调原创性的研究固然重要，但是应用研究成果造福人群同样非常重要。担任校长之后，范海斯在该校进一步延续并且发扬了此前注重应用的精神和实践。对这篇文章的解读，我们可以更好地理解大学服务职能的含义，加深对大学职能之间的关系的认识。有人认为大学社会服务是和教学、科研职能相冲突的，其实这是一种误解。社会服务，是大学教学与科研的一个有益补充，它必须依靠教学与科研。范海斯校长也以身垂范，在大力推动威斯康星大学直接为社会服务的同时，一直在坚持自己的科学研究。1912年，威大教授麦卡锡（C. McCarthy）完成其专著 *The Wisconsin Idea*③，在这本书中，作者对于威斯康星大学的社会服务状况进行了介绍和评论，并且首次提出了"威斯康星理念"的说法。该书是研究美国大学社会服务的珍贵资料。此外还有德里克·博克（Derek Bok）的《走出象牙塔——现代大学的社会责任》一书。博克主持哈佛校政前后达20年。博克承认大学拥有进行知识传播、创造等这些"超凡"活

---

① ［美］大卫·沃德：《令人骄傲的传统与充满挑战的未来：威斯康星大学150年》，李曼丽等译，清华大学出版社2007年版，第162页。

② Thomas Chrowder Chamberlin, "Charles Richard Van Hise 1857－1918", The University of Chicago Press, *The Journal of Geology*, Vol. 26, No. 8, Nov.－Dec. 1918, pp. 690－697.

③ Charles McCarthy, *The Wisconsin Idea*, New York: The McMillan Company, 1912.

动的合理性。但是，博克认为现代大学同样不能忽略直接造福社会的活动。大学必须应对社会提出的民族、道德等问题，担负自己应有的责任。“大学拥有超凡的目标，但同时又要立足和服务于这个不完美的世界。”①

为了收到“他山之石，可以攻玉”的效果，我国研究人员们对于美国大学社会服务的研究也很多，甚至还出现了跨文化的对比研究。研究内容覆盖美国大学社会服务的内容、形式、运行与保障机制、特点等，并且提出了一些有意义的借鉴。对中外大学职能进行比较研究的有上官剑、王晓阳等人。上官剑在其文章当中将大学社会服务职能放在中西不同的文化背景之下进行解读，对于我们更好地理解中外大学社会服务职能提供了一个文化比较的视角。② 王晓阳的论文在对大学职能发展的历史和演变进行论述的基础上，提出了由条件（传统、设施）、活动（招生、聘任、教学、科研、服务）、结构（学科、人员、组织、预算）、联系（社区、政府、国际）和作用（文凭、成果、盛誉）五个要素十七个指标组成的大学职能分析框架。以此为基础，作者分析了英、美、中三国大学的社会功能，并提出了新世纪大学的内部与外部功能课题。最后，文章对于如何发挥我国大学的职能提出了政策性建议。③

对于美国大学社会服务的研究一直是研究者的关注点，研究成果颇多，已经达到相当的深度。对于美国大学社会服务的历史、内容、形式、问题以及未来发展趋向，等等，学者们都进行了卓有成效的探讨。这种研究通常在比较、借鉴的视角下，对于我国大学社会服务的现状有所涉及。但是，基于研究视角的差异，这些研究的内容都是粗线条的。

（二）有关大学社会服务的一般性研究

这种研究涉及社会服务的理论和实践等不同的方面。笔者从以下几点展开论述：首先，关于我国大学社会服务开端的研究。朱国仁博士在分析 1949 年以后我国高校职能发展历程时认为可以分为三个时期，即以培养人才为主的一中心时期、教学和科研并重的双中心时期和教学、科

① ［美］德里克·博克：《走出象牙塔——现代大学的社会责任》，徐小洲等译，浙江教育出版社 2001 年版，第 12 页。

② 上官剑：《中西方文化差异中的大学社会服务观》，《江苏高教》2009 年第 4 期。

③ 王晓阳：《大学社会功能比较研究》，博士学位论文，北京师范大学，2001 年。

研、社会服务并举的三中心时期。对于我国社会服务的发端，他说：“社会服务成为我国高等学校的一种职能始于20世纪80年代末，但是，高等学校直接为社会服务的活动则在我国早已出现了。”① 按照作者的观点，20世纪80年代末以前的我国大学社会服务处于一种有活动而没有上升到职能高度的状态，这是有关我国大学社会服务开端的一种观点。孙存昌博士对于这一问题的看法不同于朱国仁。他认为在20世纪20年代之前我国大学进行个别的社会服务活动，20年代之后则出现有关社会服务的思想和规则，大学社会服务日益彰显。他说：“从北洋西学堂建立的1895年，到东南大学《修正国立东南大学组织大纲》颁布的1926年，短短的三十年中，中国近代大学跨越式地实现了西方大学将近八个世纪才完成的发展科学和社会服务的演化；到20世纪30年代左右，西方近代大学的……三大职能，在中国近代大学中完整地浮现了出来。”② 较之朱国仁的研究，孙存昌将近代中国大学社会服务的发展历程拉长了半个多世纪。学术研究总是向前发展的，两者的研究相差十年的时间，随着对于近代中国大学研究的深入和新资料的不断获得，对近代中国大学社会服务的研究必然走向深化。

其次，有关大学社会服务在大学职能体系中地位的研究。近代大学产生以来的很长一个时期，大学的职能比较单一，主要是培养一些教会、医院、学校等部门所需要的专业人才。德国新人文主义者洪堡（Wilhelm von Humboldt）创建柏林大学，并且打破传统的大学职能观，将研究职能嵌入柏林大学的发展历程中，使柏林大学一举成为世界高等教育发展史中的璀璨明珠。“柏林大学从最初就把致力专门科学研究作为主要的要求，把授课效能仅作为次要的问题来考虑。”③ 柏林大学首先擎起科学研究的大旗。在早期欧洲大学零星社会服务实践的基础上，美国大学开拓出大学第三大职能——社会服务。社会服务确立之后，大学职能体系变得复杂。三者关系究竟如何？大学社会服务在职能体系中究竟处于何种

---

① 朱国仁：《高等学校职能论》，黑龙江教育出版社1999年版，第265页。

② 孙存昌：《中国近代大学教师专业素质研究》，博士学位论文，苏州大学，2009年，第46页。

③ ［德］鲍尔生：《德国教育史》，滕大春等译，人民教育出版社1985年版，第125页。

地位成为研究者们重要的探讨对象，这突出表现在研究者们有关大学职能分类的研究上。按照重要性分类，研究者①们将大学职能分为本体职能和延伸职能、基本职能和特殊职能，等等。研究者们大都认为大学的教学职能是本体、基本职能，其他职能（包括社会服务职能）是其延伸或者拓展。任燕红在其博士论文中将大学职能分为两类，即本体和衍生两种，认为大学社会服务是衍生功能之一。她在论文中借助大量的历史文献，详细分析了本体、衍生功能各自的内在发展逻辑。同时指出，两大功能之间不是互相排斥的，应该是有机联系、互为一体的。② 她的研究成果是人们认识大学社会服务在职能体系中的地位，以及各种职能之间关系的具有借鉴价值的材料。

最后，有关大学社会服务运行机制的研究。大学职能在理论上的有机联系与实际运行还有相当大的距离。伴随着急剧的社会变迁，大学社会服务迅速发展，在一定程度上影响了正常的教学和科研秩序，大有喧宾夺主的意思。现实社会的发展又要求大学扮演越来越重要的角色。大学社会服务究竟如何保持健康的运行机制，既能使大学社会服务发挥到最佳，同时还不能破坏大学职能体系的平衡，这引起了很多研究者的研究兴趣。东北大学赵日刚以公共物品等理论为基础，在回顾和分析我国高校社会服务职能历史和现状的基础上，借鉴欧美经验，对于如何发挥我国政府在大学社会服务功能发挥过程中的作用进行了系统深入的研究。③ 另外，在对大学社会服务运行机制进行研究的过程中，研究者们还注意到了不同层次和类型大学社会服务实践的不同，分别展开了研究。总体而言，研究者们大都认为大学社会服务必须立足自身实际和社会发

---

① 以下是这方面比较有代表性的论文。朱九思：《论学科建设》，《高等教育研究》1993 年第 2 期；潘懋元：《高等教育的基本功能》，《高等教育研究》1995 年第 1 期；邬大光：《也谈高等教育的功能和高等学校的职能》，《高等教育研究》1995 年第 3 期；徐辉：《再谈现代高等学校的基本职能》，《高等教育研究》1995 年第 1 期；颜丙峰：《知识社会：高等教育功能的重新审视》，《河北师范大学学报》（教育科学版）2003 年第 5 期；刘尧：《高等教育功能和高等学校职能研究要科学化》，《清华大学教育研究》1996 年第 2 期等。

② 任燕红：《大学功能的整体性及其重建》，博士学位论文，西南大学，2012 年，第 89—105 页。

③ 赵日刚：《加强大学社会服务功能过程中政府职能研究》，博士学位论文，东北大学，2009 年。

展需要，找准定位，不能盲目求大求全。否则，在服务的过程中，大学将会迷失自己，这方面的一些文章见注释①。

总之，研究者对于大学社会服务的研究已经达到相当的高度，特别是对于美国大学和当今大学社会服务的研究更是成果卓著。以上研究成果不是专门针对近代中国大学而展开，但是这些研究成果为本研究的开展提供了重要的理论支撑和分析框架。

二　有关近代中国大学社会服务的研究

有关近代中国大学社会服务的研究，资料比较零散、不成系统。以下笔者将从间接性研究和直接性研究两个方面进行综述。

（一）间接研究

与本研究相关的一些零散的研究成果广泛地分布在一些教育史专著、教材、资料汇编以及相关学校的校史、校长的传记当中。首先，是一些史料。在史料编辑方面比较典型的有舒新城的《近代中国教育史料》（人民教育出版社 1981 年版）、朱有瓛的《中国近代学制史料》（华东师范大学出版社 1983 年版）、潘懋元的《中国近代教育史资料汇编》（上海教育出版社 1993 年版）等。另外，晚清民国时期出版的一些杂志期刊也是非常重要的资料来源。在这些教育史料当中存在着有待于本研究深入挖掘的材料。

其次，教育史方面的教材或者专著②。如董宝良先生的《中国近现代高等教育史》，书中在论述一些学校的发展史时，对这些学校的社会服务多有涉及。比如，在该书第二章“中国近代教会大学”中论述了中国近代大学的一些社会服务活动。作者认为近代中国教会大学普遍将科研和推广工作紧密结合，广泛致力于社会服务活动。教会大学注重对城市、农村和边疆等问题进行调查研究，具有极强的服务社会的色彩。在对齐鲁大学、华西协和大学、燕京大学、金陵大学等教会大学的社会服务进

---

① 参见丁亚金《现代大学社会服务职能的反思》，《教育发展研究》2008 年第 Z3 期；王作权《大学组织的社会服务职能新探》，《复旦教育论坛》2007 年第 1 期。

② 以下为此类比较有代表性的著作。霍益萍：《近代中国的高等教育》，华东师范大学出版社 1999 年版；董宝良：《中国近现代高等教育史》，华中科技大学出版社 2007 年版；田正平：《中外教育交流史》，广东高等教育出版社 2004 年版等。

行简单介绍之后，作者总结认为教会大学的社会服务主要集中在科技推广和卫生宣传、教育普及方面。作者在对民国时期几所主要教会大学进行介绍时，也有一些关于社会服务的内容。再如田正平先生主编的《中外教育交流史》。该书在“外来教育模式的转换与调适”一章中，作者以国立东南大学为例来论述美国大学模式对于近代中国高等教育发展的影响。作者认为郭秉文在东南大学的实践在结合自身实际的基础上借鉴了美国大学的模式，包括学校管理体制、师资队伍、学校办学宗旨和职能拓展等方面。充分利用各个系科的资源优势，面向实际，服务地方，是郭秉文在东南大学的重要办学理念和实践。作者还对东南大学的暑期学校、农科的推广事业进行介绍。大学社会服务职能确立于美国，这一职能的确立使美国高等教育越过了传统的模仿阶段，实现了自己的超越。因此，在中美文化交流过程中，对于美国大学社会服务模式的借鉴和探讨是题中应有之义。

最后，大学校史、校长传记。大学历史的研究是我国高等教育研究的重要组成部分，同思想史、学术史存在着多种交叉。从学科发展角度看，涉及历史学、教育学等多种学科。20 世纪 80 年代中期，教育部下发通知要求所有“文革”以前建立的高等院校着手编写校史之后，一些历史较久的高校都建立了自己的校史编撰队伍，往往学校的名气越大、历史越久，这个队伍的规模也就越大。作为个案的校史，既能够对某一学校的产生、发展、演变有个脉络清晰的了解，也可以通过这一个案来窥见高等教育发展的一般规律性，比较有代表性的著作见注释①。近代中国大学的兴起与发展，大学校长们功不可没。对于校长群体的研究越来越多，特别是对于一些知名大学校长的研究成果更是丰富。这些研究成果通常把近代中国大学校长放在近代中国社会变迁的宏观历史背景之下，

① 以下为该方面比较有代表性的著作。萧超然：《北京大学与近代中国》，中国社会科学出版社 2005 年版；苏云峰：《从清华学堂到清华大学 1911—1929》，生活·读书·新知三联书店 2001 年版；苏云峰：《从清华学堂到清华大学 1928—1937》，生活·读书·新知三联书店 2001 年版；王文俊：《南开大学校史资料选 1919—1949》，南开大学出版社 1989 年版；王德滋：《南京大学史》，南京大学出版社 1992 年版；朱斐：《东南大学史》，东南大学出版社 1994 年版等。除此之外，改革开放以来，人们对于教会大学有了重新的认识，出现了大批有关教会大学历史的研究著作。章开沅主持的《教会大学在中国》是这方面的代表。

探讨校长（们）的办学思想、实践以及启迪等内容。在这类研究成果中，针对校长的个案研究占有很大比重，基本每个较为成功的大学校长都有人进行过专门研究，比较有代表性的著作见注释①。这些校史、校长传记中的许多资料对于本研究具有重要意义。比如朱斐主编的《东南大学史》对东南大学校长郭秉文进行全面的介绍和研究。东南大学首任校长郭秉文先生曾经留学美国。郭秉文在美留学时，正是美国大学社会服务理念和实践轰轰烈烈大发展的时期，所以美国大学的社会服务理念对他产生了很大的影响。郭秉文担任东南大学校长后，积极延揽留美学生任教东南大学，东南大学也因之成为留美学生的大本营。留美学生把美国的大学社会服务理念带到了东南大学，东南大学专门成立了推广委员会致力于大学社会服务工作。这些校史或者校长的传记为本研究提供了丰富的资料基础和主要启迪。

此外，一些外国专家对于近代中国大学的研究成果中，也涉及了近代中国大学社会服务的一些内容。这些材料对于笔者拓宽视野、打开思路具有重要作用。就笔者目前所能找到的有关这方面的外国文献主要有哈佛大学费正清（John King Fairbank）编《剑桥中华民国史（1912—1949）》②，美国华裔学者 Wen-hsin Yeh 的 *The Alienated Academy*：*Culture and Politics in Republican China 1919 - 1937*③，这些外国学者的著作提供了与众不同的写作视角。在《剑桥中华民国史（1912—1949）》（下卷，第

---

① 这一方面比较典型的有章开沅、余子侠主编的《中国著名大学校长书系》（书系现已出版《思想自由　兼容并包——北京大学校长蔡元培》《生斯长斯　吾爱吾庐——清华大学校长梅贻琦》《允公允能　日新月异——南开大学校长张伯苓》《身等国宝　志存辅仁——辅仁大学校长陈垣》《至平至善　鸿声东南——东南大学校长郭秉文》《诚真勤仁　光裕金陵——金陵大学校长陈裕光》《国家之光　人类之瑞——复旦公学校长马相伯》《倡言求是　培育英才——浙江大学校长竺可桢》《工科先驱　国学大师——南洋大学校长唐文治》《厚生务实　巾帼英雄——金陵女子大学校长吴贻芳》等）；黄延复的《一个时代的斯文：清华校长梅贻琦》，九州出版社 2011 年版；张晓唯的《蔡元培传》，百花文艺出版社 2009 年版；李跃森的《司徒雷登传》，中国广播电视出版社 2011 年版等。

② ［美］费正清编：《剑桥中华民国史（1912—1949）》，刘敬坤等译，中国社会科学出版社 1994 年版。

③ Wen-hsin Yeh，*The Alienated Academy*：*Culture and Politics in Republican China 1919 - 1937*，Boston：Harvard University Press，1990. 本书亦有中译本［美］叶文心《民国时期大学校园文化》，冯夏根等译，中国人民大学出版社 2012 年版。

八章）中，作者探究了近代中国各类大学机构的诞生，如公立、私立、教会等，对于这一时期我国近代大学职能的确立进行了较为详细的解说，重点分析了美国对于这一时期我国高等教育的影响。作者还对我国高等教育从国民政府成立到抗战爆发前这 10 年时间之内的发展情况做了梳理，所有这些对于本研究都具有重要参考价值。Wen-hsin Yeh 是国际汉学界知名学者，她的 *The Alienated Academy*：*Culture and Politics in Republican China 1919 –1937* 一书对于民国时期主要大学的办学理念、校园文化等进行了研究，里面有些内容涉及圣约翰大学、复旦大学、燕京大学、上海大学、中山大学等高校的社会服务活动，为本研究提供了重要的素材。圣约翰大学对于文体活动的推广，复旦大学举办成人和小孩的夜校与识字班，燕京大学举办的识字班、灾民救济，上海大学组织的免费公开讲座、暑期学校以及社区业余补习学校，中山大学农学院的土壤调查、农业品种改良与推广等内容，在书中都有涉及。由于作者研究的重点是民国大学校园文化，这些社会服务活动零散地穿插在各章节的内容中。

以上述研究成果为代表的间接性研究对于本研究的重要性是不言而喻的。其实，笔者的大量资料都是从此类研究成果当中撷取而来，它们直接为本研究提供了重要的资料支持，是本研究重要的史料来源。

（二）直接研究

有关近代中国大学社会服务的直接研究，首先来自作为这一实践重要参与者的近代中国大学教师、学生甚至学校自身。近代中国大学对于社会服务的研究带有极强的宣传色彩，主要是一些活动的介绍。这些史料广泛散布于当时的报纸杂志当中。相比而言，近代中国大学师生对于这一主题的探讨则更加深入、理性。

1. 概括性研究

近代大学的社会服务实践与理论探索是相伴而行的。清华学校由于庚款而设，学生们在明耻精神的激励下，进行大量的社会服务活动。社会服务实践的发展，必然提出理论研究的需要。因此，清华人对社会服务展开了热烈的探讨。清华所办的一些刊物如《清华周刊》等刊登了大量有关社会服务的研究成果。表 1—1 简单摘录《清华周刊》1915—1925 年部分有关社会服务的文章，足见当时清华社会服务事业之发达。

表 1—1　《清华周刊》1915—1925 年社会服务文章简录

作者	卷期	题目
飞	1915 年第 55 期	学生之社会服务说
飞	1916 年第 63 期	清华学生之社会服务议
庄	1916 年第 81 期	清华学生西山消夏团之社会服务
南	1919 年第 178 期	学生对于国家社会服务论
泌	1921 年第 233 期	清华社会服务之今后
（不详）	1921 年纪念号	社会服务
绳祖	1921 年第 209 期	社会服务之组织
聪强	1921 年第 223 期	关于社会服务上的一个建议
吴文藻	1921 年第 7 期增刊	社会服务的研究
吴聪	1922 年第 270 期	组织清华学生社会服务团
武三多	1925 年第 11 期	清华的社会服务

资料来源：《清华周刊》。

除了《清华周刊》之外，当时的一些杂志如《燕大月刊》《社会学界》《中央周刊》等也刊发了大量有关社会服务的文章。由于作者身处其时、其地，有些甚至就是大学社会服务活动的实际组织者和实践者。因此，他们对于近代中国大学社会服务的感触细微而鲜明。即使在今天读来，仍然感觉栩栩如生，作者们那种社会服务的激情跃然纸上。综观这些文章的内容，涉及社会服务的动机、组织、运行等许多方面。作者直面社会服务中存在的一些问题，勇敢提出改进的建议。但是，此时期人们有关社会服务的研究也有明显的不足。首先，研究内容上感性的成分多，理性的成分少。由于其时社会服务概念刚刚引入近代中国，加之中外国情的差距，社会服务对于绝大多数中国人而言还是一种新兴的事物，仍然处于感性认识的阶段。其次，此时期的研究明显具有西方主导的倾向。有些作者往往是感于西方学者对于社会服务的探究而奋笔疾书。比如皕诲感于西人韩慕儒《学生社会服务之研究》一书而写成的《学生社会服务之研究序》一文。上表中所列的《社会服务的研究》一文的作者是吴文藻，此文乃根据嘉鲍所著《社会工作》一书而来，同时在文中夹杂了作者的一些思想。对于任何事物的认识都有一个逐渐深入的过程。以上研究成果虽然存在一些问题，但是足为后人进行近代中国大学社会服务研究提供参考。

我国当代学者关于近代中国大学社会服务的专门研究。周谷平、孙秀玲在《近代中国大学社会服务探析》[①] 一文中从古今中外等不同方面探讨近代中国大学社会服务的原因，对郭秉文、竺可桢、张伯苓等近代知名大学校长的社会服务理念进行考察，梳理了近代大学社会服务确立的过程、服务形式，并客观评价了近代中国大学社会服务成绩。周谷平教授主持编写的《中国近代大学的现代转型：移植、调适与发展》[②] 一书中的第四章专门论述近代中国大学社会服务职能的拓展。作者在此章中分别探讨了近代中国基督教大学和近代中国本土大学的社会服务。他们注意到本土大学和教会大学社会服务之间的共性和殊性，认为二者社会服务在实践过程中专业程度日益提高，并且都对农村社会服务给予特别关注。但是，两种不同类型的大学在服务的目标、领域、慈善性等方面还存在重大差异。周谷平、孙秀玲、章潇对于教会大学的社会服务进行深度挖掘，广泛涉及教会大学社会服务的原因、形式、成效及特点等方面的内容，并对教会大学所进行的农村社会服务进行重点考察。认为基督教大学的社会服务虽然一开始带有极强的宗教色彩，但是在实践过程中世俗性不断增强，普及了文化教育，促进了大学自身的不断发展等，相关论文见注释[③]。在前期研究成果的基础上，孙秀玲博士出版了专著《近代中国基督教大学社会服务研究》[④]。在该书中，作者在深入探讨基督教大学社会服务背景的基础上，专门研究了基督教大学的医疗卫生服务、农业推广服务以及社会教育服务，每项服务内容都按照原因、发展历程、

---

① 周谷平、孙秀玲：《近代中国大学社会服务探析》，《河北师范大学学报》（教育科学版）2007 年第 6 期。

② 周谷平等：《中国近代大学的现代转型：移植、调适与发展》，浙江大学出版社 2012 年版，第 339—347 页。

③ 周谷平、孙秀玲：《挑战与应对：近代中国教会大学的社会服务》，《华东师范大学学报》（教育科学版）2007 年第 4 期；孙秀玲、程金良：《近代中国教会大学走向社会服务的原因分析》，《江南大学学报》（教育科学版）2008 年第 3 期；孙秀玲：《近代中国教会大学走向农村的历史考察》，《民办教育研究》2008 年第 5 期；周谷平、孙秀玲：《近代中国基督教大学的农业推广服务》，《高等教育研究》2009 年第 4 期；章潇、孙秀玲：《社会服务：近代中国基督教大学的本土化探索》，《河北师范大学学报》（教育科学版）2011 年第 7 期等。

④ 孙秀玲：《近代中国基督教大学社会服务研究》，山东人民出版社 2013 年版。

内容与形式、服务保障、成效及制约因素的思路框架展开。最后对于基督教大学的成效、特色与局限进行评析。以上研究成果，对于笔者的研究具有直接启发意义。

2. 专题性研究

另外，研究者还对近代中国大学社会服务的一些专题内容进行了研究。这些专题内容涉及近代中国大学的社会教育、农业推广、医疗服务等诸多方面。农业推广方面的研究较多。张剑、刘家峰、李在全、时赟等人都在这方面进行了探索。[①] 作者在论述研究对象的农业推广教育的时候，大多是在大学社会服务的宏观背景下来展开的。他们认为，农业推广是大学社会服务的重要形式，而且对于我国近代大学社会服务职能的确立具有非常重要的意义，有些作者甚至认为我国大学社会服务职能首先发端于农业院校。从研究对象来看，这些研究既有对于农业推广的宏观方面的研究，也有对于金陵大学等校进行的个案研究。这一切都说明对于这一问题的研究已经达到相当的高度。

对近代中国大学社会教育进行的探索比较有代表性的有王雷教授。在其一系列的文章和著作中，王雷教授对于近代中国大学社会教育的内容、方式、历史经验、依据等内容进行全面的研究。[②] 另外杨才林专门研究了民国社会教育，作者详细探究了民国社会教育的发展阶段、设施、事业等方面的内容。[③] 作者的研究虽然不是专门针对大学社会教育而言，但是有些内容涉及近代中国大学社会教育。

对于近代中国大学医疗服务方面的研究也引起研究者的关注。医疗

---

① 张剑：《金陵大学农学院与中国农业近代化》，《史林》1998 年第 3 期；刘家峰：《中国基督教乡村建设运动研究 1907—1950》，博士学位论文，华中师范大学，2001 年；李在全：《教会大学与中国近代乡村社会——以福建协和大学乡村建设运动为中心的考察》，《教育学报》2005 年第 12 期；时赟：《中国高等农业教育近代化研究 1897—1937》，博士学位论文，河北大学，2007 年。

② 王雷：《大学社会教育研究：基于大学服务社会的历史考察》，人民出版社 2013 年版；王雷：《我国近代社会教育的发展历程与基本经验》，《华东师范大学学报》（教育科学版）2010 年第 3 期；王雷：《论大学对社会德育质量的提升——从我国近代大学知识群体参与社会教育谈起》，《沈阳师范大学学报》（社会科学版）2008 年第 6 期；等等。

③ 杨才林：《“作新民”、“唤起民众”——民国社会教育研究》，博士学位论文，首都师范大学，2007 年。

服务是近代中国大学社会服务的重要内容，特别是教会大学在这一方面的实践更是别具特色。在这方面比较有代表性的研究人员是李传斌[①]。李传斌的博士论文致力于在近代社会变迁的宏观背景之下考察教会医疗卫生事业的发展，在其论文的最后两章中含有大量的大学医学社会服务的内容。也有学者对于这方面的内容进行个案研究。陈婉燕专门针对天主教在河北地区的医疗事业进行研究，在其研究成果中涉及辅仁大学等校的医学社会服务内容。[②] 一些国外学者的著作中也含有大量的近代中国大学医学社会服务的资料，如杰西・卢茨、Minden Karen Paule、芳卫廉等人[③]。

对于上述专题性研究的内容，我们还可以在有关乡村建设运动的研究成果中找到。乡村建设是一项包括教育、医疗卫生、科技等内容的综合性工程。在这方面研究中比较有代表性的是郑大华、李在全等人的著作。郑大华在其著作中对于民国乡村建设运动中的上述内容进行了深刻研究，该著作是研究乡村建设运动的重要参考资料，其中包含大量近代中国大学社会服务的内容。[④] 李在全的研究则是专门针对福建的乡村建设运动展开，其中有大量福建高校参与乡村建设，进行社会服务的内容。[⑤]

在上述专题性研究成果中，虽然有大量的关于近代中国大学社会服务的内容。但是，由于作者的关注点是在专题本身，因此对于这些内容的论述必然要服从于专题的需要，不可能对社会服务这一内容进行系统、详细的分析。由于是对某一主题的讨论，也就很难揭示近代中国大学社会服务发展的历程、特点等方面的内容。这些专题性研究是本书研究资料重要的获取渠道，作者们的研究视角、思路都对本研究启发颇多。

总之，在学者的相关研究成果中，对于近代中国大学社会服务的内容

---

① 李传斌：《基督教在华医疗事业与近代中国社会》，博士学位论文，苏州大学，2001 年。

② 陈婉燕：《近代直隶（河北）天主教会医疗卫生事业研究》，硕士学位论文，河北师范大学，2010 年。

③ [美] 杰西・卢茨：《中国教会大学史》，曾钜生译，浙江教育出版社 1988 年版；Minden Karen Paule，*Bamboo Stone：The Evolution of a Chinese Medical Elite*，Toronto：University of Toronto Press，1994；William Purviance Fennel，*Christian Higher Education in Changing China*，*1880 – 1950*，Wm. B. Emerdmans Publishing Company，1976。

④ 郑大华：《民国乡村建设运动》，社会科学文献出版社 2000 年版。

⑤ 李在全：《民国福建乡村建设运动研究》，硕士学位论文，福建师范大学，2003 年。

已经有所涉及。为了服从不同研究主题的需要，相关作者的这种涉及大多是对近代中国大学社会服务活动进行列举。专门针对近代中国大学社会服务的研究较为薄弱，这种专门的研究亟待进行深入挖掘。在近代中国社会转型的宏观背景之下，近代中国大学社会服务经历了怎样的起承转合？在中西冲突的过程中，近代中国大学社会服务的思想养料从何而来？诸如此类的问题，具有极强的研究价值。不管怎样，上述研究成果是本研究得以进行的基础，没有这些相关的积累，笔者无从选择并实施这一研究课题。

第四节 研究理论基础

实践出真知，真知又会进一步推动人类实践的不断发展。研究近代中国大学社会服务，必然在大学与社会关系的思维框架内进行，而大学与社会的关系是一复杂性存在。复杂性理论将对本研究提供重要启迪。直面研究复杂性之后面临的问题便是如何披荆斩棘地剖析此种复杂性。对近代中国大学社会服务的探究是在“近代”“中国”这一特殊时代背景与场域之下展开的，对大学社会服务主体（校长、教师与学生等）生存心态的解析就尤为重要。有鉴于此，布迪厄（又译为布尔迪厄）的社会实践理论对本研究亦具有指导意义。

一 埃德加·莫兰的复杂性理论

复杂性理论是人类思维方式上的革命，主要存在三个流派，分别以法国学者埃德加·莫兰（Edgar Morin）、比利时学者普利高津（Ilya Prigogine）和美国圣菲研究所为代表。在三大流派中，以莫兰的复杂性理论提出最早，影响最大，本研究主要借鉴莫兰的理论对近代中国大学社会服务这一课题进行探究。

（一）简单思维及其困境

在人类漫长的历史长河中，简单性思维一直占支配地位。“我们生活在分离的、还原的和抽象的原则的统治下。”① 这种思维方式真正受到挑

① ［法］埃德加·莫兰：《复杂性思想导论》，陈一壮译，华东师范大学出版社2008年版，第5页。

战是20世纪中期以后的事情。不论是在中国还是在西方，早期的人们都崇尚简单。我国古代的一些思想家将“道”“五行”“阴阳”等视为世界的终极构成。类似的思想在西方也可以发现。古希腊时期的思想家就将世界的本原归结为水、火等元素。人们的这种信念是如此的笃定，以至于成为科学的基本信仰。“简单性一直被看成是世界的基本属性，而复杂性则被视为‘无法认识’和‘难以处理’的代名词，从来没有被认为是世界的基本属性，至多也只是被视为简单性的复合产物和现象，甚至被认为是认识主体运用简单性原则处理问题的能力不足所导致的结果”①。这种传统的、简单的理性思维大致具有如下一些特点。首先，部分的加和即为整体，认识了部分也就认识了整体。整体内的组成要素之间只存在机械的线性关系。其次，事物的发展是必然的，一因必有一果，所谓的偶然性只是表明了人类认识的无能。最后，事物的发展主要是内因作用的结果，其过程具有可逆性，外部环境因素可以忽略不计。

简单性思维是人类从宗教迈向科学的动力和台阶。早期的这种思维方式尽管显得有些简单和素朴，但是它对于肯定人的价值、摆脱宗教神性的束缚具有非常重要的意义。在自然科学方面，牛顿的经典力学运动定律、莱布尼茨的学说等理论成就的取得，简单性思维居功至伟。莫兰客观地评价简单性思维：“从牛顿的万有引力的物理学到爱因斯坦的相对论的科学发展中，显示了辉煌的生命力，生命学的还原主义也曾使可能认识任何生物组织的物理—化学本性。”② 不仅如此，在人文社会科学领域，简单性思维也达到了登峰造极的地步。早期的经济学、社会学的发展无不带有简单思维的影子。经典科学的魅力是如此巨大，以至人们普遍持有这样的观点：“自然科学知识是人类知识的典范，科学的方法是无所不能的，人文社会科学只有运用自然科学的方法与概念，才能提高其理论和科学水平。”③

① 李枭鹰：《高等教育选择论》，中国社会科学出版社2011年版，第59页。

② ［法］埃德加·莫兰：《复杂思想：自觉的科学》，陈一壮译，北京大学出版社2001年版，第267页。

③ 毛亚庆：《论教育学理论建构的科学主义倾向》，《北京师范大学学报》（社会科学版）1997年第3期。

然而，简单性思维“造成了科学上越来越多的碎片”[①]，造成人们无法整体地、全面地认识和了解事物。在简单范式指导下成长和发展起来的经典科学形成了大小不同的部落，每个部落之间壁垒高筑，把原本有机联系的世界进行人为的切割。比如，简单性思维主导下对人本身的研究就带有很大的局限性，这样得到的往往只是单纯的“文化主义”的人和“生物学主义”的人，而“人是自然和文化的合金”[②]，人不仅仅是生物性的存在，更是精神性和文化性的存在。莫兰复杂性思维的初衷就是弥补学科之间的缝隙，建造沟通不同学科的桥梁。简单性思维模式同样渗入到教育领域，而且一度占据教育科研的神圣殿堂。教育是一项培养人的活动。在培养的过程中，由于教育者、受教育者情感、意志等复杂因素的参与，这种培养过程更多地表现为一种弹性的统计学的特征，而不是严格的一一对应的动力学特征。在简单思维模式的影响下，研究学生发展的人将学生培养内容分解为知识、品德等诸多方面，认为只要按照一定的工序，把这些“零件”组装起来，就能够得到一个完整的人，在一定程度上忽视了学生的主观能动性；研究教育政策的学人往往习惯把问题分解为几个部分或者层面，然后进行机械叠加的简单处理和因果分析，在一定程度上忽视了政策系统和周围环境不断进行的动态的能量交换。在不断实践的过程中，简单思维的弊端日益暴露。与此同时，自然科学的进一步发展瓦解了传统简单思维方式存在的合理性基础。达尔文有关物种从低级到高级、从简单到复杂的进化论原则明显与传统简单思维方式相矛盾；物理研究中对于原子结构的复杂揭示打破了传统认为原子是构成物质基本粒子的观念……所有这一切说明，必须对简单性思维进行再认识，在质疑、批判的基础上对其进行改造和升华。

（二）莫兰复杂性理论的特点

在吸收古代思想养料，特别是在借鉴20世纪兴起的系统论、信息论和控制论思想的基础上，莫兰提出了他的复杂性理论。复杂性思

---

① ［美］米歇尔·沃尔德罗普：《复杂：诞生于秩序与混沌边缘的科学》，陈玲译，生活·读书·新知三联书店1997年版，第72页。

② ［法］埃德加·莫兰：《复杂性思想导论》，陈一壮译，华东师范大学出版社2008年版，第3页。

想能够更好地指导人类事业的发展，因为这一理论所具有的特点更符合真实的现实世界，更有助于我们对于真实世界的把握。与传统的简单思维的普遍性、分离性和还原性相比较，莫兰的复杂性思想具有以下特点：

1. 有序与无序的统一

万事万物是有序的，探究并且发现这种有序性是人类科学的宗旨，无序性意味着人类的无知、无能。有序性一直宰制着人类事业的发展。从渺小的构成物质的微粒到广袤的宇宙星系都是有序排列着的。对于这种有序的推崇使人们追求绝对的因果关系。只要阐明了事物存在的这种因果关系，就可以揭示事物发展的普遍规律。然而，“在19世纪，在物理学秩序的中心地带冒出一小团无序，开始我们还能把它封在瓶中……可后来它……渐渐威胁到整个宇宙”[①]。物理学的巨大发展使人们对于传统热力学定律有了重新的认识。能量耗散的存在和发现为人们认识无序提供了可能。随着科技的发展，人们在那些有序排列着的原子之内又发现了光子、质子等基本粒子。这些粒子显示出极大的复杂性，不像人们以往认为的那么确定和有序。不仅在微观世界，天文学上河外星系、脉冲星、黑洞等新发现使以往宇宙一统的秩序观遭到巨大挑战。至此，无序性逐渐冲破了有序性的束缚，进入到一切事物当中。

莫兰认为事物当中既不存在单纯的有序，也不存在单纯的无序，而是有序与无序的统一。有序与无序对于组织的存在和发展都是需要的，它们各自发挥不同的作用。有序性意味着稳定、规则、连续，它是事物之所以成为该事物的根源所在；无序则意味着变动不居、含糊混乱，它往往促进事物的发展、引起事物的质变。对于有序和无序之间的关系，埃德加·莫兰曾经用以下循环简洁地予以表达[②]：

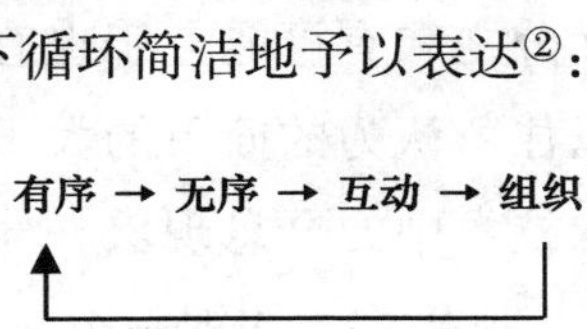

---

① ［法］埃德加·莫兰：《方法：天然之天性》，吴泓缈、冯学俊译，北京大学出版社2002年版，第11页。

② 同上书，第34页。

这一循环图示简洁明快地说明了莫兰有关有序、无序之间辩证关系的思想。它告诉我们有序的组织是在有序和无序的互动中形成的。无序是形成有序组织必须经历的步骤，组织有序运作的代价可能是无序的牺牲。这就好比人体作为一个有机整体面对复杂的环境能够进行有效的化约复杂性的工作，但是我们人体内部组织却在不断的死亡、新生的循环之中。组织内部的无序运作确保外部组织作为一个有机整体的有效运行。"因此生物自组织的活力是不顾无序、依靠无序、对抗无序而工作的。"①无序通过自组织最终导向有序，有序与无序的同时存在为机体的自组织提供了基础。这种自组织的行为不仅存在于生物领域，而且存在于物理、认知等领域范围内。所谓自组织是指由于系统自主性的存在，通过事物内外部之间的复杂相互作用而使事物达到一种已经确认的状态，它通常呈现为事物自主的推动、拉动和趋同三种形式。② 自组织注重机体自主性的发挥，要求打破传统机械的、单线的因果决定关系。

2. 多样性的统一

人类对于整体与部分之间关系的思索是一个不断发展进步的历程。早期人类的简单素朴的思维方式认为整体就是部分之和，这是一种典型的还原论思维方式。在人类认识的长河中长期占据统治地位。时间之轮驶入 20 世纪中期，美籍奥地利生物学家贝塔朗菲（Bertalanffy）在对有机生命体进行大量研究的基础上，对传统的机械系统论观点提出质疑，提出一般系统论的观点。他认为整体的功能大于各部分功能之和，而不是部分的简单相加。贝塔朗菲的系统观是对传统只重部分忽视整体的系统观的巨大修正。然而，在贝塔朗菲的系统观里部分却又迷失在整体之中，贝塔朗菲走向了另一个极端。与传统的系统观和贝塔朗菲的观点不同，莫兰的复杂性思想强调部分之和有可能大于也有可能小于整体。整体和部分之间的关系绝不是以往所认为的简单的大于或者小于那么简单，它们之间的关系更像是成像技术中的全息现象一样。全息图像中的每一部分都包含整体的信息，就好比生物体的细胞中含有遗传的所有要素一样。

---

① 陈一壮：《埃德加·莫兰的"复杂方法"思想及其在教育领域内的体现》，《教育科学》2004 年第 2 期。

② 赵凯荣：《复杂性哲学》，中国社会科学出版社 2001 年版，第 71 页。

受到此种观念的启发，莫兰认为："不仅部分存在于整体中，而且整体存在于部分之中。"① 这种部分和整体互为存在的观点形成了对于以往系统观中存在的过于单极化的趋向的挑战，这种单极化趋向认为系统越是呈现集中化的趋向，则系统的组织越有效。在现实当中确实存在这种单极化、集中化的系统，但是同样存在多样性、多中心或者多极化的系统。单中心系统的运作过于依靠中心主体自身的素质，其素质的高低是和系统运作的效率成正比的。这种对于中心的过度依赖性就会产生系统等级森严、僵化等弊病。多样性的系统则可以有效克服这种弊端，通过充分发挥各部分的自主性而最大限度激发整体的效用。质而言之，两种系统的运行机制是不一样的，一个是基于中心控制的程序性运行，另一个则是基于多中心协商的分散式运作。

莫兰关于系统多样性的观点提醒我们时刻注意事物组成要素所能发挥的重要作用，注意中心高度集权所带来的僵化现象。以牺牲部分自主性为代价而换来的系统的运作从长远来看还是会危及系统的稳定运行的。"只有在部分作为部分运转时整体才能作为整体运转。"②

3. 动态、发展的认识论

简单思维主导下的理性主义认识论是封闭的、呆滞的。这种认识论过于夸大人类认识的作用，认为人类认识不存在盲点，否认认识的局限性，而它恰恰忽略了对于人类认识的认识。

莫兰复杂性思想视域中的认识是动态的、调整的、开放的。不同于传统的简单思维，莫兰不但看到事物内部存在的线性的、机械决定的因果关系，而且注意到事物存在的大量的非线性关系。非线性就意味着不确定、无序甚至是模糊。要认识事物内部的这种无序，单靠传统封闭、僵化的理性主义认识论是无能为力的，因为客观对象总是处于变动不居的状态之中。莫兰提出动态、开放的理性主义认识论还受到数学、语义学等学科发展的启发。20 世纪初期，德国数学家希尔伯特（Hilbert David）向自己的同行提出了挑战，要求他们用一向引以为傲的形式逻辑来

---

① ［法］埃德加·莫兰：《复杂思想：自觉的科学》，陈一壮译，北京大学出版社 2001 年版，第 142 页。

② ［法］埃德加·莫兰：《自然之为自然》，陈一壮译，北京大学出版社 2002 年版，第 122 页。

证明其自身的完备性。到了30年代，奥地利数学家提出了“哥德尔不完全定理”说明形式逻辑的不完备性，因为总有一个命题会得不到证实。后来，语言学家塔尔斯基（Alfred Tarski）在语言系统中也发现了类似的不完备性。这些理论使莫兰认识到人们一直推崇的理性主义并不是那么完美无缺，需要对认识进行认识。莫兰说：“事实上，认识不能被看作一个 ready made 工具，人们可以只加应用而无须考察其本性，因此对认识进行认识应该显得具有头等重要性，以帮助我们面对不断干扰人类精神的错误和幻觉的经常出现的危险。”① 传统基于机械和决定论的认识模式对于世界而言并不是合理的，而是被人为合理化了。要避免人类认识上的误区，在对客观对象进行认识的时候，必须将其放置在背景、总体之中，进行多维度的复杂考察，这一切的前提是打破僵化的理性认识模式。

通过以上的解说，可知复杂性思想是一种非常不同于传统简单思维的世界观。两者的区别可以用表1—2进行简洁概括。正是因为复杂性思想和传统简单思想的这些差别，才可以说复杂性思想是人类认识史上的革命，开启了人类认识的新时代。

表1—2　　复杂性思想与传统简单思想对照

复杂性思想	传统简单思想
整体论	还原论
互为因果关系	线性因果关系
非决定论	决定论
适应性自组织	适者生存
对话式的研究方法	独白式的研究方法
非线性关系	线性关系
对立两极思考	不是……就是的单极思考
注重反馈	强调命令
不确定性、或然性	确定性、可预见性

① ［法］埃德加·莫兰：《复杂性理论与教育问题》，陈一壮译，北京大学出版社2004年版，第6页。

续表

复杂性思想	传统简单思想
行为自下而上的涌现	行为自上而下的指定
不可逆性	可逆性

资料来源：吴彤：《复杂性、科学与后现代思潮》，《内蒙古大学学报》（人文社会科学版）2007年第4期。

（三）复杂性理论的指导意义

与简单思维模式的分离性、线性、封闭性不同，莫兰的复杂性理论注重系统性、非线性和开放性，以求充分揭示事物的复杂性。高等教育系统自身的复杂性是社会服务复杂性的重要决定因素。从构成要素看，高等教育系统的要素呈现出多元而且异质的现象，这尤其表现在“人”这一高等教育系统主体构成要素的复杂性上；从组织结构看，高等教育系统呈现出复杂的、立体的网状结构，在这个结构中宏观、微观相互渗透，纵向和横向相互交叉，动态和静态密切结合；从生存环境来看，高等教育系统一方面具有相对自主性，另一方面又表现出对外在环境极强的依赖性。[①] 大学社会服务是复杂性的存在，莫兰复杂性理论对于充分挖掘近代中国大学社会服务的复杂性具有重要指导意义。

1. 复杂性理论下的近代中国大学社会服务研究突破传统简单思维的束缚

近代中国社会的复杂性要求本研究突破以往整体、单线的简单思维模式。大学必须依赖一定的社会环境而生存。社会环境是复杂的，这种复杂不但表现在社会环境构成元素的繁复、多元上，更表现在元素之间错综复杂的矛盾运动上。作为近代中国大学生存场域的中国社会更是繁复，这无疑将会深刻影响近代大学的日常活动。就教育政策方面来说，“由于军阀割据，缺少强有力的中央统一政权，这使各地的教育政策和实施情况千差万别，各不相同”[②]。不仅如此，“在一个时代中，价值的相对

① 李枭鹰：《高等教育选择论》，中国社会科学出版社2011年版，第61—65页。

② ［加］许美德：《中国大学1895—1995》，许洁英等译，教育科学出版社2000年版，第74页。

性与主观性决定了价值的变化与多元。自19世纪末一直贯穿于20世纪这一时段中，价值多元成了这一时代显著的价值追求”①。在本研究时段内，价值多元现象更是明显。权力与资源的分散状态以及价值的多元并存为国立、省立、私立和教会大学的社会服务活动提供了足够的伸缩空间。对于某所具体的大学而言，较之中央的统一政策，地方政府的影响可能更大；办学者价值取向的差异也会明显反映到各自大学身上。近代中国大学社会服务无疑也受到这些复杂因素的影响。这就决定了近代中国大学社会服务带有鲜明的个性色彩。许美德在论述20世纪初中国社会科学发展时说：“当时，南开大学和南京大学在进行为社团服务的社会科学研究时主要以定量调查法为主，而清华和北大的重点则主要集中在批判和继承中国传统的古典文化的理论研究上；同时，上海大学主要是研究和介绍马克思主义的理论和方法。”② 社会科学趋向上的这种差距必然影响到它们社会服务的内容和形式。因此，对近代中国大学社会服务的探究必须充分关注每所大学社会服务的个性。以往那种普遍性的大而化之的做法可能会仅仅满足于史实的把握，而忽略了背后隐藏的东西。学者们在探究大学社会服务的时候，总是习惯于把社会分解为政治、经济、文化等诸多因素，然后分别探寻每个单值因素与大学社会服务之间的关系，最后进行叠加，忽视了大学自身逻辑发展在社会服务中的作用。以威斯康星理念为代表的大学社会服务的产生主要是一条自上而下的路线，即政府通过制定有关法律政策来促使大学开门办学，面向社会，服务社会。研究者们在探讨美国大学社会服务发展历程时，着墨最多的是以《莫里尔法案》为代表的几个法令条例。与美国大学这种自上而下式的社会服务产生机制不同，近代中国大学社会服务的产生机制主要是一条自下而上式的。先是各校的社会服务实践，然后社会服务被写入各个大学的办学章程、组织大纲，最后才将社会服务写入政府的法令之中。在美国大学社会服务产生过程中，政府发挥了主导作用；由于近代中国缺乏强有

① 幺加利：《走向复杂：教育视角的转换》，博士学位论文，华东师范大学，2002年，第65页。

② ［加］许美德：《中国大学1895—1995》，许洁英等译，教育科学出版社2000年版，第83页。

力的政府，在近代中国大学社会服务产生和发展的过程中，政府发挥的效力远没有美国那么大。近代中国大学社会服务的产生和发展鲜明体现了近代大学的自主性和选择性。这种自主性和选择性在近代中国大学校长身上得到生动的体现，校长们的选择直接影响该校的社会服务内容和形式。

2. 复杂性理论指导下的近代中国大学社会服务研究是“中国中心的”

根据复杂性理论的要求，我们在把握客观对象的时候要将其放在“背景”中进行审视。“对于孤立的信息或资料的认识是不够的，必须把信息和资料放置在它们的背景中以使它们获得意义。”① 本课题研究中的背景是“近代中国”，近代中国与以往中国最大的不同就是强势外力的介入。以往的中国也曾出现过由于外力介入而导致战乱、动荡局面的现象，但是最终的结果都是这种外力被中华民族主流文化所同化和吸收。介入近代中国发展的这股外力与以往有很大的不同，其来源较为广泛，影响力所及的范围、程度之广、之深是前所未有的。正是基于这种强势的外力介入，对于近代中国历史的研究就产生了以哈佛大学费正清（John King Fairbank）为代表的“西方中心”的研究模式。该观点认为传统中国长期处于周而复始的封建王朝的更替之中，缺乏发展的活力，只有借助西方主动的“推”或者“拉”，中国社会才能逐渐摆脱传统的羁绊，向近代社会迈进。费正清认为：“在工业革命的推动下，这种接触对古老的中国社会产生了灾难深重的影响。在社会活动的各个领域，一系列复杂的历史进程——包括政治的、经济的、社会的、意识形态的和文化的进程——对古老的秩序进行挑战，展开进攻，削弱它的基础，乃至把它制服。”② 单线式的西方冲击—中国回应思维模式是对“西方中心观”的经典概括。西方中心模式过于夸大外力在近代中国社会发展中所起的作用，在一定程度上轻视近代中国历史发展的内在动力的存在。

作为费正清的学生，柯文（Paul A. Cohen）对老师的中国研究模式颇

---

① ［法］埃德加·莫兰：《复杂性理论与教育问题》，陈一壮译，北京大学出版社 2004 年版，第 25 页。

② ［美］柯文：《在中国发现历史：中国中心观在美国的兴起》，林同奇译，中华书局 2002 年版，第 1 页。

有腹诽。历史总是错综复杂、风云变幻的，其中的真意绝不是简单的“一推一拉”所能涵括完毕的。“西方中心观”研究模式及其变种是一种大而化之的研究方式。这一研究模式的使动者——“西方”本身就是扑朔迷离的。西方是西方人活动的场域，他们置身、活动其中，自认为是非常熟悉自己生活的这个场域的。然而，人类的通病就是往往容易忽略身边的东西，觉得它们是那么习以为常。正是在这个意义上，对于自我和自我周遭环境的反思就是极为有意义的。“除非你压根就不想反思，不想问个究竟；否则，你时常会觉得最熟悉的东西反倒是最陌生的。”① 西方人自认熟悉的“西方”其实是非常陌生的。“回眸凝视西方，它是那么陌生；学者们对它仁者见仁智者见智；尽管较之其他的地方，我们更了解西方，但仍然是一团云雾。”② 其次，中国土地广袤，经济、社会发展呈现明显的区域差异。西方的冲击从沿海向内地逐渐式微。简而言之，“中国回应”很难解释地域等因素造成的对这种“回应”的差异，从而难以服众。柯文在批判老师观点的基础上，提出了自己的中国史研究模式，即“中国中心观”。历史研究主张论从史出，有一份史实就说一分话。但是，由于不同历史研究者所处的时代、立场的不同，其所发出的“论”难以避免主观的成分。“西方中心观”也存在这种缺陷。按照柯文的说法，“中国中心”的研究模式必须采用中国内部的准绳，而不是西方外部的准绳；必须对中国进行纵横两方面的解剖，前者主要是阶层等的划分，后者主要是空间的分割；倡导采用多学科的研究方法。③

“西方中心模式”不但在国外产生重要的影响，也对中国学者产生极大的影响。用这种模式来研究中国的历史、社会、教育（包括高等教育）等方面的著作，可谓汗牛充栋。我们不能否认外力在中国近现代高等教育发展过程中的作用，也必须承认近代我国高等教育的变迁是基于西方的摹本而展开的。同样，我们也不能忽视我国近现代高等教育发展的传统因素。近代高等教育的变迁“首先是以传统高等教育的改造和承袭为

① 倪梁康：《会意集》，东方出版社 2001 年版，第 261 页。

② Benjamin Schwartz, *In Search of Wealth and Power*: *Yen Fu and the West*, Boston: Harvard University Press, 1964, p. 1.

③ ［美］柯文：《在中国发现历史：中国中心观在美国的兴起》，林同奇译，中华书局 2002 年版，第 201 页。

基础和前提之一的转型过程；而且这一线索一直贯穿在现代高等教育形态的塑造中。同时，虽然西方的影响是不容忽视的，但推动近代高等教育转型的思想根源首先是来自传统内部，并提供了学习与借鉴西方的基本动力与可能，其力图解决的也主要是中国内部的问题”①。我国高等教育因为扎根在这绵长悠久的祖国历史中，必然会具有中国特色、中国气派。“西方中心模式”是对我国历史的人为切割或抹杀，它甚至会导致历史虚无主义的弊病。

从“中国中心”的观点出发探究近代中国大学的社会服务就不能割断中国传统教育、文化的入世精神与近代大学社会服务的关系，不能割裂中国的古代与近代，而是要把它们看作相互渗透的实体，以一种动态、开放的理性姿态去克服过去静止、封闭的理性方式所带来的弊端。就大学社会服务产生的思想来源看，以威斯康星理念为代表的美国大学社会服务无疑受到美国实用主义文化的熏陶。近代中国大学社会服务在20世纪初兴起和发展，杜威及其中国弟子的贡献不能抹杀。外力要通过内力发挥作用。从1895年北洋大学诞生到近代中国大学集教学、科研和社会服务三职能于一身仅仅用了30年左右的时间。如果没有我国经世致用思想的内在接应，实用主义催生的美国大学社会服务不可能在中国大学迅速蔓延开来。在这一嫁接的过程中，近代中国大学校长中西并重的文化性格发挥了重要的作用。有人认为：“与美国大学不同，北大社会服务活动的兴起更多的是源自大学内部知识分子的诉求。这种诉求的产生，既是传统士人兼济天下思想的反映，更凸显了知识分子在重实行的时代风气下趋时而动的特征。”这种内在的诉求使北京大学校长蔡元培在寻找大学社会服务的思想渊源时，不是完全向外探求美国的实用主义，而是注重向内探究古代的经世致用思想。以至“在大学提供社会服务的思想资源上，蔡元培似乎是有意与当时社会服务发达的美国拉开距离，更强调中国古代教育中的教授传统，从而在价值的天平上寻求中国与现代西方的关系平等”②。近代中国大学的兴起是在人们对于传统旧学丧失信心的

---

① 荀渊：《中国高等教育从传统向现代的转型》，博士学位论文，华东师范大学，2002年，第9页。

② 郭晨虹：《近代社会服务在北京大学兴起的动因分析》，《江苏高教》2010年第4期。

背景之下诞生的。在深刻认识到旧学的空疏无用之后，近代中国大学那群筚路蓝缕的创办者竭力弘扬“实”与“用”的学风，而这早在实用主义传入中国之前就开始了，很显然他们也同时借鉴了传统的经世致用资源。

因此，在本研究中，在尊重历史事实的基础上，为了克服西方中心观的危害，也为了还原历史的真相，笔者将尽力挖掘中国内部的因素。中外兼顾，从而更为全面地揭示近代中国大学社会服务产生、发展的机制。

二 布迪厄的社会理论

教育社会学的研究应该是经验和理论并重的。片面强调理论而忽视经验，那是空洞；片面强调经验而忽视理论，那是盲目。历史的研究往往容易流于史实（古人的经验）的罗列而不能窥见其后的真意。要克服这一弊端，方法之一便是借鉴社会学等其他学科的理论和范式。本研究是一个历史方面的选题。上文提到的莫兰复杂性理论更多的是作为一种宏观的认识论和方法论的指导。具体研究的展开必须诉诸一种更为具体的理论模型。笔者在经过一系列的筛选之后，最终选择了布迪厄的实践感理论。之所以选择他的理论，一是因为布迪厄对于教育问题的重视。教育作为社会的一个重要方面，很多社会学家都留下了在教育领域探索的影子。但是，像布迪厄这样能够对教育问题进行深入、细致探讨的社会学家却并不多见。选择他的理论颇有仰慕先贤、继承遗志的意思。二是布迪厄的理论在超越传统二元对立研究模式上所取得的巨大成就。社会学界超越二元对立研究模式的努力从20世纪后半期就已经开始。时至今日，任何二元对立理论指导下的研究都是难以令人满意的。

（一）传统社会学研究的二元困境

“现代性”是社会学的代名词。社会学是为“现代性”而生的，又是其发展的自然结果。社会学研究倡导从经验事实出发对现代社会的一些基本问题进行探索，这些基本问题包括个体与社会、结构与行动、宏观与微观、主体与客体等方面。由于所侧重经验事实的着眼点不同，在社会学研究中就形成二元对立的研究模式。就个体与社会之间的分歧来看，韦伯等人主张只有个体才是实实在在的，所谓社会只不过存在于人的头脑中，而孔德等人的观点则与之截然不同；从结构与行动之间的矛盾来看，注重社会结构的理论家强调其对于个人行动的制约，否认个人选择主观性的存在。与之相反的另一派则强调个人行动的重要性，认为个人选择最终导致社会的产生；从宏观与微观方面来看，加芬克尔、布鲁默等人从微观的个体或者单元入手探究社会的奥秘，而马克思、帕森斯等人则推崇进行社会结构、制度的宏大叙事；主体与客体之间的矛盾也是社会学的基本问题，有些学者主张将主体从客体中剥离，在价值无涉的前提下通过实证对客体进行研究。有些学者则认为社会现象不同于自然现象，自然现象可以进行实证，社会现象的研究则只能依靠主体身临其境并且做出解释。对自然进行说明，对社会进行解释，是他们的信条。二元对立模式的存在有其深刻的历史根源，这种对立模式是传统哲学上"名""实"之争的体现。从哲学上来看，这种争论直接导源于经验哲学有关"共性"与"殊性"的讨论。重"名"的人强调"殊性"，重"实"的人则推崇"共性"。这种争论蔓延到社会学领域突出表现为个体和社会之间关系这一"社会学的基本问题"[①] 以及其他种种二元对立的变种。

作为人类认识和探索社会的一种切入点或者方法，二元对立模式曾经在人类科学进步、社会发展等方面发挥了巨大的作用。通过对于社会学经典命题的把握，这种二元对立模式在一定程度上达到了化约研究对象复杂性的目的。社会学也在这种二元对比、借鉴、制衡的过程中缓慢发展。这种两极对立的坚定信念曾是支撑人类进行不断探索的精神动力，对于揭示事物发展的外在规律功不可没。其影响和效用在今日仍然存在。然而，随着社会的不断进步和发展，这种简单的二元对立模式日益显露其弊端，它往往容易导致人们把逻辑的事物当成事物的逻辑，造成人们认识的不全面性。认识上的切割不代表实然的如是。形形色色的二元对立模式有一个总的特点就是对于人类理性的过分夸大。当然，通过以上对于埃德加·莫兰复杂性理论的介绍，这种对于人类理性的盲目崇拜不

---

① 郑杭生、杨敏：《社会学理论体系的构建与拓展——简析个人与社会关系问题在社会学理论研究中的意义》，《社会学研究》2004年第2期。

仅仅存在于社会学领域。在当时的条件下，社会学也难以跳出这种理性崇拜的牢笼。对于理性的过分崇拜直接导致社会学研究中原本丰富的人类实践的简化、抽象和意义的消解。以结构与行动之间的对立来说，现实生活中的人们越来越认识到两者的密不可分，所谓没有无结构的行动，也没有无行动的结构。一味地推崇结构，让行动者“去钓鱼”，最后的结果只能是将“抽象的结构概念物化”[①]。一味地强调个体行动建构的意义，过分夸大行动者的主观能动性，“甚至直接把社会过程化约为心智的内容，因而认为除了个体间的互动，一般也就没有什么可以分析的了”[②]。理论分析上的捉襟见肘直接导致其对于宏观社会规律和社会问题的揭示乏力。

二元对立是对“总体性社会事实”[③] 的人为割裂，这种割裂使社会学的发展日益陷入困境。从20世纪末起众多社会学家开始了旨在消除社会学二元对立模式的艰苦努力。这种努力一方面表现在理论内容的创新上，另一方面表现在对以往理论范式和方法论进行全面、系统的改进和融合。杰佛里·亚历山大指出，尤其到了20世纪80年代以后，新的理论进行综合的努力往往是建立或恢复“微观”与“宏观”之间的联系。[④] 我们可以从许多当代社会学家的理论中窥见这种努力，如布迪厄的实践感理论、柯林斯的微观转变策略、吉登斯的结构化理论、鲁曼（又译卢曼）的社会系统论、科尔曼的理性选择理论、亚历山大的新功能主义，等等。在上述诸人的努力之中，尤其以吉登斯、柯林斯和布迪厄的成就最为引人注目。他们分别来自不同的国度，这足以说明消除二元对立模式的束缚已经成为一种国际性的努力。鉴于研究内容和主题的限制，以下将重点分析布迪厄的理论。

---

① ［法］皮埃尔·布迪厄、［美］华康德：《实践与反思——反思社会学导引》，李猛、李康译，中央编译出版社1998年版，第8页。

② 梁德阔：《社会资本理论对社会学方法论二元对立的消解》，《安徽大学学报》（哲学社会科学版）2007年第6期。

③ ［法］皮埃尔·布迪厄、［美］华康德：《实践与反思——反思社会学导引》，李猛、李康译，中央编译出版社1998年版，第29页。

④ ［美］杰佛里·亚历山大：《社会学二十讲》，贾春增译，华夏出版社2000年版，第279页。

（二）布迪厄超越二元对立模式的努力

法国社会学界人才济济、群英荟萃。就当代而言，影响最巨者继雷蒙·阿隆之后当为布迪厄。布迪厄在52岁时成为法兰西学院唯一的社会学教授，其学术造诣可以和吉登斯、哈贝马斯并驾齐驱，他们是社会学界的欧洲三英。布迪厄的著作网罗众家之长、不拘一格，涉及空间范围极为广泛。美国学者华康德称赞布迪厄的研究是“战后时代最具想象力和最富成果的社会理论和经验研究”①。布迪厄的“想象力”和“成果”在很大程度上是为了弥合社会学研究中主观与客观、结构与行动之间的对立。主观与客观、结构与行动对立的两分模式往往将假设建立在宏观社会结构和微观个体心态的封闭性和静止性的基础上，在布迪厄看来这个假设本身就是错误的。布迪厄认为，宏观结构和微观心态两者之间应该是“共时地进行内在化和外在化的双重运作”，“共时的结构化和被结构化”②，即具有双重性特点。布迪厄将自己的这种理论称为“结构的建构主义”“建构的结构主义”或者“生成的结构论”，华康德则将其称为“社会实践理论”。布迪厄的社会实践理论包含一系列相互联系的概念，这些概念是其超越传统种种二元对立模式的工具。他说：“为了摆脱结构主义者的客观主义，同时又不陷入主观主义的歪道，我做出了很大的努力，努力的结果便是生存心态（性情系统）、实践感、策略等概念的创生。”③ 接下来笔者将简要撮述布迪厄理论中的几个核心概念，借以揭示布迪厄是如何摆脱传统主观与客观、结构与行动之间对立的。

1. “生存心态”

“生存心态”在布迪厄的社会理论中是一个非常重要的概念。它的概念是如此丰富以至于布迪厄认为现有学科中的已有词汇都不能确切表达它的意思，布迪厄不得不借用拉丁文中的habitus来表达这一丰富的概念。在拉丁文中，habitus主要有内外两层意思，外层意思是指人的行为、服饰、生活模式等，内在的意思是指个人的禀赋、性情等。布迪厄选择

---

① ［法］皮埃尔·布迪厄、［美］华康德：《实践与反思——反思社会学导引》，李猛、李康译，中央编译出版社1998年版，第2页。

② 高宣扬：《布迪厄的社会理论》，同济大学出版社2004年版，第9页。

③ Pierre Bourdieu, *In Other Words-Essays Towards a Reflexive Sociology*, Stanford University Press, 1990, p. 61.

habitus 一词一方面是源于该词丰富的内涵足以能够表达“生存心态”这一概念；另一方面也是受到中世纪哲学家、涂尔干和胡塞尔[①]等先哲们的影响，这些人从自己的学科角度出发对于 habitus 都有不同的借鉴和阐发。我国学者对于 habitus 亦多有阐发，这突出表现在对于 habitus 的翻译上。Habitus 自身内涵的丰富性、语言的不完全可译性、中西不同文化之间的隔阂等因素造成我国学者对于 habitus 一词的掌握出现见仁见智、各执一端的现象。在我国学术界，通常将 habitus 翻译成“习惯”或者“惯习”。对此，布迪厄并不认同，认为这种翻译将 habitus 的生成性忽略了。“习惯被自发地看作是重复的、机械的和自动的；它与其是生产的，不如是复制的。”[②] 是否具有生成性是 habitus 和习惯、惯习的重要区别。因此，在本研究中，借鉴学者高宣扬的观点，将 habitus 翻译成“生存心态”，但是在引用相关作品的时候将保留原来的翻译术语。

（1）布迪厄对“生存心态”概念的界定。从布迪厄在 1967 年首次提出“生存心态”概念，这一概念就开始了漫长的自我生成、完善的过程。在布迪厄社会理论发展的不同阶段，“生存心态”的意义是有差别的。因此，“生存心态”概念具有极大的模糊性，“惯习是含混与模糊的同义词”[③]。在布迪厄正式使用“生存心态”之前，他用的是“道德气质”，在“道德气质”之前，布迪厄还用过其他的词汇。从布氏自身这一话语体系的转换过程中，我们就可以窥见“生存心态”一词的模糊与含混。我们先来看布迪厄有关“生存心态”的几个较为典型的定义：

定义 1：“惯习是持久的、可转换的潜在行为倾向系统，是一些有结构的结构，倾向于作为促结构化的结构发挥作用，也就是说作为实践活动和表象的生成和组织原则起作用，而由其生成和组织的实践活动和表象活动能够客观地适应自身的意图，而不用设定有意识的目的和特定的

---

① Habitus 在西方经历了一个漫长的演绎过程。早期的学者将其从表示外在的服饰、生活方式演绎到表示内在的道德、美德等方面。在以后的使用过程中，有的学者强调其外在的意思，有的学者则关注其内在意蕴。前者在涂尔干的学术继承人莫斯的著作中可以找到，后者则以现象学大师胡塞尔为代表。

② 高宣扬：《布迪厄的社会理论》，同济大学出版社 2004 年版，第 116 页。

③ ［法］皮埃尔·布迪厄：《科学的社会用途——写给科学场的临床社会学》，刘成富、张艳译，南京大学出版社 2005 年版，第 19 页。

掌握达到这些目的所必需的程序，故这些实践和表象活动是客观地得到‘调节’并‘合乎规则’，而不是服从某些规则的结果，也正因为如此，它们是集体地协调一致，却又不失乐队指挥的组织作用的产物。”①

定义2：“我说的惯习……是深刻地存在在性情倾向系统中、作为一种技艺存在的生成性（即使不说是创造性的）能力，是完完全全从实践操持的意义上来讲的，尤其是把它看作某种创造性艺术。”②

定义3：“生存心态是客观条件的一个产物；它一方面倾向于复制客观条件的客观逻辑，但另一方面又使它遭受新改造；生存心态是某种改造性的机器，它造成了这样的一个事实，即：我们‘复制’着我们自身的生产的社会条件，而且，是以相对的不可预测的方式；也就是说，是以如此的方式，致使我们不能单纯地和机械地从对于生产条件的认识过渡到对于产品的认识。”③

考察上述定义1、定义2和定义3，布迪厄在表述“生存心态”定义时，虽然在不同的时间和地点有些差异，但是作为其社会理论的核心概念之一，“生存心态”概念具备一些共性。有学者总结这种共性为，“生存心态”是在人脑中的，在现实中表现为具体、鲜明的实践活动，同时具有感知上的区分作用。④ 笔者经过总结认为，“生存心态”具有以下特点，即从来源上看，生存心态来自客观的社会结构，这种结构在布迪厄的社会理论中表现为“场”；从存在形式上看，生存心态表现为个人内部的禀赋、性情系统；从外在表现上看，生存心态是个体对主观和客观的不断创造。

（2）“生存心态”概念解读。首先，生存心态是社会结构的产物。生存心态不是个体生而具有的，它是历史性的生成，是人类实践活动的产物。布迪厄十分推崇马克思有关实践的论说，“生存心态”这一概念明显可以看到马克思理论学说的印记。客观性的社会结构在行动主体身上的主观性表现就是“生存心态”，在某种程度上，它是对客观社会性制约条

---

① ［法］皮埃尔·布迪厄：《实践感》，蒋梓骅译，译林出版社2003年版，第80—81页。

② ［法］皮埃尔·布迪厄、［美］华康德：《实践与反思——反思社会学导引》，李猛、李康译，中央编译出版社1998年版，第165页。

③ 高宣扬：《布迪厄的社会理论》，同济大学出版社2004年版，第117—118页。

④ 侯钧生：《西方社会学理论教程》，南开大学出版社2001年版，第357页。

件的一种“复制”。个体总是生活在一定的社会场域之中，在这种活动场中个体总是受到一定社会条件、生存方式的制约。相对于生存心态而言，社会结构总是表现为一种先前的存在。从这个层面来说，生存心态是一种被动的社会建构。其次，生存心态内在的表现是个人的禀赋、性情倾向。生存心态来自人类的历史和客观的社会实践活动，是长期积累、沉淀的结果。然而，这种历史和实践必须经由个人的感官、思维等机制进行不断的内化才能最终形成为生存心态，“是一种已经内化到个体身上的体知”[①]，是个体内部的一种精神态势。“通过长期的和日常的生活表演，那些本来潜伏的社会前结构以及个人在其中的位置，慢慢地呈现为‘应该那样地表现’的那种形象和‘应该那样做’的模式中。”[②] 这种内化往往要通过一定的社会化机制才能实现。教育是人类社会进行这种社会化的重要机制，在教育活动产生以前，这种社会化往往依靠原始的宗教、习俗、礼仪，等等。通过教育等社会化的机制，个体逐渐将一系列的社会制度、规范内化，进而占有和分享这种制度。作为一种禀赋或者性情倾向的生存心态，一旦形成就具有一定的恒定性。“‘生存心态’具有某种本能性地保护其自身同一性的倾向，具有保障其自身的恒定性的自然倾向。”[③] 但是它又不是不可改变的，具有转换和升华的可能性。最后，生存心态是对主体和客体的不断超越与创造。在外在社会结构内在化为个体内部的禀赋、性情倾向系统之后，生存心态就开始了不断外在化的过程。这种外在化的过程一方面表现为个体对于自我的不断改造和超越；另一方面表现为对于社会的不断改造和超越。这种改造和超越都要通过实践活动才能完成。就像上述定义 1 所指出的，生存心态“作为实践活动和表象的生成和组织原则起作用”，它是实践的指导原则，“是一种无穷的生成能力，能完全自由地生产产品（思想、感知、语言、行为）”[④]。生存心态尽管复制着社会现实，但是它一旦生成之后就不是一种被动的

---

① 吴洪富：《大学场域变迁中的教学与科研关系》，博士学位论文，华中科技大学，2011年，第 41 页。

② 高宣扬：《布迪厄的社会理论》，同济大学出版社 2004 年版，第 124 页。

③ 高宣扬：《当代社会理论》，中国人民大学出版社 2005 年版，第 837 页。

④ 宫留记：《布迪厄的社会实践理论》，博士学位论文，南京师范大学，2007 年，第 77 页。

存在，它通过个体的实践不断再生产和形塑着新的社会结构和活动场域。综上所述，生存心态具有双重性，它来自社会，同时又反映社会；既是被结构的，又是能够促进结构的；既具有一定的稳定性，同时又是能够转换和升华的。这一概念呈现出极大的模糊性，然而又是实实在在存在的！

（3）沟通结构与行动的“生存心态”。“生存心态”概念是布迪厄为了克服传统社会学以结构—行动为代表的形形色色的二元对立模式而制造的概念。因此，要了解这一个概念的含义，还得从其产生的背景谈起，即传统社会学结构和行动之间的对立。结构主义是早期经典社会学的一大流派，尽管其具体主张有所不同，但是，其基本观点却是相同的。该派认为，社会结构是不以人的意识为转移的一种外部存在，个人对于社会结构没有什么选择的余地，必须服从和适应社会结构的安排。例如，在社会学科的奠基人涂尔干的社会理论中，“社会事实”是一个非常重要的概念。无论是以实体形式存在的物质性社会事实还是没有一定实体的非物质性社会事实，对个人而言都是外在的、强制性的一种存在。与此不同，韦伯等人则极力主张个人选择、主观意识在社会中的作用；他们否认社会是一个实体的存在，而是个体的集合；既然个人在社会中发挥如此重要的作用，那么结构主义所鼓吹的价值无涉是根本不可能存在的，要解释社会的奥秘必须进行价值关联，必须进行理解。布迪厄对于结构范式或者行动范式的极端表现出不满。强调个人选择的主观主义者将社会现实归结为个体的行动、策略、体验，他们却从来没有考虑过人们的这些直接感受从何而来的问题；结构主义者对于客观社会结构的过分强调，不免要以牺牲个体的主动性为代价。因为，在结构主义者看来为了保持价值中立的原则，个体必须“为观察情境而退出情境”①。结构范式和行动范式的偏激都是因为缺少实践这一中介，都是学者凭自己的一孔之见对于实践的人为肢解。不能用人类理性的逻辑来代替现实实践的逻辑。理性的逻辑是呆板的、凝滞的，这完全不符合现实场域中个体实践的丰富多彩。指导个体实践的原则就是生存心态。

① ［法］皮埃尔·布迪厄：《实践感》，蒋梓骅译，译林出版社2003年版，第49页。

2. 场域

场域是布迪厄社会实践理论的又一重要概念。按照布氏的观点，具体的个体和抽象的社会都不适合作为社会学的分析单元，这一单元只能是场域或者其集合。同生存心态概念一样，布迪厄最初提出场域概念也是在20世纪60年代。布迪厄之所以在基本相同的时间内提出两大概念，一方面自然是理论建构的需要；另一方面说明概念之间的密切联系。场域概念提出之后，经历了一个从早期的含混、模糊到后来逐步清晰、确定的发展过程。在布迪厄看来，“一个场域可以被定义为在各种位置之间存在的客观关系的一个网络，或一个构型”①。影响场域形成的因素非常多，比如生存心态、社会阶层、关系网络，等等。在布迪厄看来，场域可以分为三种类型，即由确实存在的精神和物质所组成的场域、通过观察或者感觉而得到的场域、用语言等象征性手段表达出来的场域。

（1）场域不等于社会结构。在场域和社会结构概念中，包含了诸如社会空间、地位等一些共同的因素。但是，这两个概念是有区别的。社会结构是一个静态的概念，强调个体社会位置的固定性；场域则是一个动态、开放的、流动的系统。在场域内围绕社会位置和资源的争夺使场域里面充满了力量和斗争。这种斗争使得场域好比流水一样，变动不居。场域只有在矛盾斗争中才能维持自身。如果按照资本种类进行分类的话，有政治场域、经济场域、文化场域等不同场域。在各个场域内部都有自己的“基本原子”②，政治场域崇尚权力，经济场域谋取经济利益，文化场域追逐真理。由于受到诸种因素的影响，个体的这种较量总是呈现出此消彼长的态势，总是能够保持一种紧张和冲突。这种紧张和冲突决定了场域不是凝滞的社会结构，不是稳固的社会关系或者社会地位。

（2）每个场域都有自己的规则、规范。场域内充满力量的对比和较量，这种较量是在一定规范、规则指导下进行的，否则，场域就不可能存在并维持。“决定着一个场域的，除了其他的因素以外，是每一个场域中的游戏规则和专门利益……这些游戏规则和专门利益亦是

---

① ［法］皮埃尔·布迪厄、［美］华康德：《实践与反思——反思社会学导引》，李猛、李康译，中央编译出版社1998年版，第135页。

② 涂又光：《文明本土化与大学》，《中国哲学史》1999年第2期。

不可能被那些未进入该场域的人们所感知到的。”[①] 这种规范和规则是行动者在场域内进一步获取更多资源、资本的保证。如果个体不遵循这种规范、规则，个体就会遭到排斥。即使其能够在竞争中获得利益也不被认为是“合法”的，从而得不到人们的承认。每个场域的规范、规则都是不同的，不具有普遍性。随着人类社会的不断发展，社会场域的种类逐渐增多。与之相应，指导场域运行的规范、规则也就越来越多、越来越具体。“在高度分化的社会里，社会世界是由大量具有相对自主性的社会小世界构成的，这些社会小世界自身特有的逻辑和必然性也不可化约成支配其他场域运作的那些逻辑和必然性。”[②] 布迪厄以经济市场这个典型的场域来说明游戏规则在其运行中的重要作用。在布迪厄看来，指导经济场域运行的规范、规则主要有两个。一个是有形的经济的、物质的利益算计；另一个则是与利益无关的象征性的利益规则。有形和无形规则的有机结合有效保证了经济市场的良好运行。

（3）构成场域的要素有很多，并且这些要素之间的地位是不平等的。场域是一种关系性的存在，其本身具有复杂和客观的结构。在布迪厄看来，不论在何种场域之中，权力要素往往都发挥强力的主导作用。这是因为场域内充满着“力”和“斗争”。场域“一方面是一种力量的场域……另一方面是一种斗争的场域”[③]。这种权力并不是仅指狭隘的政治权力，在不同的场域中权力要素有不同的表现形式。权力的大小是和资本的占有量成正比的。在一个场域中，由于资源的稀缺性，拥有较大权力的行动者就会获得更多的资源。有了更多的资源，行动者可以凭借这种优势来维护场域内的关系结构，使场域保持相对的稳定和平衡。权力的强大作用往往使其具有“元”特征。尽管如此，在场域之内权力的行使绝对不是仅仅自上而下单维的。主导性权力出于维护自身地位的需要必须充分调动和发挥非支配性权力的作用才行。因此，在不同的场域之内，权力呈现出多维、交互的特征。

---

① 高宣扬：《布迪厄的社会理论》，同济大学出版社 2004 年版，第 139 页。

② ［法］皮埃尔·布迪厄、［美］华康德：《实践与反思——反思社会学导引》，李猛、李康译，中央编译出版社 1998 年版，第 134 页。

③ 高宣扬：《当代法国思想五十年》，中国人民大学出版社 2005 年版，第 514 页。

综合以上有关场域的论述，我们可以发现布迪厄的场域概念是在其关系主义范式指导下提出的。不管是结构和行动、主观和客观、个体与社会等都是一种关系的存在。单独强调任何一方都是对现实的割裂。在布迪厄看来，现实就是关系的存在，而这一点在其场域概念中得到典型体现。同时，这种关系不是一种凝固的、现成的关系，它永远都是生成的、斗争的，即这种关系一直处于一种紧张、冲突的状态。"冲突""关系"是理解场域的关键词，把握住这两点，然后将场域概念放在社会学发展的历史长河中，才能发现布迪厄提出这一概念的伟大意义。

3. 资本

对资本的研究中影响最巨者之一当然要算马克思。在马氏的理论体系中，资本是一个非常重要的概念，它正是通过这一概念来解释资本主义的真谛所在，这从《资本论》一书中就可以发现。在马克思之后，又有韦伯、舒尔茨等人对资本概念进行探讨。从物质资本到人力资本再到自然资本，人类对于资本的探索越来越精深，资本理论也从古典资本理论发展到新资本理论。

（1）资本的概念。布迪厄的资本概念受到上述诸人的启发，但是又跟他们的资本观点有很大差异。在布迪厄那里，资本是场域内的行动者竞争的对象，是场域斗争的根源所在，影响和制约着个体的行动逻辑。布迪厄在不同的场合提出了资本的定义。在《文化资本与社会炼金术》一书中，布迪厄将资本定义为"资本是积累的（以物质化的形式或'具体化的'、'肉身化的'形式的）劳动，当这种劳动在私人性，即排他的基础上被行动者或行动者小团体占有时，这种劳动就使得他们以物化的或活的劳动的形式占有社会资源"①。在这一概念当中，布迪厄强调资本的劳动属性及其对于资源的占有，这是典型的古典资本理论的观点。紧接上述定义，布迪厄又说资本"是一种铭写在客体或主体的结构当中的力量，它也是一条强调社会世界的内在规律性的原则"②。布迪厄的这一说法，明显突破了传统关于资本概念的定义。在这一定义中，资本成为一种永恒的、

① ［法］布尔迪厄：《文化资本与社会炼金术》，包亚明译，上海人民出版社1997年版，第189页。

② 同上。

普遍的存在，丢掉了马克思中资本的剥削色彩。学界一致认为，布迪厄的资本概念具有三大特色。首先，布氏的资本概念不是资本主义语境下的特有产物；其次，布氏的资本种类丰富，不仅仅是经济资本；最后，布氏的资本与权力密切结合。① 布迪厄社会理论中的核心概念都是相互联系的。对任何一个概念的理解都离不开对另外概念的把握。要理解布迪厄的资本概念必须把它同生存心态、场域等概念联系起来。动态的、开放的场域内存在大量的紧张与冲突，冲突的原因或者对象就是资本。从这一层面来说，资本在空间内的不断角逐形成场域，场域是资本的运作空间。个体在场域内社会地位的不同决定斗争的目标、手段等诸多方面存在差别，而个体的社会地位则受制于生存心态。不仅如此，个体在参与场域内斗争的时候，必须采取一定的斗争策略以获得更多的资本。这种策略主要来自个体的生存心态，亦是个体生存心态的一部分，生存心态也可以被视为一种资本。总之，生存心态、场域、资本三个概念是紧密联系的。

（2）资本的种类。在概念界定的基础上，布迪厄进一步探讨了资本分类的问题。布氏对于资本概念的探讨显得非常抽象，其对于资本的具体分类更有助于我们认识资本。布迪厄既看到了实体性资本的存在，同时又看到了非实体性资本的存在，这是布氏超出其他人的地方。按照布迪厄的划分，资本可以分为经济资本、文化资本、社会资本和象征性资本。对于经济资本，布迪厄沿用了古典资本理论中的概念，即生产要素、各种收益的总和。在不同的社会形态中，经济资本呈现的方式是不一样的。奴隶是奴隶社会典型的经济资本，土地是封建社会典型的经济资本，资本主义社会典型的经济资本则是赤裸裸的金钱。同马克思等人一样，布迪厄也非常强调经济资本的基础性、决定性作用。文化资本是布迪厄社会理论中关注最多的地方。之所以如此关注文化资本是因为其在现代社会中发挥巨大的区分作用。“在布迪厄的著作中，他将文化资本定义为知识的形态、内在的模式或者认知的获得以及对于文化关系和文化产品的欣赏和解释能力。”② 具体而言，

① 朱国华：《社会学的不朽者：布迪厄》，《文化研究论坛》2003 年第 3 期。

② Pierre Bourdieu, *The Field of Cultural Production—Essays on Art and Literature*, New York: Columbia University Press, 1993, p. 7.

文化资本包括一个人的知识、性情倾向、能力、语言以及品位，等等。文化资本以身体化、客观化、制度化三种形式存在。身体化的形式表现为个体的才能、性情；客观化的形式表现为物化的文化产品；制度化的形式表现为学历、毕业证书或者荣誉证书等。“社会资本是一种建基于人际网络的资源。”① 该网络覆盖面越广、越牢固，表明个体能够动员的社会资源越多，则其社会资本越多。社会资本不是上帝给予的，也不是社会提前安排的，其获得必须通过个体的劳动交换。象征性资本是在经济、文化、社会三大资本之后提出的。布迪厄提出这一概念是为了表达对于传统经济理性的不满。象征性资本是一种隐形的资本，经常表现为一种被否认的客观存在。象征性资本是“礼仪活动、声誉或威信资本的积累策略等象征性现象”②。出于研究的方便，布迪厄将资本进行了分类。但是，在现实世界中，资本之间的关系是紧密相连的，不同的资本可以进行转换。在这种转换体系当中，经济资本总是处于基础性的地位，但是它绝对不能替代其他资本而发挥作用。文化资本通过制度化的教育制度等可以转化为经济资本。社会资本可以转化成文化资本。经济、社会、文化三大资本往往最后能够转化成象征性资本。资本之间的转换不是轻而易举的事情，需要个体采取一定的策略，付出艰苦的劳动。

布迪厄才华横溢，思维犹如野马驰骋，其学术兴趣广泛涉猎不同的学科，是旷世难得的百科全书式学者。在其关系主义方法论指导下，通过不断地反思，布迪厄提出了生存心态、场域、资本等概念体系来克服传统社会学存在的种种二元对立模式。在布氏理论体系中的每个概念都不应被视为是单独的存在，必须进行前后勾连方能呈现出概念的本意，研读布氏著作的后人不得不注意此点。作为一种较为完善的社会理论体系，布迪厄的理论适用范围广泛，具有极强的解释力和说服力，成为人文社科工作者的工具箱，这是布迪厄社会理论能够在世界范围内流行的重要原因。

---

① 谭光鼎、王丽云：《教育社会学：人物与思想》，华东师范大学出版社 2008 年版，第 395 页。

② 高宣扬：《布迪厄的社会理论》，同济大学出版社 2004 年版，第 151 页。

(三) 布迪厄社会理论对于本研究的启示

布迪厄说："我从未要求自己生产一种有关社会世界的一般性话语，更不用说生产一种以关于这个世界的知识为分析对象的普遍性元话语。"①正是这种虚怀若谷的精神使布迪厄的社会理论最大限度地成为一种"一般性的话语"，从事人文社会科学的工作者都可以从布迪厄的理论中寻找到自己需要的东西。相较其他学者，布迪厄更为关注教育与社会的关系、关注大学。大学社会服务说到底就是处理教育和社会之间的关系问题，服务提供的主体大学也是布迪厄研究兴趣之一，这注定布迪厄的社会理论对于本研究具有重要的启发意义。

1. 突破传统"社会—规章—实践"的分析模式，有助于对大学社会服务进行本土化解读

对于近代中国大学的研究目前采用最多的是结构范式，通常遵循"社会—规章—实践"的研究路径，即从近代社会背景出发，探讨建立有关近代大学的规章制度及在此指导下进行的一系列实践。这种结构范式在近代中国大学社会服务的研究中同样是主流。此种范式的形成是研究者在对大学社会服务的诞生地（美国大学）进行研究的基础上日渐形成的，并对研究者产生根深蒂固的影响。在近代中国社会场域内生存和发展的大学，尽管其性质有所不同，却同时受到同样的社会结构的制约，这一点是毋庸置疑的。近代中国大学开展社会服务的动因、内容和形式等诸多方面都有社会结构的烙印，不是社会服务的主体教师和学生任意选择的结果。然而，我们又必须看到近代中国社会场域是一个思潮碰撞、分化的时期。作为社会服务主体的教师和学生在这种激荡的思潮当中，往往面临不同的路径选择，这为他们主体性的发挥提供了极大的社会空间，这也必然影响到他们开展社会服务的内容、形式等方面。传统的结构范式因为片面强调宏大叙事可能就会泯灭大学教师和学生主体性的发挥及其差异。质言之，近代中国大学社会服务在服务主体和社会之间是一种互构的关系，两个实体之间是一种关系性的存在。"教育史研究探究的不再是整体的认同而是差异比较，不再仅仅是道德的判断而是深入到

① ［法］皮埃尔·布迪厄、［美］华康德：《实践与反思——反思社会学导引》，李猛、李康译，中央编译出版社1998年版，第211页。

权力解析层面。"[①] 这就要求在互构中寻找矛盾，在关系中寻找差异，在近代中国社会的场域中对中国大学社会服务进行本土化的解读。

2. 以生存心态、场域、资本等作为分析工具，有助于对大学社会服务进行差异性解读

场域是主体实践的空间，资本是主体实践的工具。在近代中国场域之下，近代中国大学由于生存心态的不同导致其实践的工具"资本"也呈现较多的殊相，直接造成近代中国大学社会服务的内部差异。近代中国大学有公立、私立、教会之别，这种传统的分类方法主要是基于三类大学的所有权而进行的。在笔者的研究中，则更多地关注三类大学不同的生存心态、场域与资本。作为西方冲击的产物，教会大学在中国出现较早。利用通过不平等条约获得的特权，教会大学一度成为"文化租界"。在近代中国公立、私立大学尚未发达的时代，教会大学可谓独领风骚。教会大学也是较早开展社会服务活动的大学，这自然与其西方母体大学的影响有关，但其早期社会服务的动力更多地来自宗教信念。随着生存环境的变化，教会大学逐渐进行调适，开始了艰难的本土化过程，社会服务也呈现出与以往不同的迹象。公立大学自其产生开始就和国家政权保持紧密的关联，国家政治波动、政权交替在公立大学身上得到鲜明的体现，诸如校长更换等。公立大学一方面是统治阶级意识形态灌输的工具，另一方面，在多灾多难的中国又要面对救亡图存的时代挑战。相较而言，私立大学则较少受到政治的束缚，但是它们也较少得到政府的资助。考虑到实际生存的需要，私立大学在招生、专业设置、社会服务等方面更为贴近现实生活的需要。

此外，以生存心态、场域与资本作为分析工具还有助于揭示近代中国大学社会服务的外在差异性，特别是与美国大学社会服务的差异。近代中国社会所面临的特殊问题影响和制约着近代中国大学的生存心态。以大学校长为代表的近代中国知识分子在借鉴国外大学模式的同时，非常注意结合现实国情的需要。"中国近代知识分子对高等教育或者大学模式的试验，与其说是对现代高等教育模式的偏爱，不如说是他们基于中

① 田正平、程斯辉：《辛亥革命与中国近代教育：第五届海峡两岸教育史论坛论文集》，浙江大学出版社 2012 年版，第 184 页。

国实际需要做出的判断，并进行有选择的借鉴。每种模式都是因为其被认为符合中国的传统和社会发展的趋势而被试验的。”① 与之相应，近代中国大学社会服务诞生在近代中国社会背景之下，主要是为解决近代中国社会问题。就服务内容和领域而言，美国大学社会服务发端时主要服务于农业、机械等生产、生活领域。近代中国大学社会服务带有更多的救亡图存的色彩。近代中国大学也进行了大量的农业推广等方面的活动。但是，在进行此种活动的过程中近代中国大学普遍注重对于农民的组织和教育。近代中国大学在城市的社会服务活动中，社会教育亦占有相当的比重。不管是改良还是革命，要尽快实现救亡图存的历史使命都需要具有一定素质的国民，都需要提升人民的教育水平。

第五节　研究思路与方法

一　研究思路

科学研究是一个提出假设、验证假设的过程。对近代中国大学社会服务进行探究同样应遵循这一过程，本研究中的假设主要有如下三个：

假设1：近代中国大学的社会服务活动是和近代中国大学相伴而生的。

假设2：近代中国大学社会服务是根植于近代中国社会场域的、是本土的。

假设3：近代中国大学社会服务的影响是多方面的。

对于以上三个假设的解读，其实就是要回答以下几个问题：

问题1：近代中国大学社会服务产生的历史动因和基础是什么？

问题2：近代中国大学社会服务发展阶段及不同阶段的特点如何？

问题3：近代中国大学社会服务的内容和形式是什么？

问题4：近代中国大学社会服务功效如何？在服务过程中存在哪些问题？其对当今的借鉴意义何在？

基于以上问题和假设，本书主要由五部分构成。第一章导论部分主

① 荀渊：《中国高等教育从传统向现代的转型》，博士学位论文，华东师范大学，2002年，第12页。

要介绍全文的研究缘起、意义、相关研究的回顾与评述、核心概念进行界定以及对相关理论基础进行说明。本书主体部分包含第二章、第三章、第四章。第二章介绍近代中国大学社会服务产生的思想渊源及其学术基础，对近代中国大学社会服务的发展历程进行梳理。第三章从近代中国大学校长视角出发，对近代中国大学社会服务思想进行考察。第四章是近代中国大学社会服务的实践，主要关注大学社会服务的内容及形式。最后是结语部分，主要对近代中国大学社会服务的成绩进行评述，指出近代中国大学社会服务过程中存在的问题及其成因。在此基础上提出近代中国大学社会服务对于当今中国大学社会服务的借鉴意义。

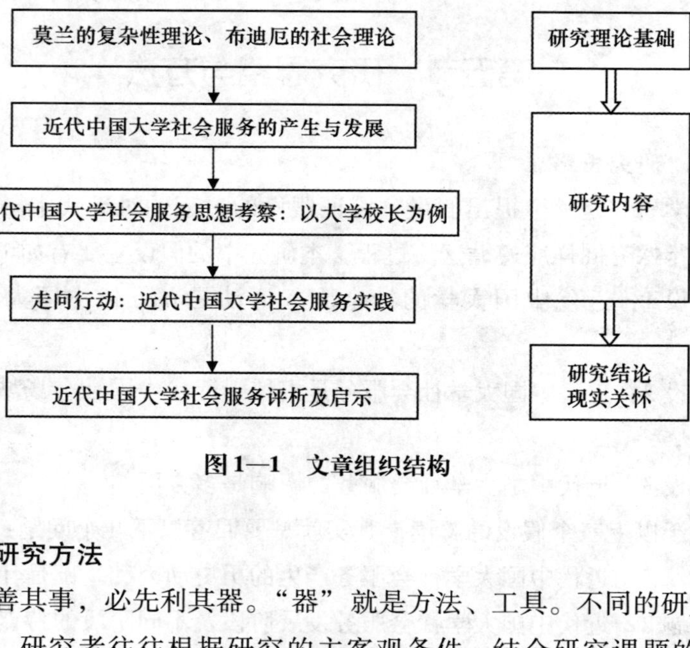

图1—1　文章组织结构

二　研究方法

工欲善其事，必先利其器。“器”就是方法、工具。不同的研究方法各有特点，研究者往往根据研究的主客观条件，结合研究课题的性质，综合选择和运用几种研究方法，本研究主要的研究方法有：

（一）历史研究法

人有生老病死，物有兴衰存亡。对事物的兴衰存亡进行探究，以发现背后的本质和规律是历史研究的任务，历史研究法是进行科学研究的重要方法。对于普通人而言，历史往往就是过去的遗迹、资料。真正从事历史研究的人知道事情并不是如此简单。史实总是一言不发，必须经过人的组织、解释方能发挥咨政的功能。笔者通过对1895年到1949年近代中国大学发展历程的梳理，对于该期内大学社会服务活动进行勾勒。分析近代大学社会服务产生的社会背景、发展历程、服务内容、形式，然后对大学社会服务活动进行分门别类的描述和探究，以发现其可以借鉴之处。

（二）文献研究法

文献研究法是学者们最常使用的方法。通过对纸质的、电子的等各类文献资料的收集并在此基础上对这些资料进行由表及里、由此及彼、去粗取精、去伪存真的处理，进而获得与研究相关的有效信息的方法。现代信息技术特别是互联网技术的迅速发展为文献法提供了极大的发展空间。文献法的有效利用可以极大地改善研究的条件，全面而且迅速地了解现有的研究情况，从而避免一些无谓的重复。文献法运用的效果如何在很大程度上取决于资料的准确程度，资料有一手资料和二手资料之分。为了保证研究的效度和信度，本研究资料收集的过程中将重点关注一手资料，大量收集研究时段内的原始资料，诸如当时的期刊，等等。当然，笔者并不排除二手资料的运用，只不过在使用二手资料的时候要遵循谨慎的原则。这些资料的获得主要通过互联网、图书馆、档案馆等。

（三）比较研究法

比较研究法是对两个或者多个具有相关性的对象，按照某一既定的标准，将它们进行对比，从而把握它们的异同，认识它们的规律。比较研究法适用的范围非常宽泛，正是因为这个原因，一些研究者在使用这个方法的时候存在滥用的现象，即胡乱地进行比较。这里就有个可比性的问题，并不是任何事物都可以进行比较。要进行比较首先必须存在具有相关性的客体，其次是标准的确定，必须用同一把尺子进行“测量”，不能针对不同的对象用不同的尺子。比较研究法可以大致分为纵向的和横向的，前者是时间的、后者是空间的。在本研究中，笔者会对近代中国大学社会服务不同历史时期的特点等内容展开比较。

（四）个案研究法

从哲学的观点来看，普遍性存在于特殊性之中，这也是个案研究法存在的哲学基础。个案研究法就是选择非常具有代表性的研究对象对其做系统、深入、精细的考究，也就是“解剖麻雀的方法”。个案研究法的运用最容易犯“见树木不见森林”的弊病。个案不是目的，目的是全体，是普遍，是规律。在本研究当中，为了对近代中国大学社会服务活动进行深入、全面的分析，笔者在行文时，根据论述的需要会选择一些有代表性的大学的社会服务活动、大学校长的社会服务思想等进行探索。

第六节 研究重点、难点、创新点

一 研究重点

运用相关理论，对于研究时段内我国大学社会服务进行深入的研究，不仅仅停留在大学社会服务活动的表象上，而是在近代中国半殖民地半封建的特殊社会背景下，深入探究近代中国大学社会服务兴起的背景、思想、学术基础，近代中国大学社会服务的发展阶段、服务内容及形式，揭示近代中国大学在当时特有的社会场域中所进行的社会服务的成败得失以及对于当今中国大学社会服务的指导意义，这是本研究的重点。

二 研究难点

由于对于近代我国大学社会服务的前期研究成果较少，这为本研究提供了极大的发展空间，但是也带来了很多想不到的难处。在准备选题的过程中，笔者感觉最为突出的难点有以下几点：

首先，资料的收集、整理。到目前为止，就笔者所能查阅到的资料而言，尚未发现专门针对本研究的专著或者硕博士论文，仅有一些散见的期刊文章，但也是凤毛麟角。历史研究必须建基于历史事实之上，史学名家、曾任北大代理校长的傅斯年说过“一分材料一分货，十分材料十分货，没有材料不出货”的话。有关近代大学的资料可谓汗牛充栋，然而有关近代中国大学社会服务的集中性资料并不多见。要在浩如烟海的近代大学资料中爬梳有关近代大学社会服务的内容，必须下“上穷碧落下黄泉，动手动脚找东西”的功夫。

其次，大学与社会互动的复杂性，要求本研究必须采取多学科的视野。大学社会服务的展开必须在大学与社会互动的宏观背景下进行。这两者之间的互动是非常复杂的，仅从互动的内容来看，就涉及社会生活的方方面面，这从近代大学社会服务的内容就可见一斑。要对这种互动进行研究必然是多学科的，涉及经济、政治、教育等不同学科。如何有效借鉴各学科的研究成果，充实并且丰富本研究的内容，这也是本研究的难点之一。

最后，关于中西不同文化视域下的大学社会服务观也时常困扰笔者。西方大学职能的拓展是一个自然而然的发展过程，在这个发展过程中，西方大学较好地处理了社会需求和自身发展逻辑之间的矛盾。近代中国大学是在“外源”“内生”的双重历史背景下诞生的。“外源”是近代中国大学发展的催化剂，它导致了恰如加拿大比较教育学者许美德所认为的西方大学的胜利。正是由于这种催化作用，中国传统的高等教育形式基本上被摧毁，近代中国大学也在很短的时间内完成了自己职能拓展的过程，这是催化作用给我国大学发展带来的终南捷径。然而，在准备资料的过程当中，笔者发现，如果按照西方大学社会服务的观念来审视研究时段内中国大学社会服务活动的话，会让人感到非常的茫然，这样做首先造成的结果就是抹杀了近代中国大学社会服务活动的丰富内容。由于当时中国大学面临的特殊社会环境，大学社会服务在形式、内容等方面都表现出自己的独特性和丰富性。因此，在中西不同文化背景下，既要注意大学职能发展的一般规律性，又要注意近代中国大学社会服务的独特性和丰富性，并且使两者做到有机结合，这也是本研究的一个难点。

三 研究创新点

创新不是虚无缥缈的空中楼阁，要创新先要守成，就是要充分吸收和利用已有的研究。在借鉴既有研究成果基础上，充分挖掘现有史料，本研究力求在以下方面实现突破：

第一，在近代中国社会复杂背景之下，对近代中国大学社会服务进行深入、系统的探讨，深刻解析其产生的思想渊源、学术基础、发展历程、实践过程及效果，挖掘近代大学社会服务的借鉴意义，丰富该领域的研究内容。

第二，从近代中国大学校长的视角出发，在教育与社会关系的背景下，深入分析近代大学校长对于近代中国社会的认知及对当时教育弊病的批判。在此基础上，全面阐述近代大学校长的社会服务观，深化对于近代中国大学社会服务的研究。

第三，通过对近代中国大学社会服务思想和实践的考察，深刻揭示近代中国大学社会服务的发展与运行机制，为充分发挥当今大学的智库作用提供借鉴。

第二章

近代中国大学社会服务的产生与发展

19 世纪末 20 世纪初是人类发展史上变迁最激烈的时代之一，国际风云变幻，国内疾风骤雨。社会变迁往往和社会新力量的孕育、新组织机构的产生相伴而起。在经历漫长的封建社会之后，近代中国社会在内外力的共同作用下，进行着自己的新陈代谢。近代中国大学便是这种新陈代谢的产物之一。新机构担负新使命。在风雨如晦的时代背景下，近代中国大学开启了服务社会的探索，社会服务由是而生、而长。

第一节　近代中国大学社会服务产生的思想渊源

思想是行动的先导。“就个别人来说，他的行动的一切动力，都要通过他的头脑，一定要转变为他的愿望和动机，才能使他行动起来。”① 近代中国大学社会服务实践活动也是在一定思想基础上孕育和发展的。以儒家为代表的中国传统文化讲究经世致用，即“学问须有益于国事”②。中国传统的经世致用思潮是近代中国大学社会服务的内在基因。近代中国社会的一切冲突归根结底就是新旧之间的冲突，中国传统的高等教育

① 中共中央马克思恩格斯列宁斯大林著作编译局：《马克思恩格斯选集》（第 4 卷），人民出版社 1972 年版，第 247 页。

② 哲学大辞典中国哲学史卷编辑委员会：《哲学大辞典・中国哲学史》，上海辞书出版社 1985 年版，第 473 页。

和西方的大学之间的冲突是其表现之一。博弈的结果在一定程度上是“欧洲大学的凯旋”①，特别是美国大学的凯旋。实用主义是指导美国大学发展的思想原则之一。实用主义思潮是近代中国大学社会服务产生的外在动力。近代中国社会多灾多难，国土分割，主权沦丧，救亡图存是近代中国的主题。围绕这一主题，通过实业救国成为很多人的选择，实业救国思潮应运而生。实业救国思潮是近代中国大学社会服务产生的直接催化剂。

一　经世致用思潮：近代中国大学社会服务的内在动因

经世致用是中国传统文化的一大特点，其萌芽可以追溯至先秦诸子百家。在漫长的历史发展过程中，中国传统文化逐渐形成了以儒家文化为主体，其他各家文化并存的局面。在各种经世致用观念中，以儒家的经世致用思潮影响最著。“经”与“世”连用首先出现在《庄子》一书中，“春秋经世先王之志，圣人议而不辩”②。《春秋》由于其对经世策略、治国之术的阐扬成为早期的经世之学。“致用”是指发挥和实现某物的功用，将思想理论转化成实践的意思，如“以为君子致用在乎经邦”③。“经世”和“致用”两词意思颇多相同之处，古人很少将两词连用。据学者王宏斌考证，“经世致用”一词首先由梁启超提出，他在其著作中用经世致用来描述一种观念或者学问。④从此之后，“经世致用”的说法便逐渐流行开来。

（一）经世思潮之内容与发展历程

简而言之，经世思潮就是经邦济世、建功立业。经世致用首先强调的是一种人生态度，要求不避世。古代知识分子大多是积极入世的，即使有些知识分子归隐山林，通常也并不是真的隐退，而是因为“道不行”而做出的“舍之则藏”的选择。隐退只是一种形式，遇到欣赏其才学的

---

① ［加］许美德：《中国大学1895—1995》，许洁英等译，教育科学出版社2000年版，第32页。

② 陈鼓应：《庄子今注今译》，中华书局1983年版，第74页。

③ 谢保成：《关于唐代史学地位的几个问题》，《中国社会科学院研究生院学报》1989年第4期。

④ 王宏斌：《关于“经世致用”思潮的几点质疑》，《史学月刊》2005年第7期。

圣明君主，他们很乐意施展自己的才华。其次，这种经世致用思想带有极强的政治色彩，主要体现在建国君民上，对于与人们生活关系密切的民间之用关注不多，孔子鄙视稼穑之学就是明证，墨学在这方面做得稍好，但是却影响有限。无论是高居庙堂时的从政问俗，还是散落民间时的传经布道，古代的经世致用带有明显的政教合一的特点。读书人如何经世致用？在古代典籍中是可以找到答案的，这就是《大学》中的八条目，即格物、致知、诚意、正心、修身、齐家、治国、平天下。在这八条目中，修身是本，要做到内圣，修身的目的却不是自我提升，必须能够达用才行。这条由内到外、内外兼修的模式就是古代知识分子经世致用的通途。

春秋战国时期，为了在竞争中胜出，各国统治者求贤若渴、养士成风，这为各家各派理论发挥经世致用的功能提供了滋润的土壤。在诸家之中，经世致用思潮理论化和实践程度最高的首推儒家。作为儒家主要教育内容的六艺鲜明体现了这种经世致用思潮。精通六艺，既能“铜刀安社稷，匹马定江山”，又可善谋善断、为帝王出谋划策。汉代陆贾等人结合时代需要不断修正儒家思想，并且极力向统治阶级宣传改造后的儒家学说，统治者逐渐认识到儒家治世的价值。武帝时“罢黜百家、独尊儒术”，最终确立今文经学的正统地位。中央设五经博士，弘扬儒家思想，将儒家典籍作为士子进身之阶。知识分子只有在通经之后才能获得施展自己才能的机会。先通经然后才能致用，成为读书人的共识。因此，汉代的知识分子对于儒家经典非常重视，“汉儒之重六经，皆以其为孔子所传，微言大义所在，非以其为古代之典籍也”①。儒学的经世致用思潮在西汉由于董仲舒等人的极力提倡而达到第一个发展的高峰。

李唐重视发挥儒家的经世功能，继承和完善了隋朝开创的科举制度。读书人通过参与科举来实现经世致用的价值。为了适应政治统一的需要，大唐确定经书的版本，颁布官方的注疏，实现了南北经学的统一，推行制度化的儒学。至唐代中期，出现了以经世而闻名的大儒家，要求以文章、经术经邦济世，较有代表性的有刘晏、陆贽等人。刘晏厉行经济改革，采取措施稳定物价，整顿漕运、清理盐政、改革税制，注重养民理

---

① 吕思勉：《先秦学术概论》，中国大百科全书出版社1985年版，第25页。

财；他还提出官私合营的工商业经营模式，有效刺激和改善唐中期的经济状况。史家称颂刘晏曰："富其国而不劳于民，俭于家而利于众。"[①] 陆贽在政治上提出君主应首先正心，以天下为己任，以絜矩之道来格君心之非；经济上陆贽主张充分调动和发挥人的主观能动性，同时要体恤民力，轻徭薄赋；军事上陆贽主张慎选将才，赋予将领一定自主权，严格治军，奖惩分明。然而，其思想未能付诸实践。苏轼曾言："使德宗尽用其言，则贞观可得而复。"[②]

在宋代，通过对实用之学的追求而实现经世致用目的的典型知识分子代表是范仲淹和王安石，其倡导和主持的庆历新政和熙宁变法是对儒家经世文化熏陶下知识分子经世的绝好诠释。明代王阳明针对当时世风日下、诚信危机的不良社会现象，提出知行合一来"正人心，息邪说，以求明先圣之学"[③]。面对明末空前激化的社会矛盾，以高攀龙、顾宪成为代表的东林学人以东林书院为据点，针砭时弊、提倡实学、力求改善国计民生。东林的实学风尚为后人所继承，产生很大影响。

清初学者更是提倡经世致用之实学。顾亭林、王夫之、黄宗羲、颜元等人的思想中无不高扬经世致用的大旗。清初学术领域得到极大拓展，正可谓"国初之学大"[④]，与此相应，学者经世致用的范围更为广泛和彻底。顾炎武极力提倡明道救世、实地调研，认为空言不如见诸行事，潜心研究国家兴衰之因，谋求发展民生的计策，其所著《天下郡国利弊书》鲜明地反映了这一思想。王夫之坚持唯物论的道器观念，认为不存在脱离器的道，事物总是处于运动之中，主张先行后知，肯定行的重要作用。黄宗羲提倡民本思想，要求限制君权，重新界定君臣关系。为了限制君权，他认为要重视学校的作用，"公其是非于学校"[⑤]，主张以法治代替人治；黄宗羲精通经济之学，提出"黄宗羲定律"，认为统治者应该减轻赋税，大力鼓励发展工商业，"夫工固圣王之所欲来，商又使其愿出于途

① 刘昫：《旧唐书·刘晏传》（第123卷），中华书局1975年版，第3523页。

② 《苏轼文集》（第36卷），中华书局1986年版，第1012页。

③ 《王阳明全集》，上海古籍出版社1992年版，第282页。

④ 《王国维遗书》（第4册），上海古籍书店1983年版，第26页。

⑤ 李伟：《明夷待访录译注》，岳麓书社2008年版，第39页。

者，盖皆本也”[①]。颜元要求突破传统的功利观，提出“正其谊以谋其利，明其道而计其功”[②]，注重实用、实习，因此以号“习斋”自勉，曾经提出以“人皆兵、官皆将”六字强天下，以“垦荒、均田、兴水利”七字富天下和“举人才、正大经、兴礼乐”九字安天下的经世伟略。随着统治日益走上轨道，清政府为了巩固统治，大兴文字狱，推行严厉的文化控制政策。受此影响，知识分子经世致用的思想意识得到极大束缚，日益转向辞章、考据和训诂。但是，经世思想并没有灭绝，这种思想在戴震等大师的著作中仍然可以大量发现。在经过一段相对的沉寂之后，清初的经世思潮在嘉道年间得以复兴，其代表人物是龚自珍、魏源、林则徐等人。内忧外患的特殊社会环境使得嘉道学者的经世致用思想在内容、视野上显得更为开阔、磅礴。嘉道之际学者的经世致用思潮直接为后来的洋务运动、维新运动所继承。

龚自珍批判君主专制制度的黑暗，认为社会弊病的存在已经使封建政权病入膏肓，必须进行变法改革；龚自珍还对统治阶级重义轻利的价值观进行批判，认为最终目的是“庇其子孙”[③]，不但帝王有私心，普通百姓也有私心，甚至天地皆有私心。龚自珍注重边疆史地的研究，提出向西北地区进行移民，发展边疆的经济生产，同时扩充边疆军备，有效防止别国侵略。经过鸦片战争洗礼的魏源发出更为急切的经世致用呼声，其所编辑的《皇朝经世文编》广泛涉及清朝的政治、文化、教育等社会事业。魏源提出师夷长技以制夷的想法，早期的这一构想主要是指技术层面，即战舰、火器和养兵练兵之法，建议清政府积极建立和扩充海防。后来魏源逐渐突破了技术的阈限，将夷计的范围扩展到西方政治层面。魏源对于腐朽的封建专制制度表示不满，非常赞赏美国的选举制度，认为此种选举制度“可垂奕世而无弊”[④]；魏源提出了具体的社会改革措施，这些兴国举措虽然没有全被统治者采纳，但是历史证明了其想法的意义和价值。“魏源是地主阶级改革派中对时代剧变最为敏感的人物之一。”[⑤]

---

① 李伟：《明夷待访录译注》，岳麓书社 2008 年版，第 170 页。

② 《颜元集》（上），中华书局 1987 年版，第 163 页。

③ 《龚自珍全集》，上海人民出版社 1975 年版，第 92 页。

④ 魏源：《海国图志》（第 47 卷），岳麓书社 1998 年版，第 133 页。

⑤ 王处辉：《中国社会思想史》，中国人民大学出版社 2009 年版，第 529 页。

魏源师夷长技以制夷的具体内容虽然经历不断变化，这种思想却被一代代知识分子所传承，始终为国人的救亡图存活动提供指导原则和奋斗方向。龚自珍和魏源主要是以理论经世。与二者相比，林则徐科举仕途较为平坦，更有机会实施自己的经世思想和策略，林在更大的意义上是一位经世实践家，他说："如赏牙琴，更亲听乎操缦；喻观基射，再目睹乎穿杨；听春蚕食叶之声，足验工良辛苦；骋渴骥奔泉之势，定知水到渠成。"① 林则徐的经世致用思想和实践首先表现在他的具有开创性的经济思想和改革实践上。林则徐采取措施严厉查禁鸦片，同时主张建立和完善自己的货币本位制度和发行钱票的货币改革主张。林则徐重视农业建设，加强和扩充基本农田水利设施。重商是林则徐经济思想中的重要闪光点，在其经济思想中已经初步具有了运用市场进行供求调节的意识并且付诸实践，主张大力发展对外贸易以增加国家收入。在中外关系问题上，作为认识世界、认识西方的先驱，林则徐较早摆脱了传统"天朝上国""夷夏分野"观念的束缚，认识到这种错觉带来的夜郎自大的心态和危害。为此，林则徐倾力宣传和介绍西方先进的科技、法律知识，主持编纂了《四洲志》等书籍来开阔国人视野。

（二）经世致用与近代中国大学社会服务的内在关联

经世致用思潮何以成为近代中国大学社会服务的内在动因？儒家的经世致用思想表现在内圣和外王有机结合的两个方面。孔子死后，儒学一分为八。有的强调内圣，有的强调外王。总体而言，在唐以前是比较注重外王的，自赵宋开始则转向内圣方面。以下笔者首先从内圣和外王两个方面来谈谈经世致用与近代中国大学社会服务的内在渊源。其次，经世致用思潮还为近代中国大学的创办者提供直接的思想资源，催生了近代中国大学的产生。

内圣就是修身，其主要内容是道德修养，而又十分注意培养人的忧患意识和爱国情怀。提到这种意识和情怀，首先映入我们脑海的是范仲淹"先天下之忧而忧，后天下之乐而乐"的名句。其实，范仅仅是个代表，经世思想家大都具有这种情怀。在政局动荡、民族衰弱之际，这种忧患意识和爱国情怀往往更能得到激发。这种爱国情怀刺激近代中国产

① 中山大学历史系：《林则徐集·公牍》，中华书局1963年版，第2页。

生形形色色的救国思想。仔细探究这些救国思想就会发现它们与大学有着千丝万缕的联系。这种精神激发近代中国大学的产生并在近代中国大学身上得到淋漓尽致的体现，成为推动近代中国大学社会服务的直接动力。南开大学校长张伯苓强调培养学生的“公”，要求学生牢记民族复兴的历史使命，积极投身社会实践；辅仁大学校长陈垣面对日本的步步紧逼，为了砥砺国人抗战雄心，毅然将自己治学的兴趣从嘉定钱学转向注重事功、经世的亭林之学。[①] 作为一校之长，陈垣也让这种注重经世的学风吹遍整个辅仁大学，积极鼓励师生员工的社会服务事业；刘湛恩要求沪江学子在“国难未已”的历史时刻，更应该“置身社会”当中去“服务人群”，积极探索“救国之大道”[②]。无论是旨在提高民众文化水平的社会教育，还是意在普及农村科技的推广运动……近代中国大学所进行的社会服务活动都带有爱国救亡的强烈色彩。在此类活动中，大学师生得到现实的进一步震撼和洗礼，这又更有助于自身觉悟的提升。这与传统经世致用中“将儒者的个人心性修养落实到人伦日用和国家治理过程之中，从而将社会治理看作是德行修养的实现过程”[③] 的路径可谓如出一辙。

外王也是经世致用的重要方面，特别是在动荡的历史时刻更是强调外王超过内圣。内圣是格物、致知、诚意、正心、修身，也就是明道；外王是齐家、治国、平天下，也就是救世。近代中国救亡图存的事业必然要通过外王来实现。培养“外王”之才是近代中国大学的重要任务。这种外王之才的培养突出表现在学生能力的养成上，改造社会、服务社会的能力是重要方面。浙江大学励志造就能够转移时势的领袖人才，南开大学注重培养学生的现代能力、能与公并举，复旦在李登辉的领导下强调民治和自治能力的养成……这都可以看作是经世致用思潮中外王的体现。竺可桢就曾经用王阳明知行合一的精神来教育浙大学子，他特别强调阳明之学重行的特色，要求浙大学子服务地方。正是因为有了这种精神，浙大在流离迁徙之中做了无数服务地方的事业。同时，外王之学必然要求学生关心现实，打破与社会隔膜的状态，注重实地调查。许多

① 刘乃和：《励耘承学录》，北京师范大学出版社 1992 年版，第 17 页。

② 《刘湛恩文集》，上海交通大学出版社 2011 年版，第 162 页。

③ 赵法生：《内圣外王之道的重构与儒家的现代转型》，《开放时代》2011 年第 6 期。

经世思想家在这方面做出了典范。顾炎武关心当世之事，誊抄实录奏报。左宗棠对天下形势，了如指掌，开口即可侃侃而谈。[①] 这种注重实地调查的精神也被近代中国大学所继承并且开展了大量的社会实地调查活动。

经世致用崇尚实学。中国新旧高等教育形式之间的差别在很大程度上表现为是否讲究实学。在近代中国大学那群筚路蓝缕的创办人当中，有一些直接将传统的经世致用思想作为自己办学的初衷和目的，盛宣怀就是代表。盛宣怀乡试三次落榜，自此绝意科举。晚年的盛宣怀将科举落第列为“生平三件憾事”之首。然而，盛宣怀个人的憾事却成全了近代大学发展史上的两座重镇北洋大学和南洋公学。盛宣怀一生“足迹未履欧美一步”[②]。其在北洋和南洋倡导实学，两校也进行大量的服务工商业的活动。所有这些从渊源上来看，都主要来自盛宣怀的经世致用思想。笔者以盛宣怀为例，并不是说只有科场失意的办学者才会将经世致用贯穿到日常办学之中。交通大学校长唐文治举业较为平坦，其在执掌交通大学之时亦大力提倡经世实学。从近代中国大学社会服务所赖以凭借的知识内容来看，主要是受到西学影响，崇实是其重要特色。

最后，经世致用思想是近代社会转型、近代思想产生的催化剂，直接催生了近代大学等现代机构的兴起。特别是以龚自珍、魏源和林则徐为代表的嘉道之际思想家的经世思想对于晚清社会的近代变迁发挥了重要的作用，这些经世思想家的经世思想和实践继承了中国传统经世思想的基本精神和内涵。在中国近代社会转型的大背景之下，这些思想家的经世思想又融入了许多“现代”气息，实现“由传统的经世思想向近代思想转型，开中国近代化思潮之先河”[③]。在西力东侵的历史背景下，嘉道之际思想家的经世思想突破传统经世思想中的中国地域阈限，开始接触、认识和学习西方，这使其经世思想与传统的经世思想有了根本的区别。一方面是学习西方，另一方面是民族的不断沉沦，这种急切而又矛盾的心情使经世思想家怀着无比的爱国热忱来探索救国救民的外王之道，

---

① 苏中立、苏晖：《执中鉴西的经世致用与近代社会转型》，中华书局2004年版，第253页。

② 宋路霞：《盛宣怀》，河北教育出版社2002年版，第12页。

③ 陆炎：《论林则徐与魏源的经世思想》，《山东师范大学学报》（人文社会科学版）2002年第2期。

而这恰恰是近代经世致用思潮的鲜明主题。后来的洋务派和维新派直接继承了嘉道经世思想家的衣钵。变科举、兴学堂，教育往往成为经世思想家的理想工具。中国早期诞生的一些高等教育机构往往都带有鲜明的工具色彩，这种工具性可以简单地概括为讲究西学、养成人才、拯救国运。学者王先明指出，中国近代新学的产生固然受到西学的影响，经世致用却是传统旧学向新学转变的内在动因。① 从这一方面来说，经世致用思潮对于近代中国大学社会服务的产生可谓功莫大焉。

二 实用主义思潮：近代中国大学社会服务的外在动力

在近代中国大学创生、发展和调适的过程中，美国大学模式发挥着重要作用。在经过模仿日本、德国、法国等国大学模式之后，近代中国大学的发展最终确定了自己的美国趋向。实用主义是美国土生土长的哲学，在美国影响既深且广，是美国的大众哲学、国家哲学。美国高等教育的发展受到实用主义的影响。20 世纪初期，大量学生赴美留学，其时正是实用主义发展最猛、影响最巨的时期，很多留美生甚至得到实用主义大师杜威（John Dewey）的言传身教。这些学子归国后大多栖身我国高等教育界，直接促成我国高等教育发展模式的美国转向。实用主义亦是孕育和激发我国大学社会服务的重要思想养料。

（一）实用主义思想发展历程及基本内涵

“任何真正的哲学都是自己时代精神的精华。”② 作为美国人自己的哲学，实用主义是美国民族精神的思想表达。然而，实用主义是和西方思想文化的发展一脉相承的。实用主义哲学的重要创始人詹姆士（William James，也译为詹姆斯）说：“实用主义的方法绝对没有什么新鲜之处，苏格拉底是用这方法的老手，亚里士多德有系统地运用了这种方法，洛克、贝克莱、休谟用这个方法对真理做出了巨大的贡献。”③ 实用主义哲学的思想养料主要来自由古希腊亚里士多德等人开创并且后来在欧美诸

---

① 王先明：《近代新学：中国传统学术文化的嬗变与重构》，商务印书馆 2000 年版，第 40 页。

② 中共中央马克思恩格斯列宁斯大林著作编译局：《马克思恩格斯全集》（第 1 卷），人民出版社 1956 年版，第 121 页。

③ ［美］威廉·詹姆士：《实用主义》，陈羽纶、孙端禾译，商务印书馆 1979 年版，第 29 页。

国广泛流传的经验主义哲学、康德和黑格尔的德意志古典哲学、达尔文及其后人不断完善和发展的进化论学说以及心理学等有关理论。在皮尔士（Charles Sander Peirce）、詹姆士、杜威等人的不懈努力下，实用主义在美国经历了创生、发展、全盛、挫折和复兴几个历史时期。这几个历史时期又可以简单分成古典实用主义时期和新实用主义时期两大阶段，前者覆盖创生、发展和全盛三个历史阶段，后者大致对应于挫折和复兴两个时期。古典实用主义以皮尔士、詹姆士和杜威三大实用主义巨子为代表，因为其与我国大学社会服务产生、发展的关系最为密切，在该部分的论述中，笔者将主要聚焦古典实用主义。

实用主义创生阶段的主要代表人物是皮尔士。从本体论上看，皮尔士继承了贝克莱（George Berkeley）唯心的存在即感知的观点，认为事物存在与否要通过其产生的实际效果来判断。在认识论上，皮尔士否认认识之目的在于揭示世界的本源和规律，认为“思维的唯一职能就是确定信念”[①]，从而为行动提供指导。从其哲学原理出发，皮尔士在《信仰的确定》《怎样使我们的观念清晰》中提出了实用主义的意义概念，即“一个概念（观念）的意义，就在于这个概念引导人们采取什么‘行动’，由这样的‘行动’反馈到人脑中得到什么经验，即概念→行动→经验”[②]。皮尔士的这一原则成为此后实用主义发展的张本，这也是皮尔士对实用主义的主要贡献所在。

真正擎起实用主义旗帜的是詹姆士。1898 年，詹姆士在一次演讲中明确打出“实用主义”的旗号，之后经过近十年的努力出版了专著《实用主义》，对实用主义理论进行系统、全面、深刻的论述和推介。詹姆士强调实际效果的意义要重于泛化的理论原则；詹姆士从他的实用主义观念出发，继承、批判和发展了传统的真理观，对真理进行多维的解读，突出真理的有效性与实用价值。[③] 詹姆士毕生致力于建立“彻底的经验主义”，这是其“思想的生长点或归宿”[④]，强调“当前的瞬间场永远是在纯粹状

---

① 夏基松：《现代西方哲学教程》，上海人民出版社 1985 年版，第 206 页。

② 徐邦俊：《皮尔士实用主义哲学辨析》，《南京理工大学学报》（社会科学版）2002 年第 5 期。

③ Cooper Wesley, *The Unity of William James's Thought*, Vanderbit University Press, 2002, p. 205.

④ 高申春、王东：《试论詹姆斯的“彻底的经验主义”》，《河南师范大学学报》（哲学社会科学版）2011 年第 1 期。

态中的经验，是平实无华的未经限定的现实性，是一个单纯的、还未分别成为事物和思想，仅仅是可以潜在地归类为客观事实或为某人关于事实的意见"[①]。他的这一理论直接被实用主义的集大成者杜威所继承，提出了自己的经验自然主义学说。

真正将实用主义发扬光大的是约翰·杜威。杜威否认实在的普遍存在，认为只有在一定的情境之中实在才会存在并且发生意义；为了克服传统哲学上的种种二元对立，他坚持和发展了詹姆士的经验学说，创立自己自然主义的经验主义，坚持认为经验是个体受到环境影响而做出的应对，而且"是一个原始的整体，它不承认任何行动与材料、主体与客体的区分，而把双方面都包括在一个不可分析的总体之中"[②]；杜威坚持工具主义的真理论，否认真理是一种意义的存在，真理必须接受检验，必须具有可操作性，其价值大小取决于以其为指导的行动的功效的大小；自然科学、心理学是皮尔士和詹姆士实用主义理论的着眼点，杜威则把实用主义的中心引入到社会科学领域中，引入到人们的日常生活中。杜威倡导社会的多元性，认为"'社会'不是一个字，而是无定的许多东西"[③]，支配社会发展的力量也是多元的，不存在一个根本的决定力量，社会问题的解决只能依靠点滴的改良。除此之外，杜威还从实用主义观点出发，对人类日常生活中的道德、宗教、民主、自由等问题进行深入的分析。实用主义能成为美国人的大众哲学，杜威功不可没。随着杜威在20世纪二三十年代的大量出访，世界随之刮起实用主义的旋风，实用主义发展达到辉煌的顶点。

实用主义哲学是强调行动或者实践的哲学。"强调行动，注重效果，提倡开拓进取，这是美国实用主义哲学三个主要特点，也是它的基本精神所在"[④]，这从实用主义的经验论、真理论和社会史观中可以看出。导源于古希腊后来在欧洲广泛流传的经验理论是实用主义哲学重要的思想来源。无论是詹姆士，还是杜威，实用主义思想家从不讳言自己的经验

---

① ［美］威廉·詹姆斯：《彻底的经验主义》，庞景仁译，上海人民出版社1987年版，第39页。

② ［美］约翰·杜威：《经验与自然》，傅统先译，商务印书馆1960年版，第10页。

③ ［美］约翰·杜威：《哲学的改造》，许崇清译，商务印书馆1958年版，第107页。

④ 王元明：《美国实用主义新析》，《南开学报》（哲学社会科学版）1994年第5期。

观点。经验是实用主义的核心概念。列宁曾经指出实用主义“宣扬经验而且仅仅宣扬经验”[①]，这一多少有些夸张的论断足以证明经验之于实用主义的重要性。实用主义者认为人类知识发端于经验，对世界的改造必须借助于经验才能进行。实用主义者突破了将经验单纯束缚于认识论的范畴，认为经验是一种实体性的存在，是世界的本原，经验具有了本体论的含义。实用主义者正是通过这一主张来克服传统哲学存在的诸如物质、精神等种种二元对立，从而改造以往的哲学。

实用主义的真理论与其经验论是一脉相承的。我国著名哲学家冯友兰先生在谈到实用主义的真理观时认为：“实用主义的特点在于它的真理论。它的真理论实际是一种不可知论；它认为，认识来源于经验，人们所能认识的，只限于经验……所谓真理，无非就是对于经验的一种解释，对于复杂的经验解释得通。如果解释得通，它就是真理，是对于我们有用，有用就是真理，所谓客观的真理是没有的。”[②] 他的这一评论可谓一语破的。在实用主义者看来，真理不是对客观事物规律与本质的真实反映，也不是一成不变的僵死的教条，这实际上是否认真理的现实性。他们坚持认为真理的源泉是经验，实效性是检验真理的标准，即一种信念或者想法能否成为真理取决于以此为指导的实践行动所取的功效如何，实用主义者所说的实践在很大程度上是科学实验的代名词，这一点与马克思的实践有较大差别。皮尔士认为能够给人带来成功喜悦的信念就是真理，詹姆士更是彻底、极端地提出有用就是真理，杜威的真理观充满工具性色彩……总之，在实用主义者眼中，真理是和效用、功效等价的。

历史观既是实用主义哲学的重要组成部分，也深刻反映实用主义的基本主张。实用主义者从其抽象的人性观点出发，坚持社会的多元论，不存在社会发展中起决定性作用的某种政治力量、经济力量或者文化力量，突出强调个人在社会发展中的重大作用。实用主义者否认人类历史社会发展的客观性、规律性，认为人类的历史、法律等只不过是人出于满足自身需要而进行的自我设计，根本就没有规律可循。受到达尔

① 中共中央马克思恩格斯列宁斯大林著作编译局：《列宁选集》（第2卷），人民出版社1972年版，第349页。

② 冯友兰：《三松堂自序》，生活·读书·新知三联书店2009年版，第234页。

文思想的影响，实用主义者坚持社会改良，否认社会革命的必要性和可行性。

综上所述，实用主义试图通过建构一系列的概念体系来克服传统哲学存在的种种形式的二元对立，改造形而上学；反对传统哲学对于思辨的过分重视，强调实践行动的重要性，在行动中获得经验，经验又进一步指导人类的行动；实用主义者推崇价值的实效性，方法的工具性，在他们眼里有用才是颠扑不破的真理。

（二）实用主义在近代中国的导入及对近代中国大学社会服务的影响

1. 实用主义的导入

西学东渐早在明末就已开启，在19世纪末20世纪初达到高潮，欧风狂、美雨横，各种思潮接踵而至，美国的实用主义亦翩翩来华。在各种来华思潮中，影响范围最广、持续时间最长的就是实用主义。这从胡适对实用主义巨子杜威的评论中就可以得知。他说："我们可以说，自从中国与西洋文化接触以来，没有一个外国学者在中国思想界的影响有杜威先生这样大的。"① 梁启超说："凡'思'非皆能成'潮'，能成'潮'者，则其'思'必有相当之价值，而又适合于时代之要求也。"② 实用主义对中国产生如此之巨的影响，就是因为其有"相当之价值"，而且适合于当时中国"时代之要求"。实用主义在皮尔士、詹姆士、杜威等人的一代代努力之下成为一种较为完善的思想体系。实用主义推崇行动，不尚空谈，将实践效用作为衡量事物的标准，这些价值都是具有普世性质的；实用主义的社会历史观也在一定程度上揭示人类社会发展的规律。总之，实用主义有其生存的社会土壤。实用主义是一种勇敢进取的哲学，它否认任何恒定的价值和标准，鼓励人们发挥主观能动性，突破僵硬教条的束缚。实用主义的这种精神正好迎合了五四前后人们思想解放的需要。从实用主义哲学自身的理论特点来看，较之康德、罗素、尼采等人的哲学，实用主义哲学显得更加亲民，没有高深的逻辑思辨和宏大精深的概念，容易被广大知识分子，甚至是普通民众所把握。实用主义在中国很快走红，这一理论特质至关重要。

---

① 胡适：《杜威先生与中国》，《晨报》1921年7月11日第2版。

② 梁启超：《清代学术概论》，中国人民大学出版社2004年版，第131页。

实用主义在20世纪初导入中国主要通过“来”和“去”两大途径，即实用主义学者的来华宣传和中国去美知识分子对实用主义的引进。前者以杜威为代表，后者则以杜威在哥伦比亚大学诸多中国子弟为代表。在五四运动爆发的前几天，杜威夫妇从日本抵达中国，开始了其在中国长达两年有余的巡游、演讲生活，足迹覆盖十余省市，公开演讲达百余场。演讲主题涉及政治、哲学、教育、伦理等诸多方面，这些演讲成为各大新闻媒体追逐的焦点，《晨报》几乎对杜威的讲演进行了全程跟踪报道，这些演讲很快被整理出版，进一步促进实用主义在中国的风行。较之其他当时来华思想家，杜威访华时间较长，这使他对中国国情的把握更加透彻和明晰。在当时中国正处于为民主和科学而不懈奋斗的关键时刻，杜威积极建言献策，对我国民主政治的建设、工商业经济的发展以及中外文化关系问题、旧教育改造新教育建设等问题均提出了极富建设性的意见。杜威来华能够成行，杜威的弟子胡适、郭秉文、陶行知在其中扮演了重要的角色，实用主义在中国大放光彩更与这些弟子的宣扬分不开。随着美国对华文教政策的转变，美国成为留学的首选对象，当时杜威执教的哥伦比亚大学更是留美生的大本营，这从该校师范学院留学生中中国学生的比例就可见一斑。据统计，这一比例从1909年的3.1%上升到1916年的15.1%，此后虽然稍有回落，但是基本上保持在10%的水平上。[①] 杜威的高足胡适即于1915年进入该校演习哲学。杜威在华期间，其弟子大多侍候在侧，充当翻译、导游等角色。与此同时，这些弟子也写文章大力宣传乃师的思想。以胡适为例，仅在1919年就在《新青年》《觉悟》《新教育》等杂志上发表了《实验主义》《杜威论思想》《杜威之哲学的根本观念》《杜威之道德教育》《杜威的教育哲学》《杜威哲学的根本观念》等文章宣传杜威的实用主义思想。其他如陶行知、蒋梦麟等人对杜威的思想亦多有介绍和研究。

2. 实用主义与近代中国大学社会服务

经世致用思潮是近代中国大学社会服务产生的内在思想资源，实用主义思潮则是催生近代中国大学社会服务的外在养料。实用主义作

---

① 沈岚霞：《20世纪上半叶美国对华教育传播研究——以哥伦比亚大学师范学院为例》，博士学位论文，华东师范大学，2010年，第69页。

为美国的国家哲学、大众哲学，渗透到美国生活的方方面面。美国大学的发展深受实用主义的影响，实用主义是美国大学社会服务职能确立的重要文化基础之一。在近代中国大学模式的调适中，美国大学模式扮演了重要的角色，并最终在20世纪二三十年代成为中国大学发展的趋向。在这一过程中，杜威及其代表的实用主义发挥了重要的作用。实用主义对于近代中国大学社会服务的催发，主要表现在以下几个方面：

第一，实用主义熏陶下的高等教育界人士成为近代中国大学社会服务的直接倡导者和举办者。较之其他领域，杜威实用主义对于近代中国教育的影响更为广泛。杜威的中国弟子大多投身教育界，特别是高等教育界，而且其中很多成为院系的领导和负责人。即使那些没有亲炙杜威风采的中国留美学生，他们在美国学习期间正是实用主义轰轰烈烈大发展的时候，必定间接受到实用主义的影响。作为杜威及门弟子的陶行知回国后任职于南京高等师范学校，成为南京高等师范学校暑期学校的重要提倡者和举办者。由于组织得力、成效显著，南高师引发全国规模的暑校热潮。42岁的张伯苓在哥伦比亚大学进修时，与杜威等人颇有往还，并且得到他们的亲自指点。张伯苓的这一段留学经历对其后来确立并实行“知中国、服务中国”的南开办学理念产生重要影响。私立南开大学的社会服务正是在此之后大规模开展起来，并受到社会广泛好评。在哥伦比亚大学师范学院获得博士学位，后来出任东南大学校长的郭秉文更是把深受实用主义之风影响的美国大学模式移植到东南大学，在办学过程中密切大学与社会的联系，使东南大学很快成为中国大学社会服务的佼佼者。即使与杜威没有师生之谊的北京大学校长蔡元培在与杜威的交往中也潜移默化受到影响。他“积极介绍、宣传杜威实用主义教育思想……并主张杜威实用主义教育思想应该与以孔子为代表的中国教育传统相融合”①。由此可知，蔡元培对于杜威理论的把握程度已经超出常人，上升到本土化的高度。正是受到杜威实用主义的影响，蔡元培才号召广大学子在研究高深学问的同时，也应该牺牲些光阴来从事服务社会的事业。

① 金林祥：《蔡元培论杜威》，《湖南师范大学教育科学学报》2009年第1期。

第二，实用主义思潮是近代中国大学社会服务深入民间的重要原因。杜威的实用主义思想带有鲜明的平民色彩。蕴藏在杜威实用主义思想中的民主主义教育思想成为时人批判传统教育、描绘新教育发展蓝图的重要工具和武器。杜威实用主义教育思想与中国传统教育的区别之一是教育对象的不同。传统教育是贵族的，而实用主义教育则是平民的。从服务区域上看，早期大学所进行的零散的社会服务大多集中在城市及学校周边地区，对于平民特别是农民关注不够。杜威实用主义中有关民主主义教育的思想观点直接促成近代中国大学社会服务走出校园及其周边地区，深入到日常民众中。杜威在上海第二师范学校演讲时，突出强调在农村从事教育事业对于中国发达的重要意义，要求学生从农村做起，城乡结合，肯服务和牺牲于平民教育事业。① 在近代中国大学所从事的社会服务活动中，通过演讲、夜校、补习班等形式进行旨在普及文化的平民教育是社会服务的重要内容和形式。近代中国大学中许多致力于平民教育的机构团体开展教育推广活动的动因都源于杜威思想的激发。北京高师学生专门组织平民教育社，分总务、编辑、发行、讲演、图书等部门，致力于面向平民的教育推广事业。该社在杜威来华当年成立，社员公开表示该社之成立实源于杜威的提倡与刺激。② 大学学子是民国农村建设运动的积极参与者和支持者，他们之中的许多人也是受到杜威平民主义教育思想的感召而坚定深入民间的意志的。

实用主义是催生美国大学社会服务的文化母体之一。较之本土大学，教会大学较早开展社会服务事业。在所有的教会大学中，由美国差会主持或者参与的占大多数。这些教会大学大多直接参考本国母体大学的模式，即美国模式。美国本土大学的办学机制被我国教会大学所吸收。在服务上帝的同时，开展大量服务中国社会的活动。教会大学这种注重服务的办学理念对于后来崛起的中国本土大学影响深远。因此，杜威实用主义思潮通过教会大学这一中介对近代中国大学的社会服务起到间接的导引作用。

---

① 杜威：《教育者的天职》，刘伯明译，《民国日报》1920 年 5 月 30 日。

② 中共中央马克思恩格斯列宁斯大林著作编译研究室：《五四时期期刊介绍（1）》，生活·读书·新知三联书店 1978 年版，第 338 页。

三　实业救国思潮：近代中国大学社会服务的现实推动力

在半殖民地半封建社会的旧中国，救亡图存始终是一项紧急而又迫切的任务。为了探寻救国之道，国人进行了不同的路径选择。在众多的路径选择当中，通过实业救国被不少人所信仰。以儒家为主导的中国传统文化重道轻器，逐渐形成了士农工商四民社会，传统中国人“士”的情结、重农抑商的价值取向和政策导向造成我国工商业的极度不发达，中国传统社会是一个实业不振的社会。

（一）实业救国的意蕴与发展

“实业救国意指通过振兴实业，提高国民的生产力和国家的综合国力，改变贫弱局面，以达御辱自救的思想主张与实践活动。”① 想要实业救国，必先发达实业。要在中国发达实业，必须首先营造良好的重视实业、发展实业的社会环境，批判和克服以往不良价值观的影响。早期维新派人士郑观应等就发出了发展商业的呼声，认为发展商业要比发展军事更为根本，这可以视为实业救国思潮的先声。在与列强交往的过程中，国人日渐认识到西方船坚炮利的背后实际上是有强大的经济力量支撑，中国经济则是一片衰败的景象，进而认为发展实业乃是经济发展之所必然。当时有杂志指出：“自经济界言之，则由渔猎而游牧而农业而商业，依次而进者，自然之理势阶级也；由农商而必进于工业者，亦自然之理势阶级也。”② 实业救国者还通过媒体宣传世界实业发展状况，号召国人重视实业，关注国际实业发展趋势。因此，介绍国外实业发展的文章常能见诸媒体。《世界实业发展的大势》对当时主要资本主义国家的实业发展趋势进行了介绍③；《德国实业发展拟案》则着重介绍战后德国实业发展的步骤计划④。这些有关国外实业发展的介绍既是实业发展引起人们高度重视的证据，又为实业救国的具体实践提供了借鉴素材。总之，实业救国者坚信实业之于救亡的重要性，甚至认为实业乃是救国的首要之图，

① 李忠：《近代中国“教育救国”与“实用救国”的互动》，《西南大学学报》（社会科学版）2011 年第 4 期。

② 《实业》，《江苏》1903 年第 1 期。

③ 敬之：《世界实业发展的大势》，《读书生活》1936 年第 6 期。

④ 《德国实业发展拟案》，《中外经济拔萃》1937 年第 5 期。

"处今日我国内忧外患日亟，农村经济破产之秋，欲谋所以救国之道，非有整个计划不为功，振兴实业为首要之图，不特为国人所公认，亦为国际人士所同情"[①]。

实业包含农工商等诸多方面，其发展是一个综合、复杂的系统，必须有一个具体、详细的规划方可。实业救国究竟该如何实施？"今试咨于众曰：兴实业当若何？甲且曰是宜整备法制也，乙且曰是宜便利交通也，丙且曰是宜改良税制也，丁且曰是宜完成金融机关也，推而之戊之己，莫不各有其主张。"[②] 实业救国具体怎么实施，是一个见仁见智的问题。事实上，实业救国者给出了不同的答案。拥有"状元实业家"美誉的近代实业巨子张謇走的是一条"刚柔相济"的实业救国道路，这条道路就是他所谓的"棉铁政策"。在这种主张指导下，张謇大力发展棉纺织业，初步建立起一个完整的棉纺产业链条。对于矿业，张謇更是高度重视，将之提升到关系国家安全的高度，号召政府关注和重视矿业发展，采用政府办理、民间办理等多种不同的形式来发展矿业。在张謇看来，掌握了棉纺和钢铁两大行业，便是抓住了经济发展的关键。伟大的革命先行者孙中山先生也重视发展实业，认为"此后中国存亡之关键，则在此实业发展之一事业"[③]。孙中山将交通运输业的发展视为实业发展的先导，然后寻求一种综合型的发展道路，带有"要想富，先修路"的色彩。这种主张在当时具有一定的广泛性，有人撰文指出："我们试将实业振兴的途径加以考究，知道交通的改进是劈头一个要件。"[④] 另一位实业巨子穆藕初也对孙中山的计划赞赏有加，鼓励国人要"秉承其遗规，审视当前之环境，研究精密之计划"[⑤] 而实行之。尽管实业救国论者对于实践操作的具体路线图不同，但是大多都具有详细的执行计划，是他们在内忧外患日亟的环境下深思熟虑之后做出的理性选择。

实业救国者重视实业人才的造就，认为我国实业不发达的一个重要原因就是实业不昌。实业的发达离不开现代技术，而现代技术的掌握靠

① 李彦士：《实业救国论》，《电业季刊》1933 年第 2 期。

② 《实业救国之根本》，《上海总商会月报》1924 年第 3 期。

③ 岭南文库编辑委员会：《孙中山文萃（下）》，广东人民出版社 1996 年版，第 298 页。

④ 《实业救国的步武》，《南洋周刊》1925 年第 8 期。

⑤ 穆藕初：《中国经济的路线》，《自由言论》1933 年第 17 期。

人才，人才培养靠教育。实业救国论者对于实业教育事业情有独钟，他们关心学校课程的设置、教学方法的改进等问题。有些实业救国论者甚至亲临办学一线，按照自己的教育模式兴办新式教育，以期密切结合中国国情造就实业人才。传统教育是和社会变迁趋势、实业发展相背离的，唯有实业的教育才能适应实业的发展。严复认为“往日之教育笃古，实业之教育法今；往日之教育求逸，实业之教育习劳；往日之教育成分利之人才，实业之教育充生利之民力”①。以实业教育造就发展实业的大批人才，实业振兴而能生利进而实现国家富强。这种实用人才既可以是拥有一技之长的一线操作工人，也可以是精通企业经营之道的管理型人才。“注重实业教育，养成各级人才，以专才事专业，事举矣，而进步始可待言。”②

总之，实业救国论者相信由实业而实现国家富强是一条更为适合当时中国国情的道路。在他们看来，在经济基础尚不具备的条件下，盲目进行政治改良或者革命都不适合中国国情。他们广泛借鉴欧美发达国家实业发展之经验，结合救亡图存的时代需要，痛陈传统政策之不重视实业发展的弊端，呼吁人们重视实业、发展实业。尽管实业发展的具体路线不同，但是他们虚心学习国外的实业发展经验、企业经营模式，通过实业而实现国家富强的愿望则是一致的。“亡国之祸亦可遏，而其所以遏之者，舍提倡实业之道，岂有他法欤?”③ 这是对实业救国思潮意义的经典提炼。

梁启超在论述社会思潮的发展时认为，某一社会思潮“始焉其势甚微，几莫之觉；浸假而涨—涨—涨，而达于满度；过时焉则落，以渐至于衰熄”④。作为近代中国社会条件下产生的一种特定思潮，实业救国思潮同样经历了一个萌生、发展、消退的过程，其间颇多曲折。传统的小农经济是中国漫长封建社会的统治基础。在中外的碰撞中，先进中国人认识到国力的积贫积弱，他们依然强调农业之重要，但是对于商业、工

① 《严复集》(1)，中华书局1986年版，第206页。

② 任鸿隽：《实业教育观》，《科学》1917年第6期。

③ 《论实业所以救亡》，《东方杂志》1904年第8期。

④ 梁启超：《清代学术概论》，中国人民大学出版社2004年版，第131页。

业也不再表现出排斥、压制的心理情结，本末之分的观念逐渐被打破。在实业观念尚未进入人们的视野之前，郑观应等人早期对于发展商业的重视和呼吁，是近代实业救国思潮的萌芽，直接为后期实业救国思潮的产生提供思想原料。甲午一战，民族危机空前加深。实业之发展更为国人看重，实业观念开始进入人们的视野。随着帝国主义的入侵和大量工业企业的创办，人们对于商业有了更加全面的认识，在流通中创造的利润远不如直接生利的工矿企业，人们的关注点逐渐转移到工业上。19 世纪末 20 世纪初，实业救国思潮得以萌发。

20 世纪初，实业救国思想的高扬同时得益于清末新政和第一次世界大战。庚子之变，太后流窜，给清廷以前所未有之打击，图强之呼声散漫朝野，于是而有清末新政。实业发展是新政的重要内容，清廷对于实业之态度发生彻底转变，对于实业发展贡献卓著的人给予重奖甚至赐予爵位。晚清力挽狂澜之志不可谓不宏伟，然而毕竟病入膏肓为时已晚。在武昌的炮火声中，清廷覆亡。政治上的暂时成功把人们的关注点转移到经济上来，实业发展更是受到前所未有的重视。新政府的商业部、实业部出台一系列政策促进实业之发达，制定法律、鼓励民营、减免税收、发达实业教育、改革金融等政策的出台和实施刺激和保护了当时实业的发展。又恰逢不久欧战爆发，原本羸弱的民族资本主义经济得到短暂发展的春天。民族资本的发展壮大，使得资产阶级更加雄心勃勃，实业救国之志遂益坚定。

民国之后，实业救国思潮之结晶和典型代表厥为国父孙中山。为了壮大民国的经济、改善民生，孙中山重视新政权的物质建设并且专门拟定了规模宏大的实业发展计划，该计划在五四运动时期完成。在孙中山的实业发展计划中，总共有六大计划，其中前四大计划着重论述交通事业的发展对于实业之重要性，主张在东方、西方、南方、中央等地建设铁路、公路、水路交叉的交通运输体系。如果把交通的发展视为孙中山实业发展计划的前导，那么农业和矿业则是孙中山实业发展计划的抓手，以农矿为突破口实现旧中国的百业振兴。在孙中山的实业计划中还对如何处理依靠本国与利用外资等关系进行了详细论述。孙中山的实业发展计划可以说是近代中国有关实业发展最为详备、最具前瞻性的蓝图。一代实业巨子穆藕初即对孙中山的实业计划推崇备至。

实业救国思潮在五四运动前后达到前所未有的高潮。五四之后各种思想之间的碰撞交流更为敏感。随后由于日本侵略步伐的步步加快，严酷的战争局面使实业救国失去了存在的社会土壤和发展条件。在战争中，国民政府面临前所未有的挑战，其腐败无能日益暴露，人们逐渐认识到在一个腐朽的政权之下是无法发达实业的。同时，实业救国论者大都倾向于温和改良，不赞成革命学说和实践，甚至有些人借实业救国之名来打击先进思想在中国的传播。这一切注定实业救国在五四运动的高潮之后走向衰败。

（二）实业救国思潮的历史意义——基于大学社会服务的视角

实业救国思潮的历史功绩是不容否认的。毛泽东在谈到我国实业发展时，特别肯定了张之洞对于重工业、张謇对于轻工业、范旭东对于化工业以及卢作孚对于交通运输业的重要贡献。[①] 他的这一评判在一定程度上是对实业救国思潮的肯定。实业救国思潮不但对于我国经济发展助益多多，而且对于近代中国大学、近代中国大学社会服务的发展贡献亦多。

实业救国论者直接投资倡办近代大学。实业救国要付诸实践必须依靠人才，而人才培养无疑要靠教育。因此，实业救国论者大都重视发挥教育的作用，在一定程度上又是教育救国的倡导者，两者很难截然分开。许多实业界的巨子大都热衷兴学，他们通过个人直接捐助，以血缘、地缘、业缘为纽带的捐助[②]等方式大力发展近代教育。捐资兴办近代大学的实业巨子更是不乏其人。荣氏兄弟之于江南大学、张謇之于南通大学等都在近代大学发展史上留下自己的痕迹。除了自己直接创办大学外，通过捐资进行助学的实业家更是不胜枚举。张謇就曾是国立东南大学的校董之一，为国立东南大学的发展做出重要贡献。近代中国多灾多难，政局动荡不安，政府难有财力保证高等教育系统的平稳运行，民国时期国立大学频发的欠薪事件就是最好的说明，公立大学都是如此，更不用提私立大学了。因此，近代中国私立大学能在艰苦的岁月中一路走来，实业巨子的捐资义举是一个非常重要的原因。实业家所举办的教育大多讲究实际，课程设置、学系建设密切结合中国社会实际而进行。这种崇实

① 丁守和：《实业救国、教育救国、科学救国思潮的再认识》，《文史哲》1993 年第 5 期。

② 阎广芬：《经商与办学：近代商人教育活动研究》，河北教育出版社 2002 年版，第 300 页。

的风格与大学社会服务的精神是相贯通的。

实业救国思潮主张大力发展实业，而实业的发展为近代中国大学的社会服务活动提供了生存空间。面向实业、服务实业是近代中国大学社会服务的重要内容。实业发达与否直接关系近代中国大学社会服务的丰富程度。美国《莫里尔法案》的颁布主要是为了让大学参与当地农业、畜牧、机械等实业发展。实业的发展是近代中国大学社会服务产生的催化剂。“1920 年前后，中国民族资本主义迎来了发展的黄金时期，急切需要大量实用性人才，客观上要求大学的教学与科研走向社会化，服务于广大的工厂和农村。”[①] 没有实业的巨大发展，南开大学不会成立旨在突出应用的化学研究所、经济研究所等组织；没有实业的巨大发展，便不会有江苏实业联合会资助东南大学农科进行苏省农业大规模改良的壮举……实业至关民生。中国传统教育虽然没有宗教的羁绊，一开始就表现出极大的世俗关怀。但是，这种关怀始终是高高在上的庙堂之学，是建国君民，而对于基层民生的关注着实不多。从这一层面而言，近代实业的巨大发展要求近代中国大学不但关注上层的政治，更要关注下层的社会。这是大学社会服务的重要内容，更是大学社会服务的真谛。

传统文化中源远流长的经世致用思想使中国传统读书人在眼望圣贤书的同时，始终不曾忘记自己的经世使命，两者之间形成一定的张力。正是由于这种张力的存在涌现出了无数以天下为己任的知识分子。这些知识分子秉承“天下兴亡、匹夫有责”“先天下之忧而忧，后天下之乐而乐”的信念投入到艰辛、漫长的经世实践中去。这种思想被近代中国大学师生所继承，他们开展的轰轰烈烈的社会服务活动是中国传统经世致用思想的体现；发端于美国的实用主义思潮在五四前后导入我国并且迅速扩展，成为影响近代中国社会的重要思潮。五四前后，大批受实用主义熏陶的留美知识分子纷纷回国投身高等教育界，直接促成我国高等教育发展的美国转向，诞生于美国的大学社会服务随之被引入中国。近代中国，内忧外患，以实业救国成为很多人的共识。实业思潮的巨大发展要求近代中国大学积极参与社会实践，启蒙社会、服务社会、改造社会。

---

① 周谷平、孙秀玲：《近代中国大学社会服务探析》，《河北师范大学学报》（教育科学版）2007 年第 6 期。

经世致用思想、实用主义思想和实业救国思想为近代中国大学社会服务做了思想上的启蒙和铺垫。

第二节　近代中国大学社会服务产生的学术基础

西方冲击是近代中国大学产生的重要诱因，这决定其最初的发展带有很大的洋化色彩，同中国社会实际需要产生脱节现象。在经世致用、实用主义和实业救国三大思想的浸润下，近代中国大学的本土意识逐渐增强，“知中国、服务中国”成为它们共同的价值选择。不管在何种场域下，高等教育都以高深专门知识为业。中西均存在高深专门知识，但是性质存在重大差别。西方的高深专门知识是以探究客观对象规律为目的、以学科化的形式而存在的；中国传统的高深专门知识则是通过经典的研读来培养具有较高道德素养的儒，学科化意识较差而呈现出一种相对混沌的存在；从高等教育的组成主体来看，西方高等教育的主体是专业分工中的知识分子，中国的文化传统讲究政教合一、官师不分，“师”并没有自己独立的社会地位；西方高等教育学制清晰，中国传统的高等教育则是学制划分不明。

大学社会服务是在西方大学场域中诞生而发展的。学科化的分类知识是大学提供社会服务的内容；具有明确分工的专业知识分子（教师、学生）是大学社会服务的主体。同时，近代中国大学社会服务是伴随中国近代大学制度的建立和完善而逐步走向成熟的。因此，欲探究近代中国大学社会服务必须对我国现代知识体系的构建、专业知识分子的形成和我国现代大学制度的建立和完善进行考察。

一　现代知识体系的构建

“中国的高等教育，分成三千年的‘大学’和一百年的‘university’，二者并非同根所生，很难直接过渡。”[①] 大学以处理高深知识为业，中国的“大学”和西方的“university”之所以很难过渡，原因之一就是二者是在不同的知识体系之中形成的。随着西方大学的凯旋，中国传统的知

① 陈平原：《大学有精神》，北京大学出版社2009年版，第5页。

识体系开始了艰难的向现代学科化知识体系的过渡历程。

（一）以“博”为特点的中国传统知识分类

随着人类社会实践的丰富性，为了有效识别外在事物，提高实践效率，对事物进行分门别类在所难免。中国是人类文明的重要发祥地之一，对与生产、生活相关事物进行分类的意识和做法产生较早，这从《周易》《墨子》《庄子》等典籍的记载中就可以获知。发展到一定程度后，对知识进行分类势在必行。中国古代的传统是学术、政治不分，学在官府、官师合一，学问和知识是官府的事情。从这个方面来说，古代官吏的分工带有很大的知识分类的色彩，《周礼》对于百官执掌的规定就在很大程度上参考不同的知识内容与形态。较早的专门针对知识形态的分类是将知识分为道、器两类，这一分类方法来自《周易》。这种道器二分观念影响深远，这从近代思想文化激荡的大潮中人们对于变道与变器的争论就可以看出。

孔子被后人尊为大成至圣先师，其对于我国教育学、哲学、文学等诸多学科的发展都具有开创之功。孔子对于古代知识形态的分类同样影响深远。“学术之分类，盖始于孔丘。”① 这突出表现在他有关“六艺”和“四科”的分类上。早期的“六艺”是指礼、乐、射、御、书、数六种技艺或学问。春秋时期，孔子整理古代典籍，将知识分为《诗》《书》《礼》《易》《乐》《春秋》，这也是广为人知的作为典籍和学问的六艺。同期的知识分类除了这种六分法之外，还有四分法，即“四科”的分类方法，这也源于孔门。有人认为此四科为文、行、忠、信，有人认为是德行、言语、政事和文学，两种说法都是根据《论语》中的有关记载而来。

伴随着从学在官府到学在民间的变化，知识得到极大丰富。早期简单的四分法或者六分法已经不能适应知识进一步发展的需要。为了便于检索和考察学术流变，西汉刘向、刘歆父子校勘典籍、编修目录，制成《七略》类分表。刘氏父子所进行的分类主要是从性质和内容方面进行的。西晋荀勖编订的《中经新簿》将知识按照甲乙丙丁四部编排。荀勖对于四部分类具有开创之功，但是他的分类还比较粗糙，存在进一步完

① 姚明达：《中国目录学史》，上海古籍出版社2005年版，第44页。

善的必要。唐代魏征修撰的《隋书·经籍志》在《中经新簿》的基础上进一步完善了四部分类法。《隋书》直接采用了经史子集的四部分类法，在四大部类之下，又进行了较为详细的分类。《隋书》首创经史子集分类命名方法，直接被后代所继承、利用和完善。后人评论说："界限谨严，条例清楚，排列整齐，至切适用，后之言类例者，则多崇尚此法。"① 唐代之后，四部分类法不断得到完善和改进，到清代纪昀修撰的《四库全书总目》发展到极致。《四库全书总目》以经史子集四部统摄全书内容，在部之下依次设置类、属，建立起比较完善的分类体系。经部主要是十三经、小学等著作，分为易、书、诗、礼、春秋等 10 类；史部主要是历史类著作，分为正史、编年、纪事本末、别史等 15 类；子部主要是诸子著作，分为儒、兵、法、农等 14 类；集部主要是诗、词、曲等著作，分为楚辞、别集、词曲等 5 大类。至此，在经历秦汉、隋唐、宋明等重要发展时期之后，我国传统的以六艺为主干，以经史子集四部为框架的知识分类体系终于明确下来。

中国传统知识形态分类的特点是"博"。这种特点从中西学问的源头上就可以看出，以孔子和亚里士多德二人为例。孔子所进行的知识分类无论是六分法还是四分法，每一分类的内容都涵盖西方标准下众多的学科内容。亚里士多德就不同，其《伦理学》《政治学》《形而上学》等著作一一对应于现在的伦理、政治、哲学等学科，有明确的专门意识，即学科分工意识。再以四部分类中最重要的经部来看。由于意识形态等因素，经学在传统知识分类中往往占有举足轻重的地位。经学内容亦最为深厚，因此就有读书人皓首穷经的说法。作为群经之首的《易经》具有极强的包容精神，用西方学科分类的标准来看，易学是诸多学科的大杂烩。一个人要精通易学必须立志成为大师级人物，能够博通天文、地理、数学等诸多不同的学科，否则很难说是达到了精通的程度。

相对于西方学科型知识分类而言，中国传统的知识分类具有博通的特点。这是因为中西学术研究对象的不同。西学主要是一种"外学"，即其研究对象主要是外在的、客观的自然、社会现象；中学则主要是一种"内学"，即主要致力于内在道德的养成，培养儒士。对于外在客观现象

① 刘简：《中文古籍整理分类研究》，文史哲出版社 1978 年版，第 150 页。

的研究必须分类求之，而且越细越好，否则就无法进行。中学注重道德塑造，强调对于传统经典的研究从而打造真正的儒者。中国古代读书人并不是不关注自然科学。但是，他们关注的重点却不在此，他们关注自然科学是为了练就自己博通的本领，从而实现治国、平天下的宏图伟业，用张载的话说就是“为天地立心，为生民立命，为往圣继绝学，为万世开太平”。第二个原因就是人才培养目标的差别。西方之学志在培养专家，而我国传统教育却力争培养通才。近代著名国学大师钱穆就主张进行通才教育，他说：“学术本无划界，智识贵能会通。”① 通才的教育价值取向反映到知识分类中必然排斥西方壁垒森严的学科性知识分类方法。“价值系统自身不会自动地实现，而要通过有关的控制来维系。”② 知识分类机制是一种重要的控制、维系机制。从西方学科分类的标准来看，中国的这种会通不仅是文史哲内的会通，而且还包括人文与自然的会通，要“究天人之际，通古今之变”，就是要通天之道、通地之道、通人之道，做到“三通”。这种会通的思想反映到传统知识分类上就是以人统学，即“家学”而不是西方的科学，分类的标准是研究主体、地域等而不是自然、社会等研究对象。

（二）近代知识分类体系的变迁

一代之治，即一代之学。软弱、腐败的晚清之治显示出当时学之空疏无用。有识之士早在鸦片战争之前就批判传统经史之学的无用，鸦片战败更是激起人们对于传统学问的反思和质疑。既然传统的以义理、辞章、考据为主要内容的学问不能经邦济世，就必须讲求经世之学。在本章第一部分，笔者对于传统经世致用思潮的发生、发展历程进行了简单勾勒。在这里笔者要关注的是晚清经世致用思潮与我国近代知识分类体系变迁的关系。

鸦片战争之前，以魏源、林则徐等为代表的道光咸丰年间的经世人物的实践主要表现在对盐政、漕运、河工等内政进行改进上。从知识分类的角度来看，经世人物对于内政的改进主要是依靠传统的知识分类中

① 钱穆：《新亚遗铎》，生活·读书·新知三联书店 2004 年版，第 46 页。

② ［美］帕森斯：《现代社会的结构与过程》，梁向阳译，光明日报出版社 1988 年版，第 141 页。

的资源，这从1825年由贺长龄、魏源编辑的《皇朝经世文编》中就可以看出。在以后的类似文编中，虽然内容有所增删，但是仍然是限定在传统知识形态范围之内，即“关心中国传统框架中的那些实际问题如吏治、田赋、盐税、漕运、兵制、藩属、海防等”[①]。他们所提出的经世策略仍然是在传统文化机制内，因此根本就不可能找到理想的问题解决方法。尽管如此，经世人物对于传统经世之术的强调至少有助于突破传统空疏经学在人们心目中崇高无上的地位。多年的苦心孤诣仍然挡不住清王朝鸦片战败的命运，仅从传统内部挖掘资源显然不能满足现实的迫切需要。西方殖民者日益暴露的侵略野心、战争中表现出的中外军事上的差距……所有这一切都促使经世思想家放眼向外，从边疆边事逐渐扩展到异域风土人情。《四洲志》《海国图志》《康輶纪行》《瀛环志略》等一部部志在介绍西方文物典章、风土人情的著作纷纷面世。早期经世致用思想家仍然被拘束在传统文化框架范围内，后来逐渐突破这种文化樊篱，但问有用与否，而不问出处。冯桂芬发出的“法苟不善，虽古先吾斥之；法苟善，虽蛮貊吾师之”[②]的呼唤便显示出这种气魄。于是，从器物到制度再到精神，中国人师夷的步伐越来越快、程度越来越深。古法已不足用，自然要取法西方，于是西学随之被经世思想家引进到中国。

伴随着西学的引入，西方学科型知识分类方法日益为国人所认识和接受。在这一过程中，西方传教士扮演了重要角色，最早将西方按照学科设学、治学的思想和做法介绍到中国。他们引进了大量的宗教学、自然科学和人文社会科学书籍。最初的这种引进并未引起很大的反响，因为很多学科知识比如宗教、社会科学很难匹配中国传统的文化母体。明代来华的艾儒略对于西方大学医、道、教、治四科的介绍同样湮没不彰。天文与算学的引进却是卓有成效，因为这两大类学科很容易得到当时知识分子的认同。传统的经世之学越来越注重借鉴西方的富强之学、格致之理，甚至出现了将学科性知识分类制度化的重要实践，即按照西方学科分类建立新式教育机构。在分科设学方面，西方教会学校又走在了中

---

① ［美］本杰明・史华兹：《寻求富强：严复与西方》，叶凤美译，江苏人民出版社1996年版，第6页。

② 冯桂芬：《校邠庐抗议》，中州古籍出版社1998年版，第154页。

国人的前面。早期教会学校大多按照西方学科分类方式传授西学，中学所占比重不大。最早由中国举办的新式学堂也大多遵循西方分科设学的原则。洋务派兴办的军事、语言、科技学堂按照西方的学科组织教学，要求学生学务专门，甚至出现一些专门讲求西学的新式学堂。按照西方分科的原则建立新式教育机构、组织日常教学的观念日益深入人心。在新式学堂设立的过程中，传统知识分类中不曾存在的一些学科被引进到中国，比如生物学、化学、政治学、社会学等。对于中国传统早已存在的一些学科比如史学，则重新按照西方学科分类的观点进行梳理，使之规范化。对于传统分类中比较“混沌”的经学知识，也按照西方学科的标准进行拆分和归并，然后废除经学科。民国创建，蔡元培整饬高等教育，分为文、理、法、商、医、工、农七大科类以研习高深学问。“经过1919年‘五四运动’和后来的‘整理国故’，到20世纪20年代，中国传统学术分类基本转型为现代学科分类，从而完成了传统学术向现代学术的转型。”①

从早期的孔门四学、六艺到西汉刘向的六分法，从西晋的《新簿》到晚清的《四库全书》，我国逐渐形成和完善了自己的知识分类系统。这个分类系统的特点就是以人统学，注重道德、伦理的价值判断，分类标准主要是参考研究主体、地缘等因素。鸦片战争之后，社会危机的步步加深促使早期知识分子讲究经世之学。以此为契机，西方学科性知识形态逐渐获得国人认可，通过新式教育等措施西方学科分类标准日益深入人心。传统知识分类体系逐渐过渡到西方的学术分科体系。

（三）近代知识分类为近代中国大学社会服务提供内容依托

近代我国知识分类体系的发展和完善过程，既是对传统知识分类的修正过程，同时又是大量引进西学的过程。大学组织的重要特性是以高深专门知识为活动对象，其在社会中的分工也取决于高深专门知识的性质、分类。因此，不同类型的知识或者分类方式在一定程度上影响大学职能的拓展。大学最初的职能是教学，即培养专业人才，而且这种专业人才仅仅限于神学、法律、医学等领域内。专业人才的培养不能与宗教

---

① 叶纪元：《近现代学科分类体系在中国学术转型中的作用与局限》，《云梦学刊》2009年第4期。

和神学相违背。在当时的历史条件下，宗教和神学知识就是高深专门知识的代名词。由之而形成的宗教利益团体不允许大学职能跨越雷池一步，社会也根本不会出现类似的要求。大学完全可以脱离社会，蜷缩在象牙塔之内。欧洲资本主义的进一步发展以及市民社会力量的迅速崛起对宗教人文以外的自然科学提出迫切需求。传统大学以及新成立的一些大学纷纷加入到此类知识的探究行列之中。鉴于此类知识带来的巨大功利效果，大学日益注重对此类知识的研究，科研职能由此而确立。美国更是把该类研究从纯粹的理论研究延伸到日常生活当中，突出对于农学、畜牧、机械等技术、实用型知识的探索。大量技术、实用性知识的探索必然要求大学更加深入民众之中，去造福社会。许多大学校长也发出了类似的呼声。威斯康星大学校长范海斯就认为："大学教授应该善用其拥有的专家知识，协助政府解决民生问题，促进民主发展。"① 大学社会服务职能得以萌发。

中国传统知识分类与近代西方知识分类的不同在很大程度上源于知识性质的差别。中国传统知识强调博，而西方现代知识强调专；中国传统知识强调以人统学，而西方现代知识强调客观与价值中立。学者石中英认为，现代知识与古代知识存在诸多不同。其中，现代知识所具有的客观、普遍和中立特征是其区别于古代知识的根本所在。② 在东西不同境遇中，古代知识分别主要代表了儒家知识和宗教神学知识。自然科学知识则是现代知识的重要组成部分。以传统知识为主导的中国传统高等教育往往是沉浸在经典文献之中，做虚心涵泳的沉潜功夫。在这种知识性质和知识分类的背景下，学者们还是为了学而优则仕。近代知识带有极强的客观、中立和世俗色彩。特别是自然科学知识所具有的这种特性从根本上要求近代中国人所关注的视域从以往主体自身的修养转变到客观世界的改造上。现代知识以科类的形式在大学中存在，其自身的性质必然要求大学把触角伸向现实。在大学之内，传统知识虽然仍占有一席之地，但是大量的却是西方现代知识以及按照西方现代分类方式整理之后

---

① 胡春光、胡丽萍、黄文彬：《大学学科知识的演变：知识转型的历史社会学分析》，《中国高教研究》2011 年第 7 期。

② 石中英：《知识性质的转变与教育改革》，《清华大学教育研究》2001 年第 2 期。

的古代知识。农学、工学、商学等应用性极强的知识纷纷在近代中国大学中“登堂入室”。当农学进入近代中国大学之后，便不能终日只做纸上功夫，必须开展实地实验，并且推广应用实验成果；当工学进入近代中国大学之后，就不能只是口若悬河式的空谈，而必须做动手的功夫……中国近代大学采取西方大学的做法，按照新式知识分类来组建系科，使之成为大学教学、科研、社会服务等职责的具体实践者。没有近代知识分类的存在，近代中国大学就失去了得以进行社会服务活动的内容凭借。

二　专业知识分子的形成

教师和学生是提供大学社会服务的主体，高等教育处于教育层级的尖端，大学中的教师和学生是现代知识分子的重要组成部分。中国传统教育体制培养的目标是“士”。“士”与现代知识分子在知识结构、社会角色、培养体制等方面都存在诸多差别，这就注定传统的士人不会进行近代意义上的大学社会服务活动。因此，从传统的“士”向现代意义上的专业分工的知识分子的转变无疑是近代大学开展服务活动的重要基础。

（一）传统教育体制下的读书人

传统教育体制下读书的目的是明道救世。现代意义上的知识分子，作为社会分工中的一员，其责任是求真。西哲亚里士多德曾言，我爱我师，我更爱真理。西方知识分子是为了探求真理，为了维护真理而献身的知识分子在西方并不少见。亚里士多德的名言对于中国传统的读书人而言是不可思议的。在中国传统文化中，老师的地位是很高的，所谓天地君亲师，师在一定程度上就是道的化身。对老师的教导存有异议，在一定程度上来说就是对于传统“道”的不敬。孔子就谆谆告诫弟子要有志于道，古代孩童入学往往要举行入学仪式，主要内容就是跪拜孔子，因为孔子就是道的代表。这种道用《大学》中的话说就是“明明德、新民”。明道的过程首先要从自我做起，所以传统读书人都非常讲究自身的修为，然后推己及人，广为传道。倘若自身修为不高，纵使读书万卷也是枉然，“仁义修，虽聋瞽不失为君子；不修，虽破万卷不失为小人”①。

传统教育体制下的读书人知识结构较为单一，侧重文史哲知识。西

---

① 李国钧：《清代前期教育论著选》（上），人民教育出版社1990年版，第36页。

方知识分子将自然科学、社会科学作为自己的研究对象，进行科研活动以探求新知。传统中国读书人的研究对象多为古圣先贤的经典著作，具有相对混沌性的特点。在经史子集四部分类当中，经学占有绝对重要的地位。风雨飘摇中的晚清政府都没有忘记强调经学之重要，《奏定学务纲要》规定："中国之经书，即是中国之宗教。若学堂不读经书，则是尧舜禹汤文武周公孔子之道，所谓三纲五常者尽行废绝，中国必不能立国矣。"[①] 对于自然科学方面的知识，大多停留在直观感性的"多识草木鸟兽之名"的基础上，缺乏抽象和逻辑思维的加工。道上器下是中国传统读书人基本的知识价值观。孔子鄙视稼穑之学，墨子虽然注重自然科学，终究影响有限，这些都是传统重道轻器价值观的具体体现。

传统教育体制下的读书人社会角色比较单一，进则高居庙堂，退则领袖乡里。中国传统读书人崇尚内圣外王之道，即以修身为立足点，进而逐步实现治国、平天下，这是他们共有的人生格式。在这种人生格式的号召下，学而优则仕成为知识分子的必然选择。《孟子》曰："士之仕也，犹农夫之耕也。"[②] 读书达到一定境界而不入仕，就好像农民不事劳作。如果仕途平坦，最终高居庙堂，则可以匡扶时弊、改良内政，充分行使各种社会管理职能；即使造化弄人，入仕无门，退居乡里成为士绅，也要负起教化乡里百姓的责任和义务。事实上，中国传统民间社会的统治主要靠士绅来维持，他们上为官府所倚重，下为百姓所尊崇，他们成为沟通中国古代国家与社会的重要渠道。士与绅是传统读书人的最终归宿，其实这两种角色都具有官的性质。从这一方面来说，传统读书人的出路是比较单一的，不像现代专业分工中的知识分子可以进入政界、商界、教育界、出版界等诸多不同的社会分工领域中。

中国传统读书人和知识分子的培养机制完全不同。现代知识分子的养成依靠一套完整的学校教育制度。传统读书人的养成主要靠古代官学和书院，早期书院独立性较强，后来其官学化趋势则越来越明显。无论是官学还是书院其连接性、完整性等方面均不如现代学校教育体制。官

① 璩鑫圭、唐良炎：《中国近代教育史资料汇编·学制演变》，上海教育出版社2007年版，第498页。

② 邓秉元：《孟子章句讲疏》，华东师范大学出版社2011年版，第232页。

学和书院数量有限，大多招生规模不大，因此传统读书人在整个社会中所占比重较低。科举创立之后，官学和书院日益成为科举之附庸，科举成为知识分子晋升的仅有渠道，竞争更是惨烈。以清朝为例，院试录取概率为100中1，乡试为70中1，会试则为30中1。①

总之，中国传统的读书人与现代意义上的知识分子之间的分别可谓大矣。他们是两种完全异质的社会环境下的产物。“只有现代社会提供了制度化条件，使一个具有自我意识的知识分子群体得以诞生。”② 从鸦片战争开始，近代中国日益沦为半殖民地半封建，欧风美雨的侵袭一波胜似一波，中国社会结构、性质发生巨大变化，传统读书人向现代知识分子的转变势在必行。

（二）从读书人向知识分子的转变

传统中国社会基本的职业分工是士农工商，士为四民之首。读书人之地位改变并非自近代社会才开启，而是早已有变动的迹象和预兆，只不过在近代社会变动较为剧烈、急迫而已。封建社会后期，随着封建经济的日益发展，商人阶层的地位就逐步提高，超越了农与工，直接威胁到士的独尊地位。晚清以来，随着社会流通渠道的多元化，读书人从事实业发展的事例更是不少见。中国现代意义上的知识分子的来源主要有三个，一是由传统读书人逐渐演化而来，二是由新式教育塑造而成，三是来源于留学生。本节之论述，主要是针对第一类情况。

传统社会中的读书人依靠其对传统道德价值观的控制权和解释权而成为四民之首。然而，面对“三千年未有之变局”，传统的那一套道统显得束手无策。随着人们的日益觉醒，传统的道统甚至成为人们革除的对象。对于道统价值认知的变化从根本上否定了传统读书人的一尊地位。传统之学不能救世，读书人便纷纷把西学视为救命稻草，于是学西学、读西书成为人们的共鸣。士林学子也以读西书、习西学为荣。从器物到制度再到科学精神，传统读书人开始了自我改造之路。在近代社会废科举、兴学堂的改革潮流之中，传统读书人的晋身之阶完全被切断。尽管如此，读书人面对科举之废并未出现过激反应。他们的这种淡然心态说

---

① 何怀宏：《选举社会及其终结》，生活·读书·新知三联书店1998年版，第354—355页。

② ［美］刘易斯·科塞：《理念人》，郭方译，中央编译出版社2001年版，第5页。

明社会巨变中的读书人开始对自身价值进行重估。“列强侵略所引发的社会危机迫使部分经世派知识分子开始觉醒儒学的局限，逐渐把眼光转向西学，从而由‘师夷长技’进至‘中体西用’的引进模式，先进士大夫开始调适与修补儒学体系。”①

从壬寅—癸卯学制到壬子—癸丑学制再到壬戌学制，我国现代教育制度步步健全和完善，传统教育体系彻底退出历史舞台。新式学堂是以西方学科分类为基础进行组织的。新式学堂开设的课程不但包括传统的史学，而且还有自然科学、社会科学等诸多传统知识分子闻所未闻的学科。学科知识的出现是对传统读书明道价值观的挑战，新式学堂要求学务专门，专家之学取代了传统的通人之学。为了安身立命，一些具有科举功名的读书人纷纷栖身于近代新式学堂。新式学堂分科设学的原则是对他们传统知识结构的挑战，他们不得不逐渐地改变自身的知识结构。除了教育机构之外，出版界、商界也成为传统读书人重要的安身之地，读书人日益成为专业分工中的一员，逐渐脱离了以往的政治镣铐，获得了自由，甚至成为“无社会依附的知识分子”②。没有依附，可以保证知识分子凭借自己的学术和知识进行较高的社会批判活动。然而，事情总是具有两面性的，正如余英时所指出的，在这一转变的过程尽管他们获得了自由，却日益被边缘化。③

（三）教师、学生等新型知识分子是近代中国大学社会服务的主体力量

在近代中国社会变迁中，大学教师和学生成为近代中国较早而且主要的知识分子群体。上文从知识结构、社会角色以及养成机制三个方面说明传统的士与知识分子之间的差异。这种差异决定传统的士不可能具有现代大学社会服务的理念和实践。他们这种理念和实践的形成是在其转变为新型知识分子的过程中逐渐被塑造的。笔者以为这一变迁的过程就是从传统的求道到求真再到求用的过程。

---

① 陈蕴茜：《论教育对近代中国知识分子群体转型的影响》，《江海学刊》1996 年第 5 期。

② ［德］卡尔·曼海姆：《意识形态与乌托邦》，姚仁权译，中国社会科学出版社 2009 年版，第 147 页。

③ 余英时：《中国知识分子的边缘化》，《二十一世纪（香港）》1991 年第 8 期。

中国传统的士以明道救世作为自己的职责所在，理想的处所便是高居庙堂之上。然而，在近代中国社会变迁过程中，他们逐渐认识到这种传统的“道”是不足以救世的，必须学习西方的“知”。其标志性事件便是蔡元培在北大倡导大学是研究高深学问的地方。在蔡元培等人的宣传推广之下，这种观念迅速传播开来。是否求知成为传统读书人和近代知识分子之间的重要区别。蔡元培的这种改造是非常成功的。1918 年 9 月，距离蔡元培出任北大校长不足两年的时间，刚从北大毕业不久的冯友兰就指出新学生以学术为志业，而旧学生依然在传统的道路上徘徊，仍然一心读书。[①] 从冯友兰的文章足见当时蔡元培所倡导的求知观念已经深入到年轻知识分子的内心。五四运动使知识分子们认识到直接参与社会变革的必要性以及自身的力量所在。学生再也不仅仅满足于在校园内沉潜学术，而且要走向社会、服务社会。求知的同时必须求用。在五四运动结束不久的 1919 年底，清华学生就发出了“今日中国学生”以“服务国家社会为天职”[②] 的言论。在冯友兰发表其文章之后的 7 年，学者杨贤江又对新旧学生进行了研究。他从学习目的、学习内容、学习态度、学习技能等几个方面对于新学生和旧学生进行了对比。认为彼时的新学生不但以学术为志业，而且注重社会服务。[③]

与青年学生相比，作为大学社会服务主体之一的近代中国大学教师从求真转向求用的过程更为复杂。早期接受儒家熏陶，后来留学归来的大学教师，转变较为迅速而且彻底。比如蒋梦麟、郭秉文、邹秉文、竺可桢、胡适等人早在留学时就对美国大学致用的精神和实践有所领略，回国后积极提倡大学社会服务精神和实践。胡适要求青年学生以科学为武器，练好本领，走向农村，减轻农民痛苦，解决农村实际问题。[④] 蒋梦麟曾经指出学生可以通过“借学校校舍来开夜班”“学生和商界合办”“组织社会进化促进团”等方式来推动社会教育事业。[⑤] 与他们相比较，一些旧学根基深厚的近代中国大学教师（如蔡元培等）的转变历程则更

---

① 冯友兰：《旧学生与新学生》，《心声》1918 年第 9 期。

② 南：《学生对于国家社会服务论赘言》，《清华周刊》1919 年第 178 期。

③ 杨贤江：《新学生与旧学生》，《学生杂志》1925 年第 3 期。

④ 《胡适文集》（第 8 卷），北京大学出版社 1998 年版，第 402 页。

⑤ 蒋梦麟：《社会运动的教育》，《新教育》1919 年第 4 期。

为耐人寻味。尽管过程比较复杂、痛苦，但是在内外因素作用下，这种转变最终得以完成。蔡元培坚持认为大学是研究高深学问的地方，但是，他并没有做出非此即彼的论断而排斥大学服务社会的做法。因此，他鼓励北大师生开设校役夜班等社会服务活动。“一战”结束后，他在首都面对广大民众进行平民讲演，并将其视为吾国平民大学之始。五四之后，他又让学生在用功学问的同时，进行社会调查、举办夜校等社会服务活动。

按照美国学者布鲁贝克在高等教育哲学中有关高校生存“认识论”和“政治论”的划分，五四之后的新型知识分子明显从认识论转向认识论与政治论兼顾。以教师和学生为代表的新型知识分子依靠其自身所具有的知识、观念等方面的优势，成为近代中国大学社会服务的主体，为近代中国大学社会服务提供人力支撑。

三 近代大学制度的建立与发展

从 17 世纪 30 年代美国高等教育开端到美国大学社会服务职能的创生，其间经历了 200 余年的时间。在这 200 多年时间里，美国高等教育发展模式经历了一个引进、发展、转型与调适的过程，最终实现了大学发展的本土化，超越了欧洲大学，其标志就是大学社会服务职能的催生。近代中国大学在 20 世纪末破土，在整个清末经历了艰难而又缓慢的发展历程。以至辛亥之年，全国大学仅有京师、北洋等四所，在校大学生不足 500 人，教员和职员仅 200 余人。[①] 没有现代大学制度的依托，大学社会服务无从谈起。大学社会服务的开展和现代大学制度的建立、完善是相伴相生的。

（一）我国近代大学精神的培育

1. 异趣的中西大学精神

精神是制度的先导。大学首先应该是一种精神的象征。探讨我国近代大学制度的建立与发展离不开对于现代大学精神的解析。“大学精神是指大学立足于本性，在自由地实现内在超越的过程中所凝聚、体现出来的特质和风貌，是大学的质的规定性。”[②] 然而，在各自文化环境中成长

① 国民政府教育部：《第一次中国教育年鉴》，开明书店 1934 年版，第 15 页。

② 刘亚敏：《大学精神探论》，中国海洋大学出版社 2006 年版，第 28 页。

起来的大学，这种“质的规定性”却是不同的。学者陈平原先生认为，我国高等教育史应该分为三千年的大学和一百年的“university”。传统中国的大学主要是指一种大学问，志在求道。通过对传统经典的研读，首先从自身道德修养开始，依次达到治国、平天下的目的。这种道主要是一种伦理型的学问，注重德治，讲究“学而优则仕”，官学不分。中国传统大学的精神风貌完全不同于现代意义上的大学精神风貌。

现代意义上的大学发端于中世纪欧洲大学，其精神特质却早已经酝酿、发育。如果说中国传统大学主要是一种道德性的存在，主要是求善的话，那么现代大学则志在求真，提倡为真理而牺牲。这种为真理而献身的精神可以追溯到遥远的古希腊。古希腊的哲人苏格拉底、柏拉图、亚里士多德都是孜孜不倦地探寻高深学问，甚至不惜付出生命代价的典范代表。他们的这种精神被后来的高等教育机构所继承和发扬。即使在教权横行的中世纪，大学也不断与教会进行斗争，试图从教会那里不断获得特权，不断争取和捍卫自己学校自治和言论自由的权利。在以后的发展过程中，不管是以纽曼为代表的大学精神，还是以洪堡为代表的德国大学精神，以至于提倡为社会服务的美国大学精神，大学精神在不断的发展过程中，既保持自身的稳定，又有所发展。我国学者金耀基对大学精神的概括可谓经典，“大学不能遗世独立，但却应该有它的独立与自主；大学不能自外于人群，但却不能随外界政治风向或社会风向而盲转、乱转。大学应该是‘时代之表征’，它应该反映一个时代之精神，但大学也应该是风向的定针，有所守，有所执着，以烛照社会之方向”①。

作为“质的规定性”的大学精神是大学区别于其他社会机构的标志。尽管各国大学发展成长的历程不尽相同，但是大学精神作为大学所共有的特质，具有一些普世的特征，比如钻研创新、批判质疑等。

2. 我国近代大学精神的确立及其内容

较之欧美大学，近代中国大学是后发的。近代中国大学的精神既继承了传统高等教育精神中的积极因素，同时也是不断吸取外来大学精神的结果。在内外合力的作用下，近代中国大学精神经历了一个转变、调

---

① 金耀基：《大学之理念》，生活·读书·新知三联书店2001年版，第24页。

适的阵痛期。提起近代中国大学精神的转变和调试，首先浮现在我们脑海的便是蔡元培、张伯苓、梅贻琦、竺可桢等近代高等教育家的影像。的确，在近代中国大学精神的确立过程中，杰出的大学校长功不可没。高天明认为："民国时期，中国大学精神达到了一个高峰，其中20世纪20年代的北大、30年代的清华和40年代的西南联大可谓是中国精神的三座里程碑。"①

近代中国大学精神是一个不断孕育发展的过程。在常新的近代中国大学精神当中包含永恒不变的因素，这些因素构成近代中国大学精神的基本内核。首先，爱国是近代中国大学精神的基本内容。大学精神是时代精神的反映。在强敌环视、主权沦丧的时代背景之下，近代中国先进志士为摆脱落后挨打的状况，实现国家民族富强而奔走呼号，不惜以身犯险。这种牺牲和奉献国家的精神同样渗透到近代中国大学身上。其次，科学是近代中国大学精神的重要内容。蔡元培改制北大，驱散校内的乌烟瘴气，举起大学是研究高深学问的大旗。他逐渐改变了北大"与首都官方文化的密切关联远远超过了它作为国家有活力的文化和政治力量的存在"② 的现象，将学术及其精神嵌入北大当中。他的理念和实践迅速被其他近代大学所效仿。先进知识分子云集的近代中国大学比其他机构更能认识到国家科学的落后以及发展科学对于中华民族的重要意义。不管大学的职能如何变化，其得以实现的基础是不变的，这个基础就是科学。人才培养、科学研究、社会服务以及文化创新都必须依靠科学才能进行。科学精神渗透到大学组织机构的方方面面。再次，批判是近代中国大学精神的重要特色。近代中国大学是在近代中国社会转型的宏观背景之下发展起来的。在新旧冲突中，作为一种崭新社会组织的近代中国大学必然是趋新的。对传统中存在的守旧、不合理的因素展开批判是其职责所在。同时，大学是学者云集的理性组织。以求真为旨归的学者自身就带有极强的批判精神。他们是大学开展批判的主体，大学的批判精神在他

---

① 高天明：《名校长与近代中国大学精神》，《深圳大学学报》（人文社会科学版）2003年第6期。

② ［美］魏定熙：《北京大学与中国政治文化（1898—1920）》，金安平、张毅译，北京大学出版社1998年版，第2页。

们身上展现得淋漓尽致。最后，自由是近代中国大学精神的重要内容。近代中国大学是从封建的专制余毒中走出来的，深知自由、民主是社会发展趋势所在。以学术为旨归的大学，只唯真、唯实，这就必须赋予学者最大限度的自由。“学术在本质上必然是独立自由的，不能独立自由的学术，根本上不能算是学术，学术是一个自主的王国，它有它的大经大法，它有它神圣的使命，它有它特殊的广大的范围和领域，别人不能侵犯。”①

（二）近代大学制度的建立和发展

壬寅—癸卯学制与近代大学制度的萌发。洋务派兴办了大量专科性质的学校，然而这些学校缺乏系统性和整体性。后期成立的北洋大学、南洋公学等校，非常注意在校内建立完整的学制系统。这些学校的办学实践为清末近代大学制度的萌发奠定了基础。近代大学制度的萌发与创建自晚清新政中颁布的壬寅—癸卯学制开始。该学制明确了清末高等教育“中体西用”以造就通才的大学发展方针，促进了晚清高等教育的发展；借鉴日本模式，学制初步完善了大学的纵向和横向结构。从纵向看，这一体制包括大学院（通儒院）、大学堂、高等学堂（预备科）三级体制。从横向上看，当时社会所急需的师范、实业等学堂被纳入到高等教育序列；学制确立了大学分科设学的原则，壬寅学制规定大学设七科，癸卯学制则规定大学设八科，各科之下分别设置学门。通过这种设置，西方自然科学、社会科学的内容大量被引进到近代大学之中，实现大学教育内容的重大变革。但是，该学制仍然具有浓厚的封建色彩，不能适应近代中国社会转型的需要。

辛亥革命的成功进一步扫清了新式教育发展的障碍，民国的建立对新的学制提出了客观要求，壬子—癸丑学制得以出台。该学制较之清末的壬寅—癸卯学制具有更大的进步性，它的出台标志着近代中国大学制度的进一步健全。该学制实现了教育宗旨的根本转变，清末大学旨在造就挽救清王朝的通才，而新学制规定大学要传授高深知识，造就硕学闳才，更加符合社会和大学自身发展的需要。教育宗旨的转变要求该学制进一步清除清末学制中存在的落后的封建成分，如废除经科和科举奖励

① 杨东平：《大学精神》，辽海出版社1999年版，第142页。

制度；在大学设置由三部组成的预科代替原先各地存在的高等学堂，更适应我国大学教育发展的实际；适应民国肇基，需要大量专业人才的需要，该学制规定设立专门学校，译学馆等则被废除；办学更加多元化，允许私人力量举办高等教育，进一步促进高等教育的发展；加强和规范了研究机构，废除通儒院，成立大学院，根据需要在大学院下设类型多样的研究机构；女子的教育权利受到关注，学制规定女子可以进入高师以及实业学校学习。同时，该学制还对于大学日常行政组织、教师资格等方面进行了详细的规定。壬子—癸丑学制的颁布使近代中国大学教育体制更加完备、组织管理更加完善。

壬戌学制与近代大学制度的进一步发展。在壬子—癸丑学制制定过程中，留日学生发挥了很大的作用，导致学制带有明显的日本色彩，如男女分校等。另外，壬子—癸丑学制的模仿色彩仍然比较浓厚。随着新式教育的不断发展，壬子—癸丑学制的弊端日益暴露出来。五四运动以及杜威实用主义在中国的传播也为新学制的制定提出要求。在此种背景之下，1922 年壬戌学制出台。壬戌学制的制定和出台是在结合自身实际前提下借鉴美国的模式。该学制注意到尊重受教育者个性的重要性，要求大学实行选科制，对于奇才异能之士和身体等有缺陷者给予特别教育；随着中学教育水平的显著提高，壬子—癸丑学制规定的大学预科已经没有存在的意义，新学制取消大学预科。预科的废除进一步明晰了高等教育和中等教育之间的关系和任务，为近代大学的发展减轻了负担；对于大学设置的规定更为宽松，允许设立单科大学，更加符合当时我国实际国情。

新学制颁布之后，国民政府又通过《国立大学校条例》《大学组织法》等法律法规，进一步对近代中国大学制度做出规定。经过不断努力，到 20 世纪 30 年代左右，近代中国大学制度基本建立起来。

（三）近代大学制度为大学社会服务提供制度保证

“制度是用以协调、制约和干预个体，以及特定组织内部各种行动者之间关系的行为规则或规范体系。”[①] 作为下位概念的大学制度自然也发挥类似的功用。大学的教学活动、科研活动以及社会服务活动各有其自

---

① 唐世纲：《大学制度价值研究》，博士学位论文，华中科技大学，2013 年，第 36 页。

身运行和发展的规律。要尊重和保护这种规律必须发挥大学制度的规约作用。

对任何一个具体的组织机构来说，制度具有内外之分。内外制度有机结合才能切实对组织机构的活动起到规范和保障作用。在近代中国大学社会服务发展史上，社会服务活动首先在学校层次获得制度保证。这突出表现在从20世纪20年代开始，社会服务纷纷被写入学校章程之中。社会服务写入学校办学章程，从学校层面明确将这一活动确认为学校基本活动，为社会服务的发展起到促进作用。但是，不同于教学和科研活动，社会服务活动是直接面向社会的，具有更强的世俗性，涉及更多的利益群体。校际层面对于大学社会服务的制度确认自然不能很好地协调如此复杂的诸种关系。因此，1924年，教育部发文要求大学成立社会服务机构。服务社会本身成为近代大学制度的内容之一。这一国家层面的制度确认既是近代中国大学社会服务发展的客观需要，同时更顺应了近代中国社会发展的需要。这一制度规定首先为近代中国大学社会服务提供了合法性基础。在此之前开展的社会服务多是大学基于自身的社会责任感而发，从事社会服务活动与否是一种主体性选择。社会服务正式纳入大学制度本身之后，从事社会服务就是大学应尽的法律义务。大学必须像对待教学和科研工作一样，将社会服务纳入自己日常运行机制当中。另外，近代大学制度为大学开展社会服务活动争取到更多社会支持。社会服务正式写入近代中国大学制度，这是国家层面对于大学社会服务的认可，对于个人、团体、机关等都起到规范作用。这表明大学社会服务上升到国家政策法令的地位，意味着政府机构、相关团体有责任为大学社会服务提供便利。事实证明，从1924年之后，政府、大学的社会服务积极性明显提高。比如，政府加大了对于大学社会服务事业的支持力度，对于从事社会服务卓有成效的大学进行财政补贴等或者奖励。例如，金陵大学由于在社会教育方面的突出成就，教育部曾经专函嘉奖，并且颁给奖金1000元资助该校继续进行社会教育事业。[①] 除此之外，政府还积极参与到大学社会服务活动中来。金陵大学在乌江从事社会服务工作，

---

① 南京大学高教研究所校史编写组：《金陵大学史料集》，南京大学出版社1989年版，第223页。

后来中央农业推广委员会亦加入到实验区的工作中来，并且提供大量支持。

第三节　近代中国大学社会服务的发展历程

在具备了一定的思想和体制基础之后，近代中国大学社会服务便开始了自己肇始、兴起与发展的过程。从最初点滴、零散的服务活动到后来规模、系统的服务活动，从开始的一些院校的个别行为到后期成为高校的普遍、主动选择，从最初缺乏制度保障到后期明确纳入国家规章制度设计，站在21世纪的今天，再来回顾近代中国大学社会服务的发展历程，我们可以清楚地发现上述轨迹。要分析近代中国大学社会服务的发展历程，就要对研究时段进行历史分期。历史分期的标准通常有两种，一是以重大的社会政治事件作为划分的标准，二是根据研究对象发生发展的规律进行历史阶段的划分。在研究时段内有辛亥革命、五四运动、国民政府统一全国等重大历史事件，这些事件往往成为学者分期的标志。其实，两种划分标准并非毫无关系。因为，重大的社会事件通常会影响到研究对象的性质及发展历程。然而，两者又并非完全一致。社会事件通常带有极强的政治色彩，研究对象自身运行、发展的历程并不是与政治性事件完全合拍。

本书将研究时段内近代中国大学社会服务的发展历程分为三大阶段，即肇始、兴起与发展阶段。肇始阶段从1895年近代中国第一所大学北洋大学诞生到1912年民国建立。以1912年民国建立作为该期的终点，是借用了传统的政治分期的做法。但是，笔者在此关注更多的是民国建立对于近代中国大学社会服务性质的影响上。晚清覆亡，民国建立，近代中国大学发展揭开崭新的篇章。近代中国大学发展在民国前后两个不同的历史阶段表现出很多重要差异，大学社会服务也因之表现不同。第二阶段从1912年民国建立到1921年《国立东南大学大纲》的制定和颁行，该大纲明确将社会服务写入自己的组织大纲，在近代中国大学发展史上具有里程碑式的意义，因此笔者将其作为近代中国大学社会服务确立与兴起的标志。1921年到1949年为近代中国大学社会服务发展阶段。在该阶段国立大学和私立大学本土化实践取得初步成效，逐步走出一条中国特色的大学发展之路。与此同时，教会大学在经过整顿和调整之后，以全新的姿态投入到服务中国社会中来。大学社会服务在该期取得重大突破。简而言之，笔者采取的分期方法主要是按照近代中国大学社会服务自身发展所呈现的规律与特点进行的。

一 肇始阶段（1895—1912）

甲午战败，举国阵痛，宣告洋务派兴学实践的彻底失败，进一步暴露了“中体西用”办学思想的弊端。有志之士开始尝试不同的办学模式，其代表便是天津盛宣怀创办的北洋大学，不同于当时的其他学堂，北洋大学仿美制，即西学体用。随着近代中国第一所大学的萌生，近代中国大学社会服务活动揭开序幕。本部分的论述主要结合晚清时期几所主要的大学展开。

（一）该期大学社会服务简介

设立编书译书机构，解决教材缺乏问题。教材是日常教学活动开展的重要基础。在近代中国大学创立初期，普遍存在教材缺乏的问题。为了解决这一问题，各大学通常成立专门的编书、译书机构。这些机构编写、翻译的教科书，在满足自身办学需要的同时，往往还提供邮购、外卖业务，解决了其他层次学校教科书缺乏的燃眉之急。山西大学堂附设译书院于上海。虽然存在时间较短，但是译书院总共译述高等学堂、师范学堂、中学堂用书以及参考书多达“23 种 25 册”①。这些教科书的原作者广泛涉及美、英、法、日等国家，但是以日本为多。这些书籍的出版不但满足了山西大学堂自身的教学需求，而且还设立寄售所提供外卖业务，有效缓解了其他学堂教科书缺乏的问题。京师大学堂成立的同时附设编译局，该局最初的任务是解决教科书缺乏的问题。后期编译局的业务范围扩大许多，广泛涉及地学、法律、数学、物理、化学、逻辑、天文、地理、经济、历史、生物、教育等诸多方面②。这些译著的出版不但满足了日常教学的需要，而且传播了西方新知，开阔了国人的视野，进一步激发了人们的民主意识和科学意识，这种效果是晚清政府始料未

① 行龙：《山大往事》，山西人民出版社 2002 年版，第 40 页。

② 北京大学校史研究室：《北京大学史料》（第 1 卷），北京大学出版社 1993 年版，第 196 页。

及的。教会大学也注重教科书的编写和翻译工作，齐鲁大学前身的登州文会馆、燕京大学前身的潞河书院在这方面的工作较为突出。它们既可以借鉴外国教科书编撰的先进经验，同时又注意与我国实际国情结合，教会大学编撰的教科书很受欢迎。“早期教会大学所编译的西学教科书，不仅供本校使用，而且为我国早期公立大学提供了最早的西学课本。”①

针对社会急需，开设特别班、专修班。近代中国大学发轫初期，新式人才急缺，各领域的专业人才更是少得可怜，出于办理社会事务的需要，在正常设科之外，政府往往要求学校设立一些短期的特别班、专修班以造就急需人才。这种特别班、专修班的形式直接为后来的大学所继承，成为开展社会服务的重要形式。北洋大学初创时有四大学门，即土木工程、法律、机械与采矿冶金。时值清政府正准备修建卢汉铁路，急需这方面的人才，便于1897年成立铁路班，附设于北洋大学堂。该班持续两年，共招收学生30余名，后来由于八国联军侵华而被迫终止。1901年，晚清当局开始进行所谓的“新政”，五年之后，又决定效法西方实行立宪。为了预备宪政，清政府外交活动频繁，对于外语人才需求迫切。为此，1903年，北洋大学将俄文、法文分别附设一班，分别招生14人、13人。这两个附设班办学效果明显，培养了马千里②等杰出人才。除此之外，晚清时期师范人才奇缺，为了培养师范人才，北洋大学于1907年、1908年连招两届师范班培养中学教师。师范班取得了极大的办学成绩，培养了李建勋等近代著名教育家。北洋大学附设的铁路、俄文、法文、师范等班虽然具有极强的面向社会、服务社会的性质，但是这种教育服务的形式仍未完全脱离大学教学职能的母体，并不灵活，而且准入门槛比较高。以师范班为例，其入学要求“国文较优，西学程度亦高”③。比北洋大学稍后成立的京师大学堂则向前迈进了一大步。京师大学堂译学馆的办学体制具有了后来旁听生制度的雏形。译学馆办学体制较为灵活，

---

① 宋秋蓉：《近代中国私立大学发展史》，陕西人民教育出版社2006年版，第38页。

② 马千里（1885—1930），名仁声，字千里，天津人。近代著名教育家、活动家。1906年毕业于北洋大学附设俄文班，1908年入南开学校甲班学习。积极投身革命运动和教育事业，曾任天津达仁女学、河北省立一中校长等职务。

③ 北洋大学—天津大学校史编辑室：《北洋大学—天津大学校史资料选编》，天津大学出版社1991年版，第30页。

具有很强的开放性。在设置的正常招生名额之外，还额外附加了一些学额，这些学子专门组成一科，称为附学科。该科的设立主要是为了满足社会青年求学的需要，培养更多的人才，学生自愿入学，但是需缴纳一定的费用。虽然是附加的学额，但是在管理上却是一视同仁，品学兼优的附学科学生有机会成为正式学员。这种办学体制类似后来的旁听生、特别生制度。

满腔热血，反对欺凌，积极参与爱国运动。清政府软弱无能，国家主权不断沦丧。面对危局，近代大学勇于献身，竭力维护国家主权完整。在1903年的拒俄运动中，京师大学堂的学生有不俗表现，成为北大校史上的首次学运。噩耗传来，大学堂师生200多人即进行集会讲演，纷纷控诉沙俄之无理要求，师生达成高度一致，联合全国学堂共同抗拒沙俄的暴行。面对学生的爱国行动，腐败无能的清政府却进行野蛮镇压，但是学生始终表现出坚韧、执着的战斗精神。京师大学堂的这一爱国运动距离大学堂成立仅有五年时间，顽固、腐朽之势力仍然非常强大，因此其章程将“激发忠爱……端正趋向”① 定为办学纲领，要求学堂师生员工不能干涉国事，清廷甚至在学堂内安插内线，专门负责刺探学生的思想言行。在这种窒息的空气之下，大学堂师生能在抗拒俄国运动中表现出无畏的爱国精神，被媒体称为“莫大之奇事”②，并且高度赞扬和评价了学生的爱国行为。北洋大学堂学生获知沙俄的无理要求，群情激奋，决定暑期采取行动。总教习丁家立不得不出面安抚学生，“于本月十五日放暑假之日，登堂演说，力劝学生讲求学业，为异日国家之用，勿涉国是”③。为了维持苟延残喘的腐朽统治，清政府决定仿行宪政、开设议会。辛亥之役前一年，全国各地学潮汹涌，广大学生要为宪政、议会建言献策。北洋大学意欲参与其事，但是最后清兵保卫校园，严格查禁学生进出，学生只能作罢。虽然最终未能如愿参与到集会活动中，但是北洋学子的爱国热忱由此可见一斑。山西煤炭资源丰富，成为帝国主义掠夺的目标。腐败无能的清政府为了博得帝国主义的同情和支持，不惜出卖山西丰富

① 舒新城：《中国近代教育史资料》（中），人民教育出版社1981年版，第544页。

② 《苏报》1903年6月6日。

③ 《教习名言》，《江西官报》1903年第1期。

的矿产资源。面对清廷和帝国主义的无耻行径，山西人民掀起轰轰烈烈的保矿、争矿的斗争。山西大学堂学生怀着满腔的爱国热情举行示威游行，包围山西商务局驻地，破坏官绅与帝国主义勾结的宴席。为了保护矿权，山西大学堂留日学生李培仁更是不惜跳海殉矿，极大鼓舞了学堂学生的保矿、争矿热情，把争矿运动推向高潮。在这种压力之下，清廷不得不废止矿产买卖合同，学生运动取得胜利。辛亥革命的枪声传来，广大青年学子欢欣鼓舞，踊跃加入到爱国革命活动中。为了支援这次斗争，圣约翰学生不惜冒着被开除的危险，积极报名参加敢死队。①

救死扶伤，提供医疗服务。京师大学堂附设的医学馆分为两部，一部负责教学，另一部是便于学生实习的诊治部门。孙家鼐说："于学堂之中，兼寓医院之治，凡来就医者，皆随时施诊，且酌施中西通用药品，期以保卫生灵。"② "随时施诊"四字把医学馆救死扶伤、以患者生命为重的白衣天使的服务和奉献精神揭示得淋漓尽致。圣约翰书院在校内附设诊所，除了服务于校内学生之外，还对附近的居民提供医疗卫生服务，深得当地百姓赞誉。辛亥革命之前，东北地区暴发大规模的鼠疫，大批百姓失去宝贵的生命。北京协和医学院广大学子，临危不惧，奔赴疫灾地区，取得了抵抗鼠疫战斗的伟大胜利，并且引起国际上的关注。

形式多样的社会教育。该期的近代中国大学已经开始社会教育实践的探索，初步摸索出一些有效的社会教育形式。首先，面向社会开放图书馆等设施。京师大学堂自成立就效法西方，设置图书馆（时称藏书楼）。强学会图书馆和官书局是京师大学堂图书馆的前身之一。强学会图书馆成立伊始就面向社会开放。强学会图书馆曾经费尽周折获得世界地图一幅，学会同仁邀人来观，"偶得一人来观，即欣喜无量"③。强学会图书馆后被清政府改制为官书局。虽然掺入更多的意识形态控制，但是在孙家鼐等有识之士的努力下，官书局也保持了较强的开放性，凡"留心时事、请求学问者"④ 均可借阅图书。强学会图书馆和官书局的这种开放

---

① F. L. H. Pott, *Letter to John Wood*, Nov. 8, 1911, Q243 – 170, pp. 13 – 14. 转引自徐以骅《教会与宗教：作为传教媒介的圣约翰大学》，珠海出版社 1999 年版，第 115 页。

② 北京大学校史研究室：《北京大学史料》（第 1 卷），北京大学出版社 1993 年版，第 182 页。

③ 丁文江、赵丰田：《梁任公先生年谱长编》，中华书局 2010 年版，第 26 页。

④ 张静庐：《中国近现代出版史料》（初编），上海书店出版社 2003 年版，第 48 页。

精神在后来梁启超起草的有关京师大学堂图书馆的章程中也有体现，要求该馆“广集中西要籍，以供士林浏览而广天下风气”①。山西大学堂附设的博物馆亦对外开放，对于普及新知、教育民众发挥了重大的作用。其次，开设培训课程，举办补习学校。山西大学堂外籍教师为山西当地官员开设培训课程，向官员讲授现代新知，扩大官员视野。针对学校附近农民子弟多因贫穷而失学的现象，岭南大学在1910年特地为孩子们举办了补习学校，为孩子提供文化补习教育。② 沪江大学社会服务开展较早，该校注重开展社会教育。早在辛亥革命前一年，该校就曾成立专门的平民学校进行平民教育的实践，致力于提高学校附近居民的教育文化水平。③ 东吴大学在1911年就为驻地附近的失学孩童提供免费的补习教育，而且免费提供学习用具，在该校师生的努力之下，补习学校成为一所正规化的普通小学。④

除了上述社会服务内容之外，该期大学也进行科技推广方面的尝试。山西大学堂化学教员新常富热衷于科技推广工作，致力于扩大大学堂的影响和辐射作用，他说：“我衷心希望，山西大学堂的影响能尽快影响到大学的墙外去。”⑤ 他在大学堂安装电话、进行电石灯实验，让当地官员、百姓领略了科技的力量，以至于山西巡抚都产生了在府衙安装电话的愿望；该校西斋教习还引进发电机，当山西其余地方晚上还沐浴在昏暗灯光下的时候，山西大学堂早已经灯火通明，犹如白昼。近代中国自然灾害频发，该期大学还进行了一些旨在救灾救民的社会服务事业。辛亥革命爆发的当年，来自金陵大学的外国教员裴义理直接参加了华北地区的救灾工作，在救灾服务的过程中，他广泛接触到中国基层社会凄惨的生活状况，力主成立专门的救灾机构。此外，一些农业学堂还进行了初步的农业社会服务的探索，如直隶高等农业学堂等。

---

① 北京大学校史研究室：《北京大学史料》（第1卷），北京大学出版社1993年版，第81页。

② 何晓夏、史静寰：《教会学校与中国教育近代化》，广东教育出版社1996年版，第342页。

③ John Burder Hipps, *History of the University of Shanghai*, Valley Forge: Board of Founders of the University of Shanghai, 1964, p. 47.

④ 黄新宪：《基督教教育与中国社会变迁》，福建教育出版社1996年版，第238页。

⑤ 《山西大学百年纪事》编撰委员会：《山西大学百年纪事》，中华书局2002年版，第16页。

（二）肇始阶段大学社会服务特点

有学者在对大学社会服务进行跨文化分析时认为，西方大学的社会服务是大学从服务宗教到面向世俗百姓的转变过程，而中国文化从来都是强调入世的文化，不存在这一转变过程，中国大学从产生时就是面向社会的。[①] 以上对萌生阶段大学社会服务的分析印证了上述论断。

1. 救亡图存的爱国活动从一开始就在近代中国大学社会服务中占有重要地位

近代中国大学是中国内忧外患的特殊环境所造就的，在一定程度上讲是教育救国的产物，因此中国大学从产生之时起就担负这种爱国、救国使命。废科举断绝了读书人传统的栖身之地，大量学生纷纷涌入新式学堂。晚清政府将教育体制的改革和变迁当作扳机，企图通过扣动这一扳机来挽救整个社会。教育体制的变迁是如此迅速，而相应的社会土壤却仍然如旧，形势一天天坏下去，民主、革命思潮激荡。在这种情况下，新式学堂内的学生走上爱国、救国的道路在所难免，这也是时代赋予他们的责任。学者陈平原在评论北大的作用时认为，尽管北京大学实现世界一流大学的梦想还有一段时间，但是北大“深深地介入并在某种程度上影响着”[②] 近代中国崛起的进程，这是世界上任何其他大学都不能比拟的。的确如其所言，北大的这种爱国精神从抗拒沙俄的运动到后来五四、一二·九等运动中，可谓一脉相传。这仅仅是一个缩影，近代中国大学生走在时代的前列，积极参与爱国救亡行动几乎是一个普遍的现象。桑兵在论述晚清学堂爱国运动时说：“世界眼光不仅使他们神驰西方社会的良辰美景，也魂游了印度、埃及、朝鲜及黑人、犹太人亡国灭种的鬼府地狱，爱国救亡成为这一代青年倾心关注的头等大事。”[③]

2. 缺乏系统的设计，服务是偶尔、零散的，影响有限

该期是从传统封建教育体制向近代教育体制转型的重要时期，也是新旧碰撞最为猛烈的时期，处于一种旧已破而新未立的阵痛期。该时期大学所进行的有些社会服务在很大程度上是当事人不得已而为之，这从

① 上官剑：《中西方文化差异中的大学社会服务观》，《江苏高教》2009 年第 4 期。

② 陈平原：《北大人的精气神儿》，《光明日报》2001 年 5 月 18 日。

③ 桑兵：《晚清学堂学生与社会变迁》，广西师范大学出版社 2007 年版，第 219 页。

学堂附设译书局一事就可以发现，设立译书局主要是为了解决办学急需的教材问题。再以学堂设立的特别班、特别生制度来看，这些制度的创立在更大的程度上来说是一种教学的延续，为社会服务、开启心智的问题并没有成为主事者自觉设定的目标，缺乏系统、全盘的规划。相较而言，来自异域文明的教会大学在社会服务方面显得更为积极和进步，像上文提及的化学教师新常富主动要把大学之影响尽快遍及于中国社会。此外，教会大学还进行了一些医疗、社会教育等方面的社会服务，但是此时的这些服务带有极强的宗教色彩。总之，本期大学所进行的社会服务基本上是各大学偶尔为之，呈现零散的状态。此期正值近代中国大学萌芽阶段，大学规模非常有限，这就注定此期大学社会服务的规模较小、影响非常有限。到清王朝灭亡之时，中国人创办的近代大学仅有四所。京师大学堂虽创始于 1898 年，但分科大学直到 1901 年才正式招生。辛亥革命以前只有预科毕业生 120 人，尚无本科毕业生；北洋大学到清亡时，仅有法科毕业生 9 名，工科毕业生 35 名；山西大学堂只有法科毕业生 16 名，工科毕业生 19 名，理科毕业生 9 名。① 上海南洋公学上院因生源不足，开办条件不具备，只好一缓再缓，直到 1909 年才粗具规模，截至清朝灭亡，也没有本科毕业生。②

二 兴起阶段（1912—1921）

民国建立之后，在蔡元培等人的不懈努力之下，一套较为完整的资产阶级教育体系逐步建立起来。近代中国大学的精神、制度在该时期得以初步确立，大学主动为社会服务的意识越发强烈。共和国家的建立进一步在普通民众中散播了民主的种子。为了捍卫来之不易的共和国家，民众的权利意识、服务意识开始高扬。对于该期近代大学社会服务的兴起状况，笔者从思想、制度和实践三个方面进行论述。

（一）社会服务思想开始勃兴

作为本书关键词的“社会服务”，现在已经是一个大家耳熟能详的概

① 陈翊林：《最近三十年中国教育史》，太平洋书局 1931 年版，第 121 页。

② 《交通大学校史》编写组：《交通大学校史（1896—1949）》，上海教育出版社 1986 年版，第 54 页。

念。然而“社会服务”的概念和实践真正输入我国不过百年的时间，“社会服务”是一个舶来品。漫长的封建社会讲究“王土”“王臣”，高贵的君王致力于打造驯服的臣民。臣民就是君王的奴隶，不能干犯国宪。国门洞开，西风东来，民主意识日益滋长，人们越来越关注社会，关注国民的养成，而对以往臣民之奴性进行无情之揭露与批判。为了养成国民，人们纷纷要求从事社会服务事业，改臣民为国民。在这一过程中教会做出了重大贡献。一些传教士通过自身的社会服务实践向国人传达着牺牲和奉献的社会服务精神。天津青年会教师韩慕儒写成《学生社会服务之研究》一书，该书 1914 年被翻译成中文，皕诲为该书作序。序言说：“社会服务四字，盖新名词也，其输入吾中国不过数年。”该文也是目前笔者所能找到的比较早的关于社会服务的论述。由此推断，社会服务大概在民国初年传入我国。“吾国旧有之学说，固初无所谓社会服务焉者”，但是“社会服务实为共和国之根本”①。民国初年人们对于社会服务的呼喊强调的是一种参与社会、贡献社会的精神和实践，要求打破过去普通大众只有义务、没有权利的奴性状况。它是在民主意识高涨之下，人们对于传统封建礼教的鞭挞。

对社会服务的理论探讨日益活跃起来。要进行社会服务，首先必须弄清楚什么是社会服务。虽然社会服务的实践在当时有一定发展，但是人们对于社会服务的认识还比较混乱。比如，有人将社会服务事业与慈善事业混为一谈，认为两者没有区别。近代教育家刘经庶②认为，社会服务不同于慈善事业，首先是目的不同，社会服务纯粹是以社会为目的的，不带有任何附加目的；其次，慈善是单向的为别人，而社会服务不但为人付出，也是一种自助的方式。③ 到底什么是社会服务呢？郑振铎的观点比较全面和有代表性。他指出社会服务是“知识阶级里的人，利用职务的余暇，实地地投身于劳动阶级或没有觉悟的群众中，用种种切实的方法，以唤起他们的觉悟，改进他们的生活，增进他们的幸福的一种

① 皕诲：《学生社会服务之研究序》，《进步》1914 年第 6 期。

② 刘经庶（1885—1923），字伯明，江苏南京人，近代著名教育家、学者。1911 年赴美，相继获得硕士、博士学位。1915 年回国后，先后执教于金陵大学、南京高等师范学校、东南大学，并曾担任主任、副校长、代理校长等职务。

③ 刘经庶：《学生社会服务问题》，《新教育》1919 年第 1 期。

工作”[①]。郑振铎认为社会服务的主体仅是知识阶级，对象是劳动阶级和未觉悟的民众，而且是在正式工作的空闲所进行。他的这一概念与后来我们理解的社会服务差别很大，但是却代表了当时人们的看法。青年学生是知识阶级中的重要组成部分，人们号召青年学生要积极投入到社会服务活动中来。杨贤江认为通过参与社会服务学生“可以养成社会道德……可以养成自治习惯……可以熟悉社会情形，丰富社会同情”[②]。针对学生在社会服务过程中出现的一些不良现象进行了分析。比如有些学生热衷于社会服务事业而忽略课业的学习，有些学生却对社会服务事业漠不关心，一心只读圣贤书，人们认为这两种极端都是不对的，必须正确处理社会服务和日常学习的关系，做到既要救助自己，也要救助社会。恽代英就指出：“我们不仅仅帮助自己，所以我处处应该记得正义、纯洁、互助同牺牲的道理，那便自己不至渐成为自私而好利的人；我们亦不仅仅帮助社会，所以我们仍时时注意自己生活乃至求学的问题，既不肯只从消费方面服伺社会，亦不肯把自己学业完全抛荒了专门向社会尽力。”[③] 此外，这一时期关于社会服务的讨论还涉及国外社会服务发展状况的介绍，社会服务的组织、规划问题，等等。

社会上日益高涨的社会服务呼声蔓延到大学中来。早在1916年，北京大学陶孟和教授就对大学社会服务的滥觞——美国威斯康星大学的社会服务进行介绍[④]，这是较早对美国大学社会服务职能进行介绍的文章。有人在《清华周刊》撰文指出：“人生最完满最快乐的生活，只是诚心悦意地加入社会去活动，使我所居的社会，因为有我，可以向真美善的仙乡，再进一步。”[⑤] 就学生来看，学生社会服务一开始主要是根据自己的课外作业而展开，在实践发展中，这种服务意识越来越强，逐渐有了专业社会服务的色彩。正如有人在论述清华的社会服务时指出，1920年以前清华学生的社会服务是“由课外作业的发轫期，以至于清华学生服务社会的发达期。学生们始由关系自身的课外作业做起，终至做到与外界

① 郑振铎：《社会服务》，《新社会》1920年第7期。
② 杨贤江：《学生社会服务何以必要》，《学生杂志》1920年第3期。
③ 恽代英：《共同生活的社会服务》，《人》1920年第6期。
④ 陶孟和：《吾之大学教育观》，《中华教育界》1916年第10期。
⑤ 泌：《清华社会服务之今后》，《清华周刊》1921年第233期。

有关的社会服务”[①]。不仅学生的社会服务热情高涨，教师的服务意识也日益浓烈。例如，在欧战结束后，蔡元培在天安门兴致勃勃发表演说，并将之视为我国平民大学之始。此时期留美生陆续回国效力我国高等教育界，他们也把美国大学的社会服务思想引进到中国来。例如，邹秉文、郭秉文等人在南京高等师范学校、东南大学积极宣传美国大学社会服务实践活动。

（二）大学社会服务实践的进一步丰富

民国建立之后，在民主和服务精神的号召下，学校服务社会的实践进一步发展。各地中学都积极开展社会服务活动，举办通俗教育班、英文算术班、讲演等。[②] 大学的社会服务活动在前期的基础上，进一步丰富。清华大学社会服务发端比较早，在该校成立之时清华学生就组织了西山消夏团，该团起初仅是一个学生暑期休闲娱乐的组织。1915 年，该团从一个娱乐性社会团体逐渐转为社会服务团体。初期主要进行幻灯讲演和调查，讲演主题涉及交通、道德、国际国内形势等诸多方面，调查涉及人民生活、教育等内容。该社团服务内容后来得到扩充。[③] 为了提高校役的文化水平，清华早在 1913 年就成立了校役班，该班早期隶属于该校青年会，随着规模的不断扩大，后由学校社会服务委员会举办，向校役提供国文、英文等多种不同的课程，后期该班也招收校外人员。在不断的实践和探索过程中，清华社会服务的形式日益丰富，包括露天演讲、平民图书馆、星期日学校等。此后，北大的社会服务慢慢展开，1919 年成立平民教育演讲团，通过演讲的方式对广大平民进行普及教育。同年，在蔡元培校长的亲自督导下，旨在提高北大校工文化水平的夜校正式开班。1921 年，北京大学画法研究会举办展览会，陶冶民众精神，展览所得全部用于华北赈灾。[④] 圣约翰大学社会服务在该期也开始勃兴。该校组织乡村讲演会提升乡人学识，该会每周演讲三次；为了解决贫困儿童入学难的问题，圣约翰大学曾经分别设立高等小学、初等小学各一所，对

---

① 武三多：《清华的社会服务》，《清华周刊》1925 年第 11 期。

② 《社会服务之进行计画》，《进步》1915 年第 6 期。

③ 庄：《清华学生西山消夏团之社会服务》，《清华周刊》1916 年第 81 期。

④ 《北大的社会服务》，《北大生活》1921 年第 12 期。

儿童进行识字教育，为了提升乡村儿童的体质，专门设立教导乡童游戏部负责此事；除此之外，该校还设立了教导仆役演讲部、卫生部等部门进行社会服务活动，并且取得了不俗的成绩。①

一些留美生积极在各自学校开展社会服务活动，比较典型的是南京高等师范学校及其东南大学。1920 年暑期，南高举办暑期学校，教育学家杨贤江认为这是我国暑期学校之始②，南高的这种服务精神和做法直接被后来的东南大学所发扬光大。南高农业专修科后来发展成为东南大学农科，邹秉文担任首任主任，在其领导下农科的社会服务事业开展得红红火火。1919 年，邹秉文在暑假期间组织南高师棉花种植培训班，对来自全国各地的 140 多名学员进行了为期一个半月的培训。培训班可谓名师荟萃、专家云集，除了邹秉文外，还有康奈尔大学农业硕士过探先教授、作物学教授原颂周等人，在全国引起不小的反响。1921 年，为了推广质地优良、适应地区更广的脱字棉，农科专门成立了委员会，组织师生奔赴各地进行技术推广工作。1921 年，为了改变此前各系农业推广单兵作战的弊端，农科专门成立了农业推广部，具体组织、负责农业推广事业。该部下设农村借贷、农村教育、总务、编辑等小组，每个小组各司其职，同时又鼎力合作。在全国轰轰烈烈的农业改良运动中，东南大学农科越来越处于领头羊的位置。农业推广活动不断迈上新台阶。推广的形式更加多样、灵活。进行讲演、举办展览会等形式深得农人喜爱；推广的内容更加广泛，涉及良种培育、农具改良等诸多方面。除了农科之外，东南大学其他各科的社会服务工作也卓有成效。教育科设立义务学校，无偿为儿童提供教育；利用暑期时间，积极组织对一些教职工进行培训；同时结合我国自身国情，积极进行各种教育实验。工科将调查与推广列为重要发展事业，其服务涉及交通、工业、工科教育等诸多方面。设于上海的商科积极立足上海工商业发达的实际，提供多样的社会服务。商科为在职员工和平民开办的夜校广受当地人称赞；为满足当地人求知的欲望，商科图书馆积极向社会开放，极大方便和丰富了市民的业余文化生活。

---

① 卢祖霈：《本校青年会社会服务部之组织及成绩》，《约翰声》1915 年第 9 期。

② 杨贤江：《美国暑期学校的发达》，《教育杂志》1922 年第 5 期。

在社会服务思想的感召之下，该期大学社会服务的内容进一步发展。医疗、社会教育等前期已经具有的社会服务内容进一步深化，而且产生相当的社会影响力。农业科技推广等服务内容则取得重大进步。服务形式进一步多样化，出现了许多新的服务形式。比如就社会教育而言，设立流动图书馆等都是前期所未有的。现代媒体设备更多地被应用到社会服务实践当中。金陵大学早在1918年就使用电影这一现代媒体进行棉花的推广工作。现代媒体技术的运用提高了社会服务的效率，改进了社会服务的成效。

（三）大学社会服务的制度萌芽

社会服务思想的高扬、社会服务实践的蓬勃发展对社会服务组织提出了更高的要求。在该期内，大学社会服务的团体组织纷纷开始建立，比如上文提到的清华西山消夏团、北大的平民教育讲演团等。各校社会服务的进一步发展对学校层面社会服务制度提出要求。近代大学在社会服务制度化建设方面走在前列的是以美国模式为趋向的国立东南大学。鉴于蓬勃发展的社会服务实践，东南大学成立初期就把社会服务事业明确写入自己的组织大纲中，1921年的《国立东南大学大纲》第七条规定设立推广部，类别为校内特别生、通信教育和暑期学校[①]；第七条规定的常设八大委员会之一便是推广教育委员会。东南大学将社会服务明确写入自己的组织大纲表明大学社会服务已经上升到学校章程、制度层面的高度，这在我国大学发展史上具有开创性的意义；同时设立实体的教育推广委员会为大学社会服务提供了重要的机构依托。因此，较之同期的其他大学而言，东南大学的社会服务从组织、指导思想、章程规定等各方面都是较为完善的。因此，国立东南大学的上述规定"是中国近代大学中最早明确地以学校章程的形式确认大学担任社会服务职责的规定，可以认定为中国近代大学社会服务职能的最初制度萌芽"[②]。在近代我国大学社会服务发展历程史上，国立东南大学率先实现

---

① 东南大学高等教育研究所：《郭秉文与东南大学》，东南大学出版社2011年版，第244页。

② 孙存昌：《中国近代大学教师专业素质研究》，博士学位论文，苏州大学，2009年，第39页。

社会服务职能的制度化建设。其对于我国大学社会服务发展的重要性犹如威斯康星大学之于美国大学社会服务。国立东南大学社会服务职能的制度化建设为国家层面的制度化建设提出了要求，也提供了直接参考和借鉴。

三 发展阶段（1921—1949）

国立东南大学将社会服务写入自己的办学大纲中，进一步促进该校社会服务活动，其他大学亦纷纷效仿。大学社会服务进一步扩展。与此同时，国民政府实现全国的统一，政治环境较之前期有了较好改观，这也为大学社会服务的开展提供了有利条件。该时期大学社会服务的发展主要表现在：

（一）社会服务相继写入大学之规章制度

国立东南大学将社会服务明确写入自己的组织大纲中，为该校社会服务的顺利开展起到了良好的保障作用。在社会服务实践进一步发展的基础上，1926 年东南大学对 1921 年的大纲进行修正，修正大纲第二条规定“本大学以研究学术、发扬文化、培养通才，以应社会需要为宗旨”，明确将大学社会服务写入自己的办学宗旨。第七条规定“本大学为推广教育起见，得设暑期学校及各种专修科”①。东南大学的做法起到了良好的示范作用，其他一些大学也纷纷在自己的组织大纲中对社会服务进行明确的规定。著名爱国华侨陈嘉庚先生热心祖国教育事业，在其领导下厦门大学得以成立。厦门大学在成立伊始就明确了自己面向社会办学的宗旨，1921 年 3 月颁布的《厦门大学大纲》规定：“本大学以研究学术、培植人才并指导社会为目的”②，将服务社会与教学、科研两大职能并列提出。此外，该大纲还对面向社会招收特别生事项进行了相应规定。1922 年颁布的《国立北京高等师范学校组织大纲》有关行政组织的规定在总务处下分设介绍、出版等不同部门，其中介绍部门负责社会服务、

---

① 东南大学高等教育研究所：《郭秉文与东南大学》，东南大学出版社 2011 年版，第 274—275 页。

② 潘懋元、刘海峰：《中国近代教育史资料汇编 · 高等教育》，上海教育出版社 2007 年版，第 455 页。

社会调查等事项，学生自治及社会服务指导委员会是校长下属的九大委员会之一。[①] 杭州大学的章程则对大学社会服务进行了更为详细的说明和界定，特别突出了大学立足地方、面向地方、服务地方的特色。1923 年的章程规定："本大学以（1）发展高深学术；（2）养成对于国家及本省服务之人才；（3）整理及研究本国固有之文化及自然界之事物；（4）利用本省自然界之事物，发展本省之资源为宗旨"[②]，该章程的规定与威斯康星大学把州的边界视为大学边界的服务精神可谓如出一辙。众多高校纷纷把社会服务写入自己办学章程的微观实践推动政府宏观决策的制定和颁行。1924 年公布的《国立大学校条例》要求大学设立专修科和推广部。国家层面对于大学社会服务的政策确认虽然比较晚，但是这一规定无疑为后来大学社会服务的开展提供了重要的政策保障。

（二）本土化发展趋向为近代中国大学社会服务的发展提供持续动力源

早期教会大学基本上完全借鉴母国的高等教育体制，教材、教师也以外国为主，办学经费也来自域外。中国本土生长的私立和公立大学中的外力因素同样明显，尽管这两类大学均由中国人创办，但是很多创办人或者主校者都具有外国游学经历，他们有意或者无意地按照自己所熟悉的外国高等教育模式来经营本国大学，蔡元培主持下的北京大学、郭秉文主持下的东南大学莫不如此。然而，近代中国大学毕竟是立足在近代与中国这一时间、空间的场域中。对于外国模式的借鉴在短期内可能显示不出弊病，但是时间长了就会出现水土不服的问题。于是在 20 世纪二三十年代，大学本土化的呼声日益高涨。

本土化就是要面向中国本土、服务中国本土。从这一层面来说，一所大学社会服务发展的程度是跟这所大学本土化的程度成正比的。近代中国公立和私立大学的发展含有太多教育救国的色彩，怀着这种急迫的心情，它们总想取法其上，期望这种完全日本化、欧美化的大学能够救亡图存。然而，欲速则不达。本土化之前的公立和私立大学，虽然也进行了一定的社会服务。但是这种社会服务显然还没有与社会形成合力。

① 张国有：《大学章程》（第 1 卷），北京大学出版社 2011 年版，第 78—82 页。

② 《杭州大学章程》，《北京大学日刊》1923 年第 1197 期。

在这种情况下所进行的社会服务大多是单打独斗，人们提供服务的热情时冷时热，这样势必造成社会服务之花的日益凋零。清华学生对此颇有感触，“清华自有历史以来素以社会服务自矜，在北京的学校（或者可以说全中国）中，关于社会服务的团体，由学生组织的谁也不及清华……但是这些组织到了现在只剩了平民图书室、补习学校、平民夜学三个了，而平民夜学还是风中残烛”①。作者认为造成学生服务组织日益衰败的原因是缺乏统一组织。其实，这只是问题的表面，当时清华大学与中国社会实际脱离的西化办学模式才是最为根本的原因。后来梅贻琦主掌清华，进行一系列的本土化努力，清华的社会服务才走上一个持续、健康的发展轨道。1924 年，素以学风淳朴而著称的南开竟然发生了轮回教育事件。在轮回教育刺激下，张伯苓开始探寻南开的中国发展之路，这才有了后来南开发挥自己优势、密切结合现实社会、走与其他学校不同的本土化办学之路。在这种本土化的实践中，南开的社会服务事业可谓别开生面，才有了后来以突出应用为特色的一系列研究、推广和服务机构的成立。

本土化的努力为近代中国大学社会服务的开展提供了源头活水。只有在本土化精神的激励和促使之下，近代中国大学社会服务才结束以前一盘散沙的局面，步入到制度化、规范化发展的轨道上来。本土化之后的教会大学，世俗色彩更为浓厚，逐渐改变以前形式、主体单一的社会服务模式，同政府、高校、民间组织协作共同进行较大规模的、形式更为多样、内容更为丰富的社会服务活动。同时，政府对教会大学提供的资助也有助于教会大学进行社会服务活动。本土化之后的国立和私立大学也不再死守以前僵化的西方教条，而是结合自身实际走与社会紧密结合的道路。本土化之后的公私立大学在社会服务上显得更为大气磅礴，1923 年，东南大学农科在江苏教育实业联合会的资助下对江苏农业进行较大规模的改良，涉及棉花研究与推广，良种实验与传播，水稻、小麦改进以及果树品种改良等。这种大规模的社会服务在以前是不可想象的；本土化之后的大学在社会服务上显得更为敏锐。不但服务社会，而且还引导社会的发展。1924 年，东南大学农科桑蚕系开办女子缫丝传习所，

① 吴聪：《组织清华学生社会服务团》，《清华周刊》1927 年第 270 期。

用于培训新式缫丝工作人员。[①] 由是观之，本土化发展为近代中国大学社会服务开创了崭新的局面，近代中国大学的社会服务只有在本土化的轨道上才能安全、快速、健康行驶。

（三）服务区域进一步扩大

早期大学的社会服务主要是学生根据自己的课外作业而开展，这就是注定社会服务的区域主要限于学校周边或者学生家庭周边。受到五四精神激扬的青年学生，广泛走入民间。例如北京大学平民教育讲演团的活动范围就从北京城区不断扩大至周边的农村。在这一时期内，乡村建设运动轰轰烈烈开展起来。近代中国大学是乡村建设的重要参与者，一些师生利用假期等时间积极投入到乡村建设运动中去，这在一定程度上扩展了近代中国大学社会服务的区域范围。受到抗日战争的影响，从1937年开始我国大学开始大规模地内迁，对于正常的办学秩序造成一定的波动。然而，正是在内迁的过程中，近代中国大学将社会服务活动扩大到了中西部地区，这不仅直接造福了当地百姓，而且进一步扩大近代中国大学社会服务的区域及其影响。浙江大学西迁过程中，结合地方需要在贵州等地进行了大量社会服务活动，受到当地百姓的普遍赞扬，甚至学校回迁时，当地百姓排筵送行。

① 《东南大学农科开班女子缫丝传习所》，《中外经济周刊》1924年第92期。

第三章

近代中国大学社会服务思想考察：以大学校长为例

在近代中国大学社会服务孕育滋长的过程中，有一个群体的作用是不能忽视的，这个群体就是近代中国大学校长群体。“在半个多世纪的中国近代大学教育的发展过程中，有一批筚路蓝缕、披荆斩棘的校长，他们呕心沥血、殚精竭虑，为中国现代大学的奠基与成长做出了不可磨灭的贡献，他们和他们所辛苦经营的著名大学成为高等教育史上一块块丰碑，至今被人们怀念、敬仰。”① 乱世出英雄，在多灾多难环境中成长起来的近代中国大学是校长们的试金石，它成就了一批人，如蔡元培、梅贻琦、张伯苓等，它也淘汰了一批人。翻看一部近代中国高等教育史，大凡著名的校长普遍持有教育救国的情怀。为了实现这种理想抱负，他们不断对近代中国大学进行全方位的调适，职能调适是重要内容。近代中国大学社会服务的出现和发展便是调适的结果之一。本章对于近代中国大学社会服务的思想考察主要围绕大学校长群体展开。对于近代中国大学校长群体的研究已经引起学界的注意，研究水平已达到相当高度。然而，对于近代大学校长社会服务办学思想的研究还少有人问津。本章所要解决的问题是近代大学校长为什么提出大学要致力于社会服务事业？近代大学校长社会服务思想的内容是什么？

---

① 程斯辉：《中国近代大学校长研究》，博士学位论文，华中师范大学，2007 年，第 1 页。

第一节 大学校长眼中的近代社会与教育

大学为什么要服务社会？人们对于这一问题的解答在不同历史时期、不同地域的环境中是不同的。身为一校负责人的大学校长，是沟通宏观社会和微观大学之间的桥梁与纽带。他们对于这一问题的解答既具有宏观的指导性，又具有微观的现实性与可操作性，他们无疑是这一问题最好的解答者。近代中国大学校长之所以主张大学社会服务并且致力于此种实践活动，首先自然是改造问题重重的现实社会的客观需要。同时，校长们致力于此种服务活动，也是克服已有教育与中国现实国情脱节的需要。

一 问题深重的社会现实

中国近代大学是中西文化交流的产物，是中国在近代历史条件下产生的特殊事物。也就是说，中国近代大学既不是简单地从西方引进，照搬照抄移植西方而成，也不是中国传统大学教育的逻辑延伸。归根结底，中国近代大学的产生与发展始终没有放弃对中国问题的观照以及大学教育本土化的探索。因此，对中国近代社会的认知就成为教育思想形成的主要前提。近代大学校长眼中的现实是怎样的？本节重点探讨这个问题。大学校长具有一般知识分子的情怀。他们胸怀家国天下、关心时政，总是把自己的命运同民众的命运联系在一起。大学校长又不是一般的知识分子，他们可以把自己的理想抱负融入自己的办学实践中，去打造自己理想的人才，即按照自己的模式去服务社会、改造社会。近代中国大学校长成长、活动于民族创巨痛深的时代背景之下。他们眼中的近代中国社会问题重重、满目疮痍。这主要表现在主权沦丧、科学不昌、社会腐败等诸多方面。

（一）主权沦丧

从1840年鸦片战争开始，中国一步步进入主权沦丧的恶性循环。无论是晚清政府，还是北洋政府，抑或是国民政府都没有有效遏制主权沦丧的颓势。近代中国成为列强势力博弈的利益场和瓜分对象。大学校长们见证了近代中国主权沦丧的耻辱。南开校长张伯苓先生早年在北洋水师服役，短短的服役生涯而留下的主权沦丧之耻让先生终生难忘。甲午一战，北洋水师全军覆没，日本趁机占领威海卫。随着英国在华势力的增长，其向清政府提出租借威海卫的要求。日本尚不能与英国相抗衡，清政府也无力拒绝英国的要求。于是，清政府先从日本那里收回威海卫，然后再租借给英国。在接收仪式上，先将日本国旗降下，然后升起大清国旗，继而用英国国旗代替大清国旗。身在海军服役的张伯苓目睹了这一接收场面。"目睹国帜三易，悲愤填胸，深受刺激。"① 经此事变，张伯苓对于帝国主义的侵华野心认识更为深刻，对于帝国主义的动向更为关注。1931 年，日本发动九一八事变。事变之后，有些人陷入恐慌之中。张伯苓对此反应却比较平淡，就其多年对于日本动向之注意，认为类似事变的发生只是时间问题而已。

与张伯苓相比，北京大学校长蔡元培走过了一条极为成功的科举之路，中秀才、得举人、成进士。蔡元培年仅 28 岁便拥有翰林院编修的殊荣，对于传统士子而言是莫大的荣光。然而，第二年清政府就在甲午一战中大败。强烈的历史使命感促使蔡元培上书朝廷，希望晚清政府不要与日本求和，不要对日赔款，不要割让祖国土地。但是，知识分子的远见卓识并没有受到清政府的重视，清政府仍然与日本签订丧权辱国的《马关条约》。消息传来，蔡元培不禁"痛哭流涕长太息"②。《马关条约》的签订并不是主权沦丧的完结，《辛丑条约》等不平等条约接踵而至，特别是《辛丑条约》的签订意味着近代中国完全陷入半殖民地半封建社会的深渊。蔡元培对此痛心疾首，认为列强对于中国的欺侮达到无以复加的程度，而中国国民更是遭受"极度痛苦"③。1917 年初，蔡元培开始执掌北大。一入北大，蔡元培就号召北大学子不要仅仅计较于个人利益得失而忘记了主权沦丧之痛。据顾颉刚回忆，蔡元培"到校不久，就向全校发表演说，倡导教育救国论，号召学生们踏踏实实地研究学问，不要追求当官"④。

---

① 王文俊等：《张伯苓教育言论选集》，南开大学出版社 1984 年版，第 243 页。

② 高平叔：《蔡元培年谱长编》（上），人民教育出版社 1996 年版，第 77 页。

③ 黄炎培：《八十年来》，文史资料出版社 1982 年版，第 33 页。

④ 蔡建国：《蔡元培先生纪念集》，中华书局 1984 年版，第 178 页。

具有“担任教会大学校长的第一位中国人”[①] 美誉的金陵大学校长陈裕光对于民族、国家主权的沦丧痛苦不已。早在求学时代，为了排解自己的抑郁情绪，陈裕光将自己沉浸在盛唐的历史文化中，并将自己的号改为“景唐”，即景仰、羡慕盛唐的意思。没有强大祖国的支撑，华夏儿女在海外备受欺凌。陈裕光在美国留学时备受歧视，甚至连理发店的店员都拒绝为其理发，这一切的遭遇促使陈裕光发誓建造新邦，这对其以后的办学产生深远影响。早期的教会学校处于中国政府管辖之外，往往凭借不平等条约的特权而成为文化租界，国家的教育主权遭到严重剥夺。教育主权是国家主权的重要内容。陈裕光虽然在教会大学任职，但是面对主权惨遭瓜分的悲惨状况，他力主坚决维护国家主权完整。针对教会学校对于我国教育主权的侵略，他认为“在我国办学，理应尊重我国主权”[②]。因此，执掌金陵大学之后，陈裕光认为“立案之事，当刻不容缓”[③]，便首先向中国政府立案，为教会大学树立了良好的榜样。

主权的沦丧给中国百姓带来巨大的灾难，甚至一些外国籍的大学校长都对中国的遭遇表达了高度的关切之情。鉴于中国的山河破碎，日本帝国主义铁蹄的步步紧逼，燕京大学校长司徒雷登就积极参与揭露日军暴行的行动并且对于师生的爱国行为给予理解和支持。司徒雷登认为：“中国民族主义精神的觉醒是一种不可抗拒的潮流，西方势力……不可能用强硬的方式阻挡或改变这种潮流。”[④] 司徒雷登根据自身掌握的信息认为，日本必然会跟随德国的步伐，加快在中国的侵略行动。果然正如其所料，日本在东北紧锣密鼓策划侵略行动，领土日益沦丧。东北领土的不断丧失激起爱国学生的强烈不满。学生纷纷举行示威游行，要求坚决抵抗日本的侵略行动。司徒雷登也加入到游行的队伍当中。他和吴雷川

---

① 王运来：《诚真勤仁　光裕金陵——金陵大学校长陈裕光》，山东教育出版社 2004 年版，第 105 页。

② 陈裕光：《回忆金陵大学》，《高教研究与探索》1987 年第 2 期。

③ 《南大百年实录》编辑组：《南大百年实录——金陵大学史料选》，南京大学出版社 2002 年版，第 50 页。

④ 田正平、刘保兄：《消极应对与主动调适——圣约翰大学与燕京大学发展方针之比较》，《高等教育研究》2006 年第 4 期。

等率领近700名学生在学校附近举行了游行示威，以表示燕大的爱国抗敌之心。[①] 侵占东北之后，日本企图谋划华北自治。青年学生发动“一二·九”运动，反对华北自治，要求抗日救国。司徒雷登鼓励燕京学生参与运动，挽救民族危亡。他说：“在此严重国难时期，学生苟不谋尽其责任，则救国自少希望。”[②] 在司徒雷登校长看来，近代中国主权沦丧的现实要求学生必须担负救国的责任。

不管是教会大学、私立大学还是公立大学的校长，只要在中国办学就必须面对近代中国山河碎裂的现实。近代大学校长大多具有强烈的民族情结，其爱国之情较之普通百姓更为炽烈。近代中国大学校长群体之所以能够区别于普通的知识分子，就在于他们更能敏锐察觉民族之痛，他们集智慧和痛苦于一身，从而使他们对于国家主权的沦丧更为敏感和反应强烈。皮之不存，毛将焉附？如果没有一个稳定的政治环境，高等教育的发展是非常困难的。于是，他们将这种强烈的爱国之情融入他们艰难的办学实践当中。

（二）科学不昌

造成国家主权沦丧的原因是多方面的。近代中国科学不昌无疑是一个非常重要的原因。1898年，有文章称：“只有当年轻的一代接受了适当的训练之后，才能避免重蹈世代沿袭下来的那些老毛病，这些新中国的国民将会以自然的眼光看待问题，从而得以彻底摆脱所有虚幻的假象，如‘风水’、龙、凤凰等等。”[③] 在作者看来，中国人由于没有科学作为武器，看待问题的方式都是非自然的，“虚幻的假象”说明中国科技之落后。正是因为中国科技的落后，所以自民国肇基以来特别是五四爱国运动以来，科学同民主一样也成为时代的主题。近代中国大学校长大都具有较为长期的国外留学经历，即使那些没有国外留学经历的人，通过出外访问和考察等途径，对于国外科技进步状况也较为熟悉。大学校长们大多比较开明，乐意接受西方新知。因此，校长们对于西方“赛先生”

---

① 陈远：《燕京大学》，浙江人民出版社2013年版，第184页。

② 同上书，第186页。

③ Lim Boon Keng, “The Renovation of Chinese”, *Straits Chinese Magazine*, Vol. 2, No. 7, 1898. 转引自严春宝《大学校长林文庆：一生真伪有谁知》，福建教育出版社2010年版，第205页。

之发达多有体认。西方科学事业的蓬勃发展，更加让近代大学校长们哀叹我国科学事业之不振。他们普遍认为，要实现中华民族的复兴，必须大力发展科学。

早年出身科举仕途、后来担任南洋大学校长的唐文治先生通过不断接触西方科学知识和国外的考察游历，充分认识到科学在国家富强、民族振兴中的作用，为近代中国科学事业落后的状况而深深担忧。清政府曾以官职为诱饵鼓励国人学习科学。在唐文治看来这只是“权宜之计”，不能真正促进科学事业的发展。要谋科学事业之发达，必须废弃科举。科举废弃以后，一定程度上扫清了发展科学的障碍，必须大力发展科学。唐文治认为，中国传统教育的内容不注重对于实物的考察而流于空疏，即使学习者能够有所成就，也难以真正发生致用之效。1932 年，唐文治在文章中指出“二十世纪以来，吾国鲜有发明彝器技能”，殷切希望“诸生勤究物之质”①。这对于在传统伦理之学熏陶出来的唐文治而言，是难能可贵的。唐文治认为必须改变中国传统不注重科学的积习，注重实物的探究。为此，他提出“科学之宜重而专，程度之宜高而深”② 的思想主张。

近代中国著名教育家，复旦大学、震旦大学重要创始人马相伯先生对于近代中国科学不昌的状况亦深有感悟，极力主张发展科学事业。马相伯高瞻远瞩，充分认识到科学发展的世界大势以及中国由于科学落后而造成的被动挨打局面。马相伯认为，20 世纪是科学飞速发展的世纪，任何一个民族要在科学的世纪谋发展，必须充分发挥科学的作用。他说：“立国于 20 世纪科学之世界，必赖科学发达，始足以自存。中国今日之危亡，实根因于科学之落后。”③ 因此，马相伯将科学作为救国的重要基础。面对政府的腐败与无能，好多仁人志士都选择革命救国的道路。马相伯则认为：“欲革命救国，必自研究近代科学始”④，将科学作为革命的重要基础。马相伯先生曾经谆谆教导其弟子，科学在救国中扮演重要作用。中国是一个以农业为主的社会，统治者采取重农抑商的政策。在由

---

① 刘露茜：《唐文治教育文选》，西安交通大学出版社 1995 年版，第 243 页。

② 同上书，第 363 页。

③ 朱维铮：《马相伯集》，复旦大学出版社 1996 年版，第 912 页。

④ 宗有恒：《马相伯与复旦大学》，山西教育出版社 1996 年版，第 232 页。

传统向近代社会转型的过程中，先进人士通常大力提倡发展工与商，而对于农业发展在一定程度上有所忽视。马相伯则对近代中国农业的发展给予高度重视。他认为近代中国农业落后的原因在于不讲究农法，即农业科学技术。为此，他主张创立报刊，普及宣传农业科技知识，同时大力培养农业科技人才。① 正是认识到科学的重要性以及近代中国科学不发达的现状，马相伯在其办学生涯中，不断教导其学生注重实学、讲究科学，将发展与弘扬科学作为其办学的重要指导思想和任务。

作为近代中国的启蒙思想家，北大首任校长严复在大量接触中西文化的过程中，深刻体会到我国科学的落后。在他看来，科学事业通过两种方法得以形成，一是归纳法，二是演绎法。中国传统历来讲究演绎，很少使用归纳法，这直接造成我国学术的落后和国民的愚弱与贫穷。针对传统的这种缺点，严复大力强调归纳法，积极鼓励人们从事实地调查工作，大力学习西方的科学技术。他说："中国所本无者，西学也，则西学为当务之急明矣。"② 他认为必须克服传统道上器下的弊端，努力发展科技。同为北京大学校长的蔡元培，早年研习科举之学，后期游历欧美讲究西学，尤其注重对于西方科学方法与科学精神的探究。蔡元培认为我国虽然历来讲究道德伦理之学，但是却缺少用科学的方法与精神来审视传统之学。物质科学与西方国家更是不能比拟。蔡元培认为："我族哲学思想，良不后人，而对于科学，则不能不自认为落伍者……且不但物质科学而已，即精神科学……在西人已全用科学的方法，而我族犹囿于内省及悬想之旧习，科学幼稚，无可讳言。"③ 在蔡元培看来科学之不讲是中国积贫积弱的重要原因，中西之间的差距在于科学。他说："今中国之积弱十倍于日、美，而科学之不发达，较昔日之日、美尤甚。"④ 中西科学发展之间的差距如此巨大，中国必须迎头赶上，方能摆脱挨打、被奴役的命运。科学事业包罗万象，要发展科学事业究竟该从何入手呢？对此蔡元培给出的答案是首先提倡和发展自然科学。他说："自然科学为

---

① 黄书光：《国家之光　人类之瑞——复旦公学校长马相伯》，山东教育出版社2004年版，第51页。

② 陈学恂：《中国近代教育文选》，人民教育出版社1983年版，第222页。

③ 高平叔：《蔡元培教育论著选》，人民教育出版社1991年版，第528页。

④ 中国蔡元培研究会：《蔡元培全集》（第3卷），浙江教育出版社1997年版，第314页。

我国所最缺乏，亦最所需要，亟宜提倡。”① 蔡元培认识到近代中国科学之落后，不但在于具体的技术，更在于科学方法、精神的讲究与否，其思想主张即使在今天看来仍然具有重要的指导意义。

国立四川大学校长任鸿隽是近代中国科学事业的重要奠基人，毕生致力于科学的宣传与推广，其对近代中国科学事业的落后状况感触颇深。早年致力于革命救国并且在辛亥起义之后担任政府要职的任鸿隽于1912年底赴美留学。正是在这一时期，其思想逐渐由革命救国转向科学救国。在美国的所见所闻，特别是美国发达的科学事业，给任鸿隽留下深刻的印象。在对比中西社会的不同状况之后，任鸿隽得出“西方学术乃至西方文化之所以异于东方者，一言以蔽之，西方有科学，东方无科学”② 的论断。缺乏科学必然造成中国“数千年宝为国粹之经术道德，亦陵夷覆败，荡然若无。民生苟偷，精神形质上皆失其自立之计”③。在任鸿隽看来，我国科学落后的原因在于不讲究科学方法。“要之，科学之本质不在物质，而在方法。”因此，中国向西方学习不能仅仅停留在西方发达的物质上，必须注意学习西方的科学方法。“诚得其方法，则所见之事实无非科学者，不然，虽尽贩他人之所有，亦所谓邯郸学步，终身为人厮隶，安能有独立进步之日耶，笃学之士可以知所从事矣。”④ 因此，在他看来若要振兴国家落后的科学事业，必先建立一个真正的学界。因为，中国历来的学人往往是为了“利”或者“仕”而学，并不是真正的为“学”而学。

广西大学创立者、曾经三次担任该校校长的马君武认为，鸦片战争以来的中国历史是一部主权沦丧、国民惨遭屠戮的屈辱的血泪史。落后就要挨打，中西国力之间的差距是由于科学之间的差异所造成的。科学使西方摆脱了早先的落后、野蛮状态，迅速实现国家的机械化和工业化，达到国富民强的目的。中国在漫长的封建社会中生产力发展缓慢。“今日之中国与二三千年前之中国比较，点滴相肖，无所别异。器械则犹粗赢也。”⑤ 要实现中国的富强，必须大力发展科学。要发展科学则必须扫除

① 中国蔡元培研究会：《蔡元培全集》（第5卷），浙江教育出版社，1997年版，第43页。
② 樊洪业、张久春：《任鸿隽文存》，上海科技教育出版社2002年版，第682页。
③ 同上书，第18页。
④ 任鸿隽：《说中国无科学之原因》，《科学》1915年第1期。
⑤ 曾德珪：《马君武文选》，广西师范大学出版社2000年版，第183页。

阻碍科学事业发展的思想文化樊篱，培养适合科学发展的社会土壤。抗日战争爆发之后，马君武强调武器装备在抗日战争中的作用，然而，中国科技的落后造成武器装备的落后。他说："自从欧战以后，大炮、飞机、毒气等等已成了民族生存的要素，所以我们要反抗日本，便要努力使科学进步。"① 因此，马君武鼓励西大学子要力学救国。

九一八事变爆发之后，日本帝国主义的铁蹄步步侵入华夏大地。由于种种原因，中国在对日作战中屡屡失利。清华校长梅贻琦认为中国之所以在抗战中失利，主要是因为中国科学的落后。他说："近来提倡科学运动的日多，实因我国对日作战，非忠勇之气不能过人，徒以科学逊色，武器不及，为未能克敌制胜之主因。"② 梅贻琦校长进而认为必须加快中国科学事业的发展，同时强调在当时的历史条件下，必须优先发展实用科学，满足国防需要，来有效制止日本帝国主义侵略的步伐。因此，梅贻琦掌校之后，大力发展工科，添设机械工程、电机工程两系。通过不断的努力，在他出任校长的第二年，清华就成立了实力雄厚、规模较大的工学院，并最终发展成为拥有七个系的大院。为了壮大我国的航空力量，梅贻琦还对航空工程教育进行了卓有成效的探索，他主持设立航空馆、建立航天试验风洞，并积极开设与航空有关的系列讲座。

南开大学校长张伯苓是私立高等教育的拓荒者，通过不断的出国考察等方式，张伯苓深刻认识到国外科学之发达，我国科学事业之落后。在张伯苓看来，我国同西方国家的差距，首先在于物质文明。要发达物质文明，则必须发展科技事业，通过科学来改善人们的日常生活，使人们看到科学的力量，从而扫除传统迷信思想对于人们的束缚。在民族危难之时，张伯苓看到科学事业对于维护国家主权完整的重要性。没有强大的科学力量作为后盾，国家的军事力量无从发达，也就难免遭受被欺凌的命运。张伯苓更加看重科学精神的养成，这种精神最为中国人所缺乏，因为中国人向来不注重观察和实验。他说："科学精神，不重玄想而重观察，不重讲解而重实验。"③ 张伯苓深深担忧祖国科学事业的落后，

① 马君武：《十一月二日马校长君武在纪念周的报告》，《广西大学周刊》1931年第4期。

② 刘述礼、黄延复：《梅贻琦教育论著选》，人民教育出版社1993年版，第30页。

③ 高伟强：《民国著名大学校长》，湖北人民出版社2007年版，第270页。

提出要振兴科学事业，必须大力发展教育。通过教育事业的发达来灌输科学精神，逐渐带动科学事业的发达。这样的教育必须是崇实的教育，注重学习西方的物质科学，还要学习西方的科学方法、社会科学、组织科学，等等。①

为私立厦门大学发展做出突出贡献的林文庆校长将发达我国科学事业视为办学的重要目标。林文庆早年就读英国爱丁堡、剑桥等世界名校，对于西方科技的发达自然感同身受。同西方成熟的科学事业比较起来，我国的科学尚处于刚刚起步的阶段。厦门大学必须担负起发达祖国科学事业的重任。林文庆说道："我国科学之知识尚属幼稚，故本校之目的，在设一极有精神之科学研究机关，此数年中，拟以全副精神注重于科学院之建筑与设备。"② 林文庆早年接受西式教育，但是其对儒家文化亦有精深研究。中西两种文化的熏陶使他对于发展科学的重要性较之普通人更有深刻的见解。他将发展科学视为推动文化发展的动力。他说："中国文化不进的重要缘故是科学不发达，我们要想使中国与欧美各国并驾齐驱，则非从科学上下手不可……希望我们学科学的人，格外努力，庶几国家才会强盛，文化才得发达。"③

在西方资本主义国家科学事业发展一飞冲天的时候，中国仍旧在传统的发展道路上徘徊，中国在科技方面逐渐落伍。中国对西方真正的感知源于以坚船利炮为代表的科学技术。由技术而精神，国人对于科技的认识水平越来越高。尽管如此，由于传统积习的束缚，国人对于科学的认识水平总体而言是非常低的，在民国建立之后，"大多数中国人甚至不知道科学为何物"④。近代中国大学校长大多集新知、旧学于一身。"近代大学校长群体中的杰出代表，一般是中西文化兼容型的校长。"⑤ "绝大多数大学校长都在国内接受过系统的高等教育"，少数没有接受过国内系统高等教育的大学校长要么"接受清末私塾教育，并通过了科举考试"，要

---

① 王文俊等：《张伯苓教育言论选集》，南开大学出版社 1984 年版，第 92 页。

② 严春宝：《一生真伪有谁知 大学校长林文庆》，福建教育出版社 2010 年版，第 115 页。

③ 林文庆：《科学在现代文化上的地位》，《厦大周刊》第 327 期。

④ 周培源：《六十年来的中国科学》，载中国社会科学院近代史研究所《纪念五四运动六十周年学术讨论会论文集》，中国社会科学出版社 1980 年版，第 49 页。

⑤ 程斯辉：《中国近代大学校长研究》，博士学位论文，华中师范大学，2007 年，第 62 页。

么“早年就到国外留学”[①]。中西兼备的教育经历，使校长们能够更好地认识到西方科学之蓬勃，与祖国科学之萎靡不振，从而更加激励他们发展科学事业。尽管对于科学发展的一些具体主张有所不同，近代中国大学校长都非常强调科学的重要性并且大力倡导发展我国的科学事业。改变中国落后的科学状况成为许多大学校长的办学目标。

（三）腐败成风

在封建社会晚期的明清时代，社会腐败现象已经很严重。民国建立以来，武夫割据、军阀林立，社会风气之坏更是达到难以想象的程度。在近代中国，吸毒、赌博、嫖妓等活动甚为猖獗，这些不健康的休闲娱乐活动，带来的是经济的贫穷、疾病的流行，加剧了近代中国社会的衰败。有人描绘当时中国的豪赌之风：“男主人在外豪赌，太太小姐仆佣则在家中小赌；商店里前店是营业所，后堂则是店员、伙计的赌场；学校教室是课堂，学生寝室便是赌场；机关办公室、部队的营房也沦为聚赌场所，公职人员和军队将士上班、执勤时间打牌赌钱的事屡见不鲜。”[②]真是男女老少齐上阵，赌博面前无贵贱。除了赌博之外，吸毒在当时的中国也是非常流行的，各地烟馆林立，人们整天忙于吞云吐雾。鸦片本为药用，但从明末清初之际开始，其逐渐成为国人的精神麻醉剂。鸦片的吸食不但造成白银的外流，身体的衰败，更重要的是对于国家和民族精神的摧残。在近代中国，虽然也曾掀起一些轰轰烈烈的禁烟运动，但是由于政府的腐败、地方的割据加之帝国主义的阴谋倾销，使得这些禁烟运动的成效甚微。吸毒之风仍然风行海内，以至“吸食鸦片为一般习俗，虽圣人出而不能救焉”[③]。在历来崇尚圣人的国度，竟能有此惊人之语，足见国人“中毒”之深。除了吸毒、赌博等不良娱乐休闲活动之外，其他类似嫖娼等不健康的消闲娱乐活动亦十分流行。“中国不论哪方面的事业，都是比较西欧先进各国贫乏与落后的。但惟有一样，却是欧洲与亚洲许多国家所不能及的，那就是娼妓之多，冠于世界。”[④] 针对国民政

---

① 饶正慧：《民国时期著名大学校长领导力研究》，博士学位论文，西南大学，2013 年，第 121—123 页。

② 刘志琴、涂文学：《赌博纵横》，民主与建设出版社 1997 年版，第 108 页。

③ 刘志琴：《烟毒兴灭》，民主与建设出版社 1997 年版，第 47 页。

④ 碧茵：《娼妓问题之检讨》，《东方杂志》1935 年第 17 期。

府的腐败情况，复旦大学校长李登辉沉重地写道："世风较前更下，人心较前更险，国民道德普遍低落，上下交征以利，寡廉鲜耻，莫此为甚。"①

不仅仅是李登辉校长，活动于此种背景之下的其他近代中国大学校长对于社会的腐败也深有感触。作为高级知识分子，大学校长往往具有较强的社会洞察力，对于社会政治、经济、教育等方面的腐败认识较之常人更为深刻。南开大学校长张伯苓曾经指出："社会腐败之现状，每况愈下，流连忘返者，比比皆是。"在张伯苓看来，近代中国社会的腐败已经渗透到社会的各个阶层。文化水平较低的中下阶层是腐败，文化水平较高的上流社会腐败同样严重。与此种腐败相伴随的便是一些不良的社会习气，诸如上文提到的嫖娼、赌博、吸毒等。对于这些腐败的社会风气，张伯苓多有批评。张伯苓痛切指出当时弥漫在社会上的嫖赌之风，"实事之增加者，社会中之嫖赌是也。即以赌言，打牌者，昔时南方仅有之，渐至北方，今则全国上下不谋而合。中人以上之家，无不备之，而更妓馆花酒所在皆是"②。针对社会赌风之盛，张伯苓曾经发表演讲，告诫假期归家学子切勿随波逐流，染指赌博。他说："近日世风不竞，邪僻是尚，至于赌博，尤奉为时髦。故临诸生之行，吾不能无言以戒。"③ 张伯苓曾经效力晚清水师，继而投身教育界，与社会上层人士多有接触，对于上层社会的腐败颇有认识。张伯苓不禁痛心地指出："国家所恃者，非下等，上等又腐败，而欲国之不亡乎？"④ 正是由于深刻认识到国家腐败的危局，张伯苓在其办学实践中，时刻提醒和要求学生不能与腐败之风同流合污。为了尽量克服不良世风给学生带来的影响，张伯苓在南开大学制定了严格的规章制度，尽量使学生远离这些不良的社会风气。"鉴于民族精神颓废，个人习惯不良，欲力矫此弊，乃将饮酒、赌博、冶游、吸烟、早婚等事，悬为厉禁。犯者退学，绝不宽假。"⑤ 张伯苓以身作则，亲自弄断烟杆来教育学生不能吸烟，希望南开学子养成良好的生活习惯，不断修炼自己的修为，健全自身人格，即使将来走到社会上去也敢于同

---

① 钱益民：《李登辉传》，复旦大学出版社 2005 年版，第 323 页。

② 王文俊等：《张伯苓教育言论选集》，南开大学出版社 1984 年版，第 1 页。

③ 同上书，第 6 页。

④ 同上书，第 2 页。

⑤ 高伟强：《民国著名大学校长》，湖北人民出版社 2007 年版，第 272 页。

不良的社会风气做斗争。

近代著名启蒙思想家、民国之后北京大学首任校长严复对于中国腐败的情况有过细致入微的解读。政治上的专制流毒、经济上的利权外落、军事上的节节溃败、教育上的因循守旧……这些都成为严复抨击的对象。社会是如此的腐败，作为社会一分子的大学自然亦不能幸免。大学腐败的状况通过北京大学就可见一斑。从清末京师大学堂演变而来的北京大学的腐败现象亦非常严重。在蔡元培改制以前，北大“是一座封建思想、官僚习气十分浓厚的学府，一些有钱的学生，带听差、打麻将、吃花酒、捧名角”①。针对此种腐败现象，当蔡元培决定接受校长一职时，许多友人都劝他三思而后行。认为“北大腐败，恐整顿不了”。蔡元培依然不为所动，慨然接受校长之职。蔡元培认为北大之所以腐败，是因为“讲堂以外，又没有高尚的娱乐与自动的组织，遂不得不于学校以外，竞为不正当的消遣。这就是腐败的总因”②。个人是社会的细胞，社会腐败的根源在个人。针对“北京空气尤为污秽，时时谤人于不觉”③ 的状况，蔡元培在北大成立进德会，大力提倡进德运动。社会腐败尽管已经侵蚀到圣洁的象牙之塔，蔡元培还是希望大学师生从自身做起，与社会浊流做斗争，进而谋求改变整个社会的腐败状况。

内部的军阀混战，外部的强敌入侵，近代中国处于乱世之时。浙江大学校长竺可桢认为：“在此乱世，道德日益堕落。”④ 在他看来，专制的统治使民主遭到践踏，法治成为虚无。官场的腐败更是达到惊人的程度，老百姓越来越穷，而官员则不断巧取豪夺。正因如此，“竺可桢将大学视为社会的中流砥柱，要大学师生充当社会的良心，承担起这种社会责任……达到改良民族、转移风气之功效”⑤。复旦公学校长马相伯以形象的比喻来说明近代中国的腐败危机。他把腐败的中国比喻为“诺亚之

---

① 许德珩：《回忆蔡元培先生》，转引自陆茂清《蔡元培在北大筹建“进德会”》，《传承》2010 年第 25 期。

② 高平叔：《蔡元培教育论著选》，人民教育出版社 1991 年版，第 709 页。

③ 《进德会启示 · 欢迎新同学入会》，《北京大学日刊》1918 年 9 月 25 日。

④ 《竺可桢日记》，人民出版社 1984 年版，第 837 页。

⑤ 张彬：《倡言求是 培育英才——浙江大学校长竺可桢》，山东教育出版社 2003 年版，第 181 页。

舟”，该舟“所经线路，礁石棋布，全舟生死，间不容发”，在此种危机之下的国人却是“非酣睡则自顾，非自顾则痫跃。其有一二知其不可者，亦嘿嘿不发一言，束手以待毙”[①]。马相伯的这一比喻将近代中国社会的腐败、国人的麻木刻画得淋漓尽致。广西大学校长马君武则总结当时国民存在的八大弊端：（1）熏心利宦，不知廉耻；（2）肢体柔弱，不事锻炼；（3）轻贱妇人，妇女无社会责任，故缠妇人之足，以为玩物，又有溺女者；（4）惑风水卜益；（5）居处污秽，食物奇异（如燕窝、蛙、鼠之类）；（6）虚伪无信；（7）无高尚目的，无坚韧之毅力；（8）不知义务权利。[②] 马君武的这一概括真实反映了当时社会的污秽情况。

近代中国社会问题远不止上文所讨论的主权沦丧、科学不昌、腐败成风。对于近代中国社会的问题，南开大学校长张伯苓曾经有过较为完整的概括。在张伯苓看来，中华民族得了五种病症，即愚、弱、贫、散、私。愚是指人民保守、迷信，不尚科学。弱在微观上的表现就是个人体质较差，表现在宏观方面是民族之魂的缺失与精神的萎靡。贫是指由于经济不振而造成的人民生活水平极端低下，加之旧中国灾害连年、军阀混战，广大人民生活在水深火热之中。1929 年，张伯苓在爱丁堡与南开留英学生共餐时鼓励他们要“努力研究及教授讨论救穷之术，盖穷为中国现代最大病症之一”[③]。散是由于我们国家“人数太多，精神散漫，并且人人都有推诿的余地，全不负责任”[④]，缺乏组织纪律性。私就是“私心太重，只有个人、家族的观念，而没有团体和民族的观念”[⑤]。

近代中国社会在转型的过程中，充斥着中与西、新与旧、传统与现代之间的矛盾和冲突，在不同地区、不同历史阶段这种矛盾和冲突的表现是不一样的，充满了复杂性。在这混沌的复杂之中，近代中国大学校长挽救民族危亡、实现民族富强的决心和勇气是不变的。近代中国大学校长对于当时社会腐败状况的认识是较为深刻的。此种认识是近代中国

---

① 朱维铮：《马相伯集》，复旦大学出版社 1996 年版，第 74—75 页。

② 曾德珪：《马君武文选》，广西师范大学出版社 2000 年版，第 48 页。

③ 《校长旅英记事》，《南开双周》1929 年第 5 期。

④ 王文俊等：《张伯苓教育言论选集》，南开大学出版社 1984 年版，第 85 页。

⑤ 张伯苓：《要革除自私和自满的旧观念：11 月 26 日于中央航空学校》，《空军》1935 年第 158 期。

大学校长“教育救国”“科学救国”思想产生的催化剂。近代中国社会问题重重，校长们普遍致力于这些问题的解决。厦门大学创办人陈嘉庚说过：“专制之积弊未除，共和之制未建，国民教育未遍，地方事业未兴，这一切是我们国家贫穷落后的障碍。要把这四种障碍去掉，非得有大学的专门人才不可，必须办大学。”① 陈嘉庚的言论道出了近代中国大学校长的心声，他们就是想以大学来实现旧社会的改造，建设新社会。那么校长们理想的社会图景又是什么样的呢？简而言之，校长们理想的社会愿景是把中国建设成为一个独立、民主、科学、自由的国家。张伯苓致力于培养具有现代能力的人才，竺可桢倾尽全力培养能够转移国运的领袖人才……无不是这种决心和勇气的体现。近代中国大学校长在立足中国现实问题的同时，善于吸取西方的精华，充分发挥大学场域的辐射作用来逐渐谋求解决中国问题。在新与旧、传统与现代的冲突中，他们普遍选择趋新，同时又能尊重既有的文化传统。近代中国社会存在的重重问题是激励近代大学校长提出大学要服务和改造社会的宏观社会环境。近代中国大学校长就是要从此种种社会问题出发，充分发挥大学的作用来建造新邦。

二 隔膜、不畅的大学与社会关系

大学社会服务归根结底是要处理大学和社会之间的关系。大学如何在社会中立足、大学如何处理与社会的关系，对这一问题解答最有影响力的是著名高等教育家布鲁贝克。他认为大学在社会中的生存之道有认识论和政治论两种不同的方式。所谓认识论就是大学“以闲逸的好奇精神追求知识作为目的”，所谓政治论是指大学所探讨的“知识不仅出于闲逸的好奇，而且还因为它对国家有着深远影响”②。布鲁贝克的研究主要基于西方大学发展的历史而进行的。从大学与社会的关系来看，西方大学首先是远离社会，高踞于象牙之塔。此后，又逐渐走出象牙塔、融入社会之中，即西方大学大致经历由认识论到政治论的发展过程。但是，

---

① 金玫：《不可不知的中国名校》，中国水利水电出版社 2006 年版，第 198 页。

② ［美］约翰·S. 布鲁贝克：《高等教育哲学》，王承绪等译，浙江教育出版社 2002 年版，第 13—15 页。

近代中国大学的发展轨迹完全不同于西方大学，对近代中国大学与社会之间的关系显然不能简单进行认识论或者政治论的划分。近代中国大学发展的历程就是不断调适其与社会之间关系的历程，这种不断调适的背后说明近代中国大学与社会之间关系的隔膜与不畅。

（一）与实际生活隔离

挽救民族危亡的时代需求是近代中国大学产生的重要原因。在民族危机日益加深的背景之下，近代中国大学被赋予重大的使命。在这种急迫的心情驱使下，西方大学制度被纷纷介绍、移植到国内。在近代中国大学的发轫期，国人就试图引进和借鉴不同的大学模式。一国大学是一国历史与社会的产物。西方不同大学模式的存在就说明大学模式不是简简单单就可以模仿的。各国模式的确立无不是在借鉴与改造的基础上完成的。近代中国人认识到大学在西方社会发展过程中所发挥的重要作用，因而热衷于模式的引进，急切希望它们的大学在中国也能发挥这种作用。这种移植却犯了南橘北枳的错误，这种错误导致早期近代中国只得西方大学之形而失其神。这反映在近代中国大学与社会的关系上就是两者之间的隔膜。这种隔膜突出表现在近代中国大学早期发展所存在的食洋不化的问题上。若从更为宏观的教育视角进行探讨，在由传统教育向现代教育转型的初期同样存在类似的问题，往往“是把实业已经发达国家的教育制度，搬到中国来”。完全没有考虑教育生存的社会土壤，这样势必“造成了若干的高等游民，于国家社会毫无裨益”①。近代中国大学早期与社会之间的隔膜便是教育与社会之间隔膜的反映。有人曾经撰文指出：“我国有我国固有的文化，我们应当保存，现在中国的中学、大学所用的教本，大半是外国原本，教员也有用英语讲演的，学生也照英文练习，学会了两句，碰着人就以英语对话，以为这是很有荣耀的，这也未免有点说不过去哩。”②

对于早期教育与近代中国社会的隔膜，许多大学校长都表达了自己的观点。东南大学校长郭秉文早在哥伦比亚大学留学时就指出：“教育不为实际与日常生活而设，乃为官吏之养成。故父兄对其子弟之最高理想，

① 庄泽宣：《如何使新教育中国化》，民智书局1929年版，第1页。

② 李仲平：《教育的洋化》，《时代公论》1932年第24期。

即希其得入仕途以为荣。此种见解深入吾国之人心，往往轻视工业，以为有损于士子之价值。虽至今日，学校之毕业生仍以政府位置为报酬之具，法政学校招考，则人数拥挤，而工业学校则应者寥寥。"[①] 在郭秉文眼里，我们虽然引进了西方近代教育，这种教育却依然在传统教育阴霾的笼罩之下。在民族危难之际发端的新式教育，虽然最终是为了救亡图存，是为了改造中国。但是，很长时间以来，这种新式教育培养的人才却是脱离中国国情需要的。"吾国今日教育最后一重要问题，不可不特别注意者，曰教育有关系于受者之生活问题是也……吾国学校之课程，如近世科目若地理、法制等，皆已列入，但不能参合学生与社会生活之所需以为教材……盖学生之抛弃社会而求学于学校，毕业后既不能为农，又不能为工商，教育之本旨安在哉？"[②] 传统中国教育灌输的是子曰诗云，新式教育灌输的是声光化电。教育不振是近代中国衰败腐朽的重要原因，但是没有密切联系中国社会的教育更是中华民族的悲哀和不幸。贩卖古时或者西方的教育都不是中国真正需要的教育，这种教育造成学生跟社会之间的隔膜，最终导致学生无法真正服务于社会。在郭秉文看来，要改变中国教育与生活隔离的弊端，首先不能一味抄袭欧美的教材，必须组织人力编写适合本国国情的教材。郭秉文对于教材的选择是非常慎重的，其在南高师主持工作时，并不要求每门课程都有指定的教材，而是要求学生课外多多翻阅相关参考书，同时强调学生要认真做好课堂笔记。此种笔记"务须多记大意，少记词句；用理想力推阐所受，用判断力抉择要义，或互相讨论，以资比较，或自行补缀，以便记忆"[③]。此外，还必须改革教学方法，摆脱过去灌输、虚骄的作风，做些实用的功夫。郭秉文在执掌东南大学之时，在教学方法上时刻注意克服传统的机械的做法，强调对于学生的启发。"欲使学生之体魄、精神、道德、学术、才识各方面有相当之发达，固不可以抑制，亦不可以助长，惟宜启发学生之自动之机，使自向锁定之标准进行，以至于能自立而止"[④]。

---

① 郭秉文：《中国教育制度沿革史》，商务印书馆 1922 年版，第 147 页。

② 同上书，第 145—146 页。

③ 《南大百年实录》编写组：《南大百年实录》（上），南京大学出版社 2002 年版，第 47 页。

④ 同上书，第 55 页。

早期的南开大学教育也存在严重脱离社会生活实际的现象。在教学方式上表现为教师机械灌输现象非常严重，而且灌输的内容大都是国外的东西。这种灌输“把有希望的青年训练成一种转贩知识的被动的工具”①。在教材选用方面，南开所用的教材大多直接来自美国，或者是翻译而来，很少与中国实际国情相联系。这种教育模式势必造成学生与社会生活的隔膜。“现在的教育机构还用考试将学生置于消极的服从地位，用强制手段迫使学生把他们的精力用在背诵讲义内容和参考资料上。考试阻碍了学生对真正学问的探索，而真正的学问只存在于直接参与社会的经历中。”② 无独有偶，张伯苓也有类似的感触。他说：“吾国学生最大之缺点，即平日除获得书本上知识外，鲜谙社会真正情状。故一旦出校执业，常觉与社会隔阂，诸事棘手。欲免此种弊病，最宜使学生与社会接近。”③ 认识到学生与社会之间的隔膜问题的严重性之后，张伯苓采取措施克服此种弊病。为了鼓励学生多多接触社会，张伯苓倡导学生开展社会视察工作，进行实地的社会研究工作，以“谋学校生活与社会生活之联络”④。张伯苓之所以能够发现此种积弊，并且致力于消除这种积弊，是与其对教育和社会关系认识的深化相同步的，这从其出外考察教育的视野转换中就可以看出。早期的张伯苓出外考察教育是就教育论教育的下位视野，这种下位视野在以后的考察过程中逐渐被教育所以存在的社会、教育如何解决社会问题的上位视野所取代。1929 年，张伯苓自美考察归国后在一次欢迎宴会上说：“教育的考察以前是注意学校的组织、外形，现在的考察不应如此了，因为我看过的学校不知有多少了。现在的考察教育便是考察社会。教育是解决社会问题的，各国的情形如何？一切政治经济的状况如何？教育怎样解决他们这些问题，所以教育与社会有很大关系。”⑤ 翻看一部张伯苓孜孜兴学的历史，我们就会发现早期的张伯苓同当时其他先进教育救国人士一样，只是单纯地就教育论教育。

---

① 梁吉生：《张伯苓教育思想研究》，辽宁教育出版社 1994 年版，第 229 页。

② 恽代英：《开除的冤枉与自修问题》，转引自［美］叶文心《民国时期大学校园文化（1919—1937）》，冯夏根等译，中国人民大学出版社 2012 年版，第 151 页。

③ 王文俊等：《张伯苓教育言论选集》，南开大学出版社 1984 年版，第 152—153 页。

④ 梁吉生：《张伯苓教育思想研究》，辽宁教育出版社 1994 年版，第 232 页。

⑤ 崔国良：《张伯苓教育论著选》，人民教育出版社 1997 年版，第 190 页。

他们认为西方的教育非常发达，只要把这种先进的教育制度引进到中国来，造成西方式的新型人才，中国自然就能赶上甚至超越西方。在大学与社会之间关系的问题上，此时的张伯苓进行了简单化的处理。

在我国新式教育发展过程中，工程教育发端最早，发展也较为成熟。然而，经过几十年的发展，我国工程教育仍然存在与实际生产生活相脱节的弊病。著名工程专家、工程教育家，曾经担任北洋大学、交通大学校长的茅以升先生同时受过中西两种不同教育的熏陶，对我国工程教育发展过程中存在的这一弊端认识非常深刻。根据自己的实际教育经历以及多年从事高等工程教育实践的经验，茅以升直接指出旧教育所存在的一系列脱节现象，即理论与实际、通才与专才、科学和生产之间的脱节①，并对此提出尖锐的批评。在人才培养规格上，茅以升认为应该密切结合中国现实需要，克服以往工程教育存在的浅而泛的培养模式，加大对于学生专业培养的力度，使学生在学习期间就成为能够掌握一技之长的专才，毕业之后直接可以贡献社会。他认为以往的工程教育培养的学生“不能做工人的事，虽说能计算，能画图，能设计，并能写论文，但多半是纸上谈工，不切实际”。在加大对学生进行技能教育的同时，还应该加强学生的人格训练。在教学方式上，茅以升认为以往注重理论灌输的填鸭式教学“有空谈理论而好高骛远的危险”②，造成了工程师生懒于动手的毛病，这直接造成工程学生学无所用的局面。在课程设置方面，茅以升反对当时工程教育存在的过分模仿美国课程设置的做法，认为必须结合中国自身的国情，探索建立适合自身的课程设置体系。“我国工校课程，大都抄袭欧美，而以美国式为尤伙。究其内容，是否为最良之制度，能否适合我国之现状，皆应予以充分之考虑。”③ 过去的工程教育通常是先学习基本理论，而且在学生学习的过程中缺少实际训练的机会，因此学生在毕业之后基本理论都已忘记，实际动手能力也没有得到提高。茅以升颠覆了这种传统的课程设置模式，加大学生前三学年的实习、实

① 刘占祥：《论茅以升的教育思想及其意义》，《西南交通大学学报》（社会科学版）2001年第2期。

② 《茅以升选集》，北京出版社1986年版，第410页。

③ 同上书，第385页。

践的力度，然后在第四年进行系统的理论学习。这样的课程设置可以在提高学生实际动手能力的同时，加深学生对于基本理论的掌握，有效缓解工程教育与实际脱离的弊病。

中正大学首任校长胡先骕力陈教育与社会之间隔阂的弊病，认为当时我国教育制度的缺点之一就是“不适应近代世界公民之生活需要”①。胡先骕认为，人的生活包括物质、精神等方方面面，而教育内容应该涵盖人类生活的一切，进而改进人类的生活。他说：“教育之目的，即在如何指导与训练个人，使人人皆能在生活之各方面尽量发展其潜能，以达到尽善尽美之域。”② 中国传统教育一直是与生活密切联系，从汉代开始教育逐渐脱离生活。到了近代，由于过分模仿西方的教育，导致教育与生活割裂的现象更为明显。“人为政治、经济与社会动物，此三者乃生活不可缺之要素。”③ 对于个人生活必备的这三种因素，当时的教育制度却没有给予充分的关注。“我国现行之教育制度……与日常之广义生活无关也，苟不能升学，则所学几全无用。苟能升入高级学校矣，生徒亦仅知修养其所专治之学科，对于个人德性之修养或处世接物之道，从不知注意也，对于本国及世界之文化，素无所容心也……对于本国之政治、经济原理，或本国现行之政制与法令，茫无所知也。”④ 胡先骕进而深刻指出，教育与生活的关系犹如鱼水之间的关系。教育就是通过给予受教育者知识技能以及德行修养等手段，使受教育者可以在日常生活中应对一切。中国教育由于过分模仿西方等原因，而导致与教育者生活以及本国实际国情的脱离，从而无法授予受教育者应付生活环境的知识和技能，中国教育没有承担起这样的责任，因此这种教育是不良的教育，难以担负起民族振兴的重任。要改良这种弊病，必须首先从课程改革开始，在各级学校系统中编制生活化的课程体系，增加课程的生活气息，使课程设置密切联系学生日常生活。

（二）师生关系不畅，忽略学生人格陶冶

在教育活动过程中，必须充分发挥和调动教育者和受教育者的主动

---

① 张大为：《胡先骕文存》，江西高校出版社 1995 年版，第 428 页。

② 同上书，第 406 页。

③ 同上书，第 413 页。

④ 同上书，第 408 页。

性和能动性，必须塑造良好的师生关系。师生关系发展的程度在很大程度上影响教育教学的实际效果。不仅如此，正如清华校长梅贻琦提出的大鱼前导、小鱼尾随的从游理论一样，和谐的师生关系对于学生的发展与成长影响更为全面。然而，在近代大学校长眼中，师生之间的关系远没有达到理想的程度。由于师生之间关系的隔膜，没有充分发挥教师在陶冶学生性格中的作用。

针对师生关系的不畅，清华校长梅贻琦提出了至今仍然为人称道的从游理论。梅贻琦深受传统文化熏陶，尤其羡慕古代书院中师生之间融洽、和睦的关系。对传统师生关系的羡慕和留恋反映出梅贻琦对于当时大学师生之间关系的不满。在他看来，大学师生之间联系交流的机会与时间少得可怜，只是仅仅限于课堂的讲授。在正常的授课时间之外，师生大多各有自己的生活圈子，彼此甚少联系。师生之间的这种疏远造成教育资源的极大浪费，因为这种关系不能充分发挥教师在日常生活中对于学生的示范和影响作用。那些品行高洁的教师不能被学生所理解、仰慕甚至奉为人生的榜样。学生在日常生活、学业中即使有了问题，由于平时与老师存在隔膜，也不愿意及时向老师倾诉。在他看来，大学师生之间的关系就好比演奏者与观众之间的关系一样，彼此缺乏沟通，只是各自完成自己的任务而已。① 同样曾经担任清华校长的罗家伦指出，大学过于注重学生专门技能的练习，忽视良好师生关系的创造，在很大程度上影响学生的人格修养。虽然专业人才是当时中国社会所需要，但是具有良好修为的通才更能做出大的贡献。针对此种弊端，他强调必须充分发挥文史哲对于大学生个人修养的陶冶作用，希望学生们在千锤百炼之中锻造良好的人格，不单单满足于一技之长的获得。只有这样才能在逆境中不畏，在顺境中不骄。他还援引古代有关质胜与文胜的说法，希望同学们注意人格的锻造，成为通才之士。他勉励学生说："人生是要经过千磨万折的；若是平素没有修养，一经折磨，便要流入偏激、烦闷、横溃或是悲观的路上去。"②

浙江大学校长竺可桢认为，民族患难之中的大学教育必须造就民族

① 梅贻琦：《大学一解》，《清华学报》1941 年第 1 期。

② 罗家伦：《文化教育与青年》，华国出版社 1952 年版，第 249 页。

的领袖人才，较之实际技能的获得，对于学生的人格陶冶就显得更为重要。只有肩负这样任务的大学才能适合当时中国社会发展的需要，尽到大学的责任。然而，在竺可桢看来，当时大学教学远不能适应社会发展的需要，学生只注意学分的获得，以求早早毕业。在整个教学过程中，教师和学生之间的关系非常的淡漠，这非常不利于学生人格的培养。竺可桢说："目前我国大学里有一种极坏的现象，就是教师在校上课，退了讲堂以后，就与学生分手不见面，这种教而不训的制度，急应改良。"学生入大学的目的极为功利，过分关注毕业之后的出路、职业问题。在这种功利思想的影响下，学生势必不能专注于自己的学业。与此同时，大学教师仅仅注意知识的灌输，忽略了学生整个人格完善的重要性。这种教学模式是脱离当时中国社会需要的，无助于抗战的胜利和民族、国家的富强。竺可桢熟悉中国传统的书院文化，尤其羡慕书院之中和谐的师生关系，认为传统书院的这种优良做法值得近代中国大学吸收。同时，竺可桢认为密切师生之间的关系，发挥教师在学生人格陶冶中的作用，也是国外大学的先进经验，应该借鉴。"欧美的学校与教堂并存，礼拜堂的牧师，专司人们的品行人格的陶养，而学校虽于智育和体育的训练，稍加偏重，然于陶养品行人格方面，亦并不偏废。每个著名大学里，统有道德学问并茂的教授，可以潜移默化学生的品格。"① 吸收古代书院的优良传统以及国外大学导师制度的先进经验，辗转流徙的竺可桢毅然决定在浙江大学实行导师制度，密切教师和学生之间的联系，要求教师不但要做好教学，而且还要在日常生活中担当训导学生的责任。

对于师生之间的关系，南开校长张伯苓曾经这样说过："余不敢谓本校诸位先生如何特别优尚，惟余生平任事数校，求如本校诸位先生之一致之认真之热心，并以余暇竭力扶助学生诸般自治事业，殆属绝无仅有。"② 张伯苓此言是针对南开师生说的。在称赞南开教师之一致、热心与认真的时候，从一个侧面也反映出他对曾经任事学校师生关系较为冷淡的委婉批评。的确如其所言，私立南开大学因为招生规模较小，师生关系较为融洽，作为校长的张伯苓甚至能够熟悉学校的每一个学生。学

---

① 《竺可桢讲演词》，《国立浙江大学校刊》1936 年第 250 期。

② 王文俊等：《张伯苓教育言论选集》，南开大学出版社 1984 年版，第 4 页。

生置身南开，犹如在家中一样。然而，这种融洽的师生关系并非从一开始就是如此，而是在张伯苓的努力下锻造出来的，早期南开的师生关系并不很如意。对于师生之间的关系，中国传统讲究的是“有来学而无往教”，这容易造成教师在塑造良好师生关系中的被动地位。为了改变这种传统积习，让教师主动接近学生，张伯苓积极采取了一系列措施。首先，通过会议等形式，号召教师主动接近学生，从思想上引起教师对于构建良好师生关系重要性的认识。在一次会议上，张伯苓明确要求教师要在课外时间，积极接近学生，以期收到潜移默化教育学生的效果。他还曾经数次召集师生代表谈话，聆听他们对于改进师生关系的意见。其次，张伯苓要求任课教师不单单要做好课堂教学工作，还要求他们在课外要积极参加学生的社团活动，对学生的工作进行指导。在这种措施的激励之下，南开教师纷纷担任一些社团的导师、顾问等职务。在日常的来往中改善了师生关系，增进了师生感情。① 最后，在塑造良好师生关系，陶冶学生人格方面，张伯苓自身便是典范。张伯苓时刻关心学生、爱护学生，注意保持同学生的密切关系。“平常在学校，张伯苓不是一头扎在校长办公室里，而是常到学生寝室、教室走走。”② 张伯苓如此强调师生关系的重要性，并采取措施改善这种关系，就是为了充分发挥教师在学生成长过程中的感化作用。这种感化是全面的、立体的，往往能收到课堂教学所不能得到的效果。张伯苓曾经说过：“研究学问，固然要紧，而熏陶人格，尤其是根本。”③ 张伯苓苦心在南开营造良好的师生关系，其目的在此。

近代中国大学校长对于中国教育传统大多有比较清醒和理性的认识，他们注意吸收书院等传统教育文化中的精华部分。近代大学是按照西方大学分科设学的原则组织而成的，随着科系的发展以及招生规模的扩大，师生之间关系疏远的现象在所难免。这种疏远的师生关系使教师在学生成长过程中的作用大打折扣。从完善学生道德、培养学生完整人格的角

---

① 梁吉生：《允公允能 日新月新——南开大学校长张伯苓》，山东教育出版社 2003 年版，第 228 页。

② 同上书，第 29 页。

③ 梁吉生：《张伯苓的大学理念》，北京大学出版社 2006 年版，第 20 页。

度，近代中国大学校长对淡漠的师生关系表示不满，并且积极采取措施改善此种师生关系。

（三）封建专制流毒与洋化现象并存

在近代中国社会转型过程中诞生的近代中国大学，既受到遗传因素的影响，又明显受到国外环境的形塑。无论是传统中的糟粕，还是过分地模仿西方，都不利于近代中国大学的健康发展。在近代大学发展早期，这两方面的弊病都有体现。

1905 年，晚清政府废除了长达 1000 多年的科举制度。制度虽然废除，但是其在普通民众中产生的文化、心理影响依然存在。比如，晚清政府就曾按照科举的套路，对于新式学堂的学生根据其学历授予不同等级的官职。这种做法使人们仍然留恋于传统的科举制度，不利于新教育的发展。交通大学校长唐文治要求必须彻底清除此种科举流毒，不再对学堂毕业生授予官职。在他看来，新式学堂和科举的宗旨不同，学堂崇实，而科举崇拜虚荣。停止官职奖励做法之后，可以借鉴西方的做法，授予毕业生学士等不同的名目。同时他要求普及教育，尽量在民间营造崇实的学风。① 科举之流毒还表现在影响学生的学科选择上，最为突出的表现是学生偏重于文法等学科，而对于农、理、工、医等实学科目兴趣甚少，这无疑是受到学而优则仕的不良影响。中山大学校长邹鲁对于学生此种重文轻实的现象做过深刻分析。他援引权威杂志的文章指出，当时七成的大学生选择文法等学科，而选择实学科目的大学生仅有三成。传统的封建社会不重视实业的发展，这从士农工商四民的排列顺序就可以看出。然而，要实现从传统向现代社会的转变，就必须具有强大的经济基础作为后盾，这就要求加快我国的实业发展。否则，国家的振兴、民族的图强无从谈起。② 光华大学校长张寿镛认为，在祖国需要大量实科人才的时候，学生们却对于文法等学科趋之若鹜，这无疑背离了社会实际的需要。大学也适应学生的要求，广招文法科学生，这就好比是闭门造车，由此培养出来的人才最终不能在社会上有用武之地，出现车不合辙的现象。此外，学生当中弥漫着强烈的功利思想。除了热衷于文法等

① 穆子月、许毕基：《大学校长记》，济南出版社 2010 年版，第 62 页。

② 邹鲁：《回顾录》，岳麓书社 2000 年版，第 347 页。

学科以备将来青云直上之外，学生们还热衷于应用性学科，基本理论方面的学科则很少有人问津。归根结底，也是受到科举时代功利思想的影响。在罗家伦看来，很多大学生已经掉入现实的沼泽之中，不能自拔。这势必导致在校大学生缺乏学业的长远规划以及强烈的责任意识。他沉痛地指出："现在的青年对于现实太看重了，尤其是对于物质的现实。"[①]在北京大学校长蒋梦麟看来，转型时期中国的教育必须从专制时代牧民式的教育转向共和时代平民式的教育，牧民时代的学生是依赖的、不会思考的、片面发展的。平民主义的教育首先从养成活泼的个人开始，具体来说要"养成独立不移之精神""养成健全之人格"以及"养成精确明晰之思考力"[②]。他的这一论述在阐述两种教育之间差距的同时，也告诉我们由于专制教育积弊之深，实现此种教育的转变是非常不容易的。

与传统封建流毒相并存的还有大学的过分西化现象，此种现象尤其表现在近代中国大学发展的早期。后发国家借鉴先进国家大学发展模式是谋求自身发展的重要途径。但是，丧失自我的过分模仿则往往会适得其反。近代中国私立大学的拓荒者、南开大学校长张伯苓在南开最终走出了一条"知中国、服务中国"的土货化南开的成功发展道路。然而，早期的南开却存在严重的西化问题，甚至连实验用的材料等都直接取自美国，这曾经一度引起学生的不满，而造成校政的波动。张伯苓认为，过去的大学都是一种洋货的大学，学制、教师、教科书等采取西洋的标准。大学的研究工作通常也是建基于西方的历史和文化背景之上。中国大学要健康发展，必须建基于本国国情之上，走一条土货化的道路。[③] 复旦大学校长李登辉早岁留学美国耶鲁，对美国大学模式崇拜有加。归国担任复旦大学校长之后，李登辉在复旦全面模仿美国的模式。各科课程的设置、教材的选择都是直接借鉴美国，没有考虑到它们与中国的适切性。即使是文科的课程，除了极少数例外，也大多采用美国模式。课堂交流语言是英语，学校公布的布告、信息乃至学生毕业文凭都用英文书写，甚至学生在进行体育运动时，所用的术语都是英文的。曾经担任清

---

① 罗家伦：《文化教育与青年》，华国出版社 1952 年版，第 248 页。

② 《蒋梦麟学术文化随笔》，中国青年出版社 2001 年版，第 11—12 页。

③ 王文俊等：《南开大学校史资料选》，南开大学出版社 1989 年版，第 38 页。

华大学、中央大学校长的罗家伦对于当时我国教育制度、思想的洋化现象有着较为深入的批判和认识。罗家伦首先否认抄袭国外教育制度、思想的可能性。他说："某国有某种学说发生，也是有每几种背景存在，不是突如其来的，也不是可以任人全盘抄袭的。"① 不幸的是，我国当时的教育虽然几经国人努力地调适，仍然存在较重的西化色彩。"中国以往的教育方针，是借贷式的，唯一的目的，就在转贩外国已有的学术。"② 这种模仿的教育制度和方针最终造成我国教育混乱的局面。这种过分的西化现象在一些教会大学身上体现得更为明显。早期的教会大学通常直接把母国大学的课程安排、教学模式等引进到中国，而没有注意到中国的实际国情。创办于 1913 年的金陵女子大学，在吴贻芳等校长的努力下，该校在国内外都产生重要影响。然而，"金陵女大在初创之际，校方按照英美大学的标准，努力适应英美大学的要求和教会的宗旨，所用教材一律是英美大学中的教科书"③。

洋化现象的存在导致近代大学在一定程度上忽视传统文化，没有正确处理好传统文化在自身发展中的作用。在清华校长曹云祥看来，中国的新教育只不过是欧美的翻版。这导致中国教育的发展缺乏主体性，是一种被动而非自动的发展。他指出："近年教育既日趋欧化，旧有之文化学术，遂日渐沦丧。夫国家精神，寄于一国之宗教、哲学、文词、艺术，此而消亡，国何以立。"④ 在曹云祥看来，教育上的欧化现象会直接造成国基的动摇。所以，教育必须摆脱抄袭外国的弊病，谋求本国教育的"自动"发展。他进而指出："欲谋自动，必须本中国文化精神，悉心研究"⑤，要求建立以中国文化为主导的我国教育体制。西方外力刺激是中国旧教育向新教育转变的重要动力。旧教育时期的人们崇尚西方物质技术的发达，对于旧教育的改造非常强调引进西方先进的物质技术。现实的发展显示出单纯引进西方器物的不足，于是又转而引进西方的制度。

---

① 罗家伦：《转变青年的思想》，《中央半月刊》1927 年第 4 期。

② 罗家伦：《养成一种领导时代的健全人格》，《国立清华大学校刊》1919 年 7 月 6 日。

③ 周川、黄旭：《百年之功——中国近代大学校长的教育家精神》，福建教育出版社 2005 年版，第 298 页。

④ 曹云祥：《清华学校之过去与将来》，《清华周刊》1926 年纪念号增刊。

⑤ 曹云祥：《开学词》，《清华周刊》1925 年第 350 期。

在这一学习过程中，国人遵循中体西用的思想。虽然热衷于西方之用，对本国文化也很重视。中正大学校长胡先骕认为，受五四新文化运动的影响，“国人数千年来服膺国学之观念，始完全打破”，实现了从学习西方器物、制度到学习西方一切的转变历程。这种转变看似国人不遗余力提倡、引进西学的目标已经达到。以为“自兹以往，普及教育、发达物质学术、促成民治、建设新文化，前途之希望方切无量”①。国人在全盘引进西方文化的同时，也把西方文化所固有的危机引进过来。不仅如此，在全面学习西方的过程中，国人对于传统文化采取激进的排斥态度，没有充分吸收传统教育中的优良因素，这种激进西化的思想导致教育出现种种危机。罗家伦认为大学要肩负起民族救亡的历史使命，要求大学必须克服过于模仿的弊病，致力于塑造有机体的民族文化。这种文化“必须大家具有复兴中华民族的共同意识，必须使各部分文化的努力在这个共同的意识之下，互相协调”②。显然，这种旨在使中华民族取得共识的文化必须建基于中华民族传统文化的基础上，而不能对于传统文化采取简单排斥的态度。

封建的流毒、明显的欧化等现象在近代中国大学身上都有体现，这表现在宏观的制度设计、办学宗旨以及微观的课程设置等方面。适应近代中国社会转型的教育，应该是既要抛弃传统糟粕、吸收传统精华，同时还要积极借鉴国外的先进经验。但是，借鉴不是盲从，借鉴必须建立在尊重中国国情的基础上。中山大学校长邹鲁说：“在环游世界以前，我以为中国的教育如能普及，则国家必可强盛；但是从海外归来之后，便深深感觉到我国当时的教育，即使普及，也不见得能够救国。”教育普及便能救国，这是当时教育救国人士的坚定信念。然而，邹鲁的这番话却提醒人们思考这样一个问题：到底什么样的教育才能救国？邹鲁之所以认为即使普及当时的教育也不能救国，是因为当时的教育“精神方面取材外国太多……教育的内容与现实环境脱了节”③。这种教育培养出来的

① 胡先骕：《说今日教育之危机》，《学术》1922年第4期。

② 冯夏根、胡旭华：《注重学术服务民族——论罗家伦的大学理念》，《现代大学教育》2009年第1期。

③ 邹鲁：《回顾录》，岳麓书社2000年版，第342页。

学生，能够升学的由于所学无所用，只是忙于在城市角逐，根本不能做些实际的功夫；那些不能升学的学生连个工作都找不到，更不用提为社会服务了！无独有偶，在认识到当时教育与社会之间的隔膜之后，张伯苓曾经发出“教育不振固然为中国之病症，教育不能联系中国国情，尤为中国之大病”[①]的感叹。同样，大学不振固然为中国之不幸，而大学不能联系中国社会，则尤为不幸。

从20世纪20年代左右开始，近代中国大学校长普遍认识到社会场域对于大学的制约性，认为离开一定的社会而空谈大学是没有意义的。从此期开始，近代中国大学校长致力于打破早期大学与社会隔离的状况，谋求近代中国大学融入近代社会之路。校长们认识到近代中国大学与社会之间的深刻关系，这就为近代中国大学服务社会奠定了良好的基础，并且指明了服务的方向。大学与社会的隔离，往往导致大学所培养的人才学非所用、学无所用，这种客观的实际状况背离了校长们主观的愿望。社会是问题重重的社会，而当时的教育又不能对社会问题进行很好的解决。这更加激发了大学校长们探索近代大学面向中国社会、服务中国社会的意识与责任。

第二节　近代中国大学校长的社会服务观

大学社会服务思想在不同的国度、不同的历史时期会有不同的表现。中美两国由于社会发展的阶段不同、现实状况的差别以及大学发展水平的差异等的不同必然造成两国大学社会服务思想内容的差别。在分析近代中国大学社会服务时，必须克服以美国大学社会服务为标杆对近代中国大学社会服务进行衡量的做法，要从近代中国社会的实际出发探讨近代中国大学的社会服务。同第一节一样，本节的论述也是围绕近代中国大学校长而展开，探讨在近代中国社会的时空背景之下，大学校长的社会服务观是什么样的。主要从造就领袖，转移国运，改良风气；激发爱国意识，担当救国责任；开展社会调查以“知中国、服务中国”以及注

① 梁吉生：《允公允能　日新月异——南开大学校长张伯苓》，山东教育出版社2003年版，第118页。

重培养学生社会服务能力四个方面展开。

一　大学之旨：造就领袖，转移国运，改良风气

作为社会一分子的大学，其承担的社会责任是多方面的。利用自身的资源优势服务社会是大学不可推卸的责任。但是，大学作为一个文化机构，作为高级知识分子云集的地方，这就注定大学社会责任不能满足于简单、被动地提供服务上。大学还必须担负起批判、引领社会发展的责任，就人类历史上的所有的组织机构来看，没有任何机构能比大学更适合担当这种社会责任。也就是说“大学面对日益复杂的社会问题及伦理价值标准的多元化，发挥着批判、前瞻功能，帮助社会对伦理、文化和社会问题进行思考并采取行动，在创新和服务中以其先进思想和品格影响社会、引导社会”①。转型期的近代中国社会各种思潮纷纷登台，传统的价值观念受到巨大冲击，社会复杂程度是前所未有的。在这样的复杂环境之中，大学更应该发挥正人心、振流俗的作用，指引社会走出泥潭。近代中国大学校长普遍致力于发挥大学的此种作用。

浙江大学校长竺可桢是一位中西文化合璧的人物，对中西不同教育制度的经历和思考使其能够最大限度地取其精华去其糟粕。面对近代中国社会乱离的危局，他非常强调发挥大学的社会责任，要让大学成为海上的灯塔，让人们都看到社会的希望。“竺可桢在接任浙大校长时，就已意识到大学作为国家高层次文化载体，其教师和学生应成为先进文化和文明的代表，他们对社会的作用，不仅是依靠知识，尤在于人格的力量，值此国家遭受外国侵略之时，更要立下匡时救世的志向，表现出刚正无畏的气节。”② 竺可桢之所以提出大学应该有此种担当，一方面是受到传统“天下兴亡、匹夫有责”的士之精神的陶冶，另一方面也是基于日益残酷的社会现实而做出的选择，同时还是受到国外教育家思想影响的结果。大学如何担当此种社会责任？他认为，大学要通过培养领袖人才来

---

① 康乐：《大学社会责任理念与履行模式》，博士学位论文，大连理工大学，2012 年，第 33 页。

② 张彬：《倡言求是　培育英才——浙江大学校长竺可桢》，山东教育出版社 2004 年版，第 177 页。

担此责任。杰出人才在历史发展中的作用是巨大的，特别是在社会危机之时，领袖人才的作用更能显现，领袖人才往往能够转移运命、引领方向。竺可桢认为，“大学教育的目标，决不仅是造就多少专家如工程师、医生之类，而尤在乎养成公忠坚毅，能担当大任，主持风会，转移国运的领导人才”①。这种领袖人才必须具有足够的智慧、扎实的专业能力和素质，更为重要的是还应该具备牺牲和服务的精神。竺可桢认为大学这种责任在不同的历史时代具有不同的内容。在日寇紧逼，中华民族陷入危亡的历史时刻，这种责任突出表现在激发抗日救亡的民族精神上。竺可桢鼓励浙大学子从军，积极开展抗日救国宣传工作。在面对摧残人性的专制统治时，这种社会责任表现在大学必须成为宣传民主政治的堡垒，唤醒人们的法治精神；在面对社会的腐败时，大学的这种社会责任表现在必须培养无私的人才来去此流俗；在面对国民素质低下的状况时，则要求大学生应该从自我做起，成为国民的优秀分子，并且致力于国民性的改造。② 在竺可桢这种精神的感召之下，浙大学子对自己高标准、严要求，结合自身实际进行了大量的转移社会风气的工作。特别是在迁徙过程中，浙大学子更是为中西部一些落后地区带去了文明新风，真正践行了竺校长提出的大学是海上灯塔、社会之光的教育理念。

同浙大校长竺可桢一样，私立厦门大学校长林文庆也注重大学在正人心、振流俗中的作用，特别强调培养领袖人才。林文庆说：“我们大学，是责无旁贷，应具舍我其谁之慨，肩负起整饬社会思想、领导革命民众的重任。”③ 大学之所以能够担负通过造就领袖人才进而转移社会风气、振兴国运的任务，因为大学是以高深、专门知识为业的，这是其他社会机构所不能完成的任务。“大学能给予个人以最高的思想和学问。”④ 各国历史发展的实际情况也证明，学术机构往往能够在一个国家、民族陷于危机之际，发挥巨大的鼓舞人心的作用。在林文庆看来，具备高深

---

① 樊洪业、段异兵：《竺可桢文录》，浙江文艺出版社 1999 年版，第 108 页。

② 张彬：《倡言求是　培育英才——浙江大学校长竺可桢》，山东教育出版社 2004 年版，第 180 页。

③ 林文庆：《厦门大学十周年纪念的意义》，《厦门大学十周年纪念刊》，转引自严春宝《大学校长林文庆：一生真伪有谁知》，福建教育出版社 2010 年版，第 221 页。

④ 林文庆：《大学生活的理想》，《厦大周刊》第 319 期。

思想和学问的人能够具有一般人所不具备的能力，也就能够担负一般人所不能担负的社会责任。一个国家、民族素质的高低并不是看国民的数量，更重要地表现在国民的质量上。在混乱、动荡的近代中国，教育普及程度非常低，如果没有优秀的人对民众进行指导，那么普通民众将失去学习、进步的机会。缺乏领袖人才的指导，三民主义难以实现，更不要说进步到世界和平与大同的程度了。“民众如不经过完备组织，成为有机团体，则民治主义难期……多数的文盲，究与海岸之一撮散沙何异。是徒任海水之漂荡，与旋风之卷而成飞砂耳，此外更有何能？纵施以适当的训练及完备的组织，除非有贤能的领袖为之指导控制，终亦演为乌合的暴动与狂乱的破坏耳。”[①] 领袖人才能够使普通民众结束一盘散沙的混乱状态，使他们有机组织起来，从而产生巨大的社会力量。林文庆认为，在社会分工中，领袖人才好比人的大脑，而普通的民众则好比人的四肢，四肢必须在大脑的指挥和控制下才能发挥作用。“所以我们应当明了，大家在同一社会中，应在领袖指导下分工合作，不可误解了‘平等’的意义。”[②] 林文庆高瞻远瞩地指出，要造就此种领袖人才必须充分发挥儒家传统文化的作用。“他认定中国的古代文化，特别是儒家学说，要是能适当地加以运用，就可以成为制造民族领袖的最佳手段，最主要的是一种道德训练，使这些领袖们成为孔子所说的‘君子’。”[③] 在此基础上，再对此种“君子”进行一定的专业训练，即可打造出理想的领袖人才，借此发挥大学改良社会风气、转移国运的社会责任。

在南洋大学、无锡国学专修学校校长唐文治看来，克服传统教育的弊端，造就实用性人才是大学重要的责任。唐文治在执掌南洋大学之时，针对当时社会流行的浮夸之风以及教育存在的浮嚣风气，竭力在南洋大学培植崇实的学风与校风。他认为，大学应该“造就专门人才，尤以学成致用，振兴中国实业为宗旨”[④]，要求师生习实力务实业学实学，此时的唐文治想以该校为据点，向弥漫于整个社会的虚骄风气展开挑战。其

---

① 林文庆：《三民主义救国真诠》，《厦大周刊》第237期。

② 林文庆：《大学生应有之态度》，《厦大周刊》第292期。

③ 陈玉崧：《林文庆论》，新加坡《南洋学报》1965年第1、2辑合辑。

④ 《交通大学校史》编写组：《交通大学校史资料选编》（第1卷），西安交通大学出版社1986年版，第201页。

实，年轻时候的唐文治对于社会风气的败坏早有所认识，认为当时是人心陷溺，传统的礼义廉耻早已被人们抛之脑后。在这种情况下，必须有“有志之士能以学问转移风气”①。在近代中国社会转型的过程中，人们争相以懂西学为自豪。一些对于西学似懂非懂之人趁机谋取一己之私。唐文治国学根基深厚，通过出国考察又对西方社会民情有了较为深入的认识，认为在学习西方的同时必须注意保存和发扬祖国传统文化以匡扶日益沉沦的人心。在近代中国社会漫长的转型过程中，传统的价值观经过五四等运动的洗礼，遭到人们的彻底抛弃。国人纷纷引进西学，以为西学足以使我国家、民族实现富强。然而，由于对西学的认识要经历一个长期的过程，在这种旧已破而新未立的时代，人们的精神往往会出现空白，从而导致社会风气的败坏。唐文治重视发挥传统文化在正人心、救民命中的作用。这从其在南洋大学、无锡国学专修学校的办学经历就可以看出，特别是在无锡国学专修学校的经历更能说明这一点。唐文治说：“忆鄙人十年以前，见美国教育家孟禄、塞娄两博士，均殷勤相告，谓中国最要者在造就领袖人才。后访他国教育家，亦多持此论。故鄙人办学时，不自量力，常欲造就领袖人才，分播吾国，作为模范。”② 此种领袖人才的培养达到一定规模，散播于祖国各地，发挥模范作用，带领当地百姓振兴地方事业、转移社会风气，最后就能达到民族富强的目的。对于这种领袖人才的造就，唐文治非常注重道德和人格的养成，养成的手段便是充分发挥传统国学的作用。

近代大学校长们造就领袖人才以转移风气、改良国运的思想渊源无疑取材于传统的儒家文化。在乱离的时代，人们更希望出现杰出人才以力挽狂澜、拯救民命。大学校长的这种观念在一定程度上夸大了教育在救国中的作用，但是他们希望通过文化教育达到救国目的的急切愿望，并为之孜孜以求的拼搏精神是值得后人学习与敬佩的。

二　大学之责：激发爱国意识，担当救国责任

近代中国大学诞生于挽救民族危亡的改良运动中。其产生的动因就

---

① 唐文治：《茹经堂文集》（2编卷7），文海出版社1974年版，第975页。

② 高伟强：《民国著名大学校长》，湖北人民出版社2007年版，第156页。

是要实现主权的独立、民族富强。这一重任首先落在那些具有远见卓识的近代中国大学校长身上。他们的最终目的与那些勇于牺牲的革命志士是相同的。“与那些抛头颅、洒热血的革命斗士不同的，只在他们认为救国根本的途径在教育，在提高民族素质；汉儿发愿建新邦，他们是教育救国的坚定信仰者。”① 正是在这种坚定信仰的支配下，近代大学校长谆谆告诫自己的学生读书不忘救国。救国既是近代大学校长社会服务的出发点，又是归宿。

读书不忘救国，语出北京大学校长蔡元培。1935 年，时任安徽教育厅长、近代著名教育家杨廉在一次演说中指出：“在民国八年以前，一般学生只埋头读书，或者埋头求个人的享乐。蔡元培先生于是大声疾呼，教青年们读书不忘救国。”② 蔡元培是一个典型的教育或者文化救国论者，然而其教育救国思想又颇与众不同。他没有单纯地依赖西方新知、没有完全把救命稻草系于实业教育。有论者指出：“蔡元培教育救国论的特色是他能在教育和革命的二重奏中弹出最强音。”③ 蔡元培教导青年学子读书不忘救国，固然是如上述杨廉所言出于学生对国事的冷漠而发，然而更多的是与其早年的教育和革命经历有关。青少年时代的蔡元培走过了一条顺畅的科举之路。顺畅的个人举业发生在国运日亟的背景下，不免让人扼腕。清政府的腐败和卖国行径使蔡元培认识到武力推翻清廷乃是救国之必然。因此，他对维新派的做法颇不以为然。蔡元培曾经一度痴迷于暗杀等活动，并且设立爱国女学以造就暗杀之人才。1901 年 8 月，蔡元培出任南洋公学教习。无论在课堂上，还是在课外生活中，都时刻教导学生关心家、国、天下事，激发学生的爱国、民主情结。当时的学生黄炎培回忆道：“每夜召二、三生入师朝夕起居之室谈话，或发问，或令自述读书心得，或对时事感想。”为了培养学生发动群众的能力，蔡元培鼓励学生练习演说，“今后学人，领导社会，开发群众，须长于言语，因设小组会，习为演说、辩论，而师自导之，并示以日文演说学数种令

---

① 高伟强：《民国著名大学校长》，湖北人民出版社 2007 年版，结语代序第 6 页。

② 杨廉：《读书不忘救国、救国不忘读书：现在有实行之必要》，《安徽政务月刊》1935 年第 6 期。

③ 马征：《教育之梦——蔡元培传》，四川人民出版社 1995 年版，第 370 页。

参阅"[①]。公学学生邵力子在回忆蔡元培对其的教导中，也有"他教我们留意时事"[②] 的记载。蔡元培执政北大后，要求北大学子抛弃一己之私的功利计算，矢志学问，报效祖国。在五四运动过程中，蔡元培对于学生爱国运动的同情和理解极好地诠释了其读书不忘救国的思想。对于中国在巴黎和会外交的进展情况，蔡元培及时向学生进行传达。当得知中国在巴黎和会将面临失败的残局时，蔡元培在五四运动的前天，召集学生代表集会，在会上蔡元培抨击帝国主义列强的卑劣行径，向学生讲明中国将要面临的主权丧失，鼓励大家救亡图存。1919 年 5 月 3 日，鉴于学生爱国运动的不可避免，蔡元培同北大同仁商讨如何妥善应对学生的爱国运动。会议参加人员愤慨于列强之卑劣和政府之无耻，均表达对于学生爱国行为的理解与同情。[③] 5 月 4 日晚上，北大学生又举行集会，鉴于当天政府逮捕学生的行径，广大爱国学子无比悲愤。蔡元培亦参加此次集会，并且深情地安慰学生，"现在不是你们学生的问题，是学校的问题，不只是学校的问题，是国家的问题；被捕同学，我去保出来"。"你们今天所做的事情我全知道了，我寄以相当的同情"，"我是全校之主，我自当尽营救学生之责"[④]。天下兴亡，匹夫有责。在多灾多难的旧中国，实现民族自强是每一个中国人的迫切愿望，更何况作为民族优秀分子的读书人呢？当年科场得意的蔡元培曾经表示，官可以不做，但是国却不可不救，这与其读书不忘救国的思想可谓一脉相承。

蔡元培在北大提倡读书不忘救国，张伯苓则在南开激发学生"自燃"且"助燃"的爱国精神。张伯苓之所以弃武从教，就是因为亲自经历了三易国旗的耻辱，受到强烈的爱国心的驱使。在多灾多难的近代中国，张伯苓能够百折不挠，坚持教育救国之路近半个世纪，其持续的动力源也是他那一颗炽热的爱国心。南开大学脱胎于南开中学，南开中学时期的张伯苓就经常现身说法，通过演讲等不同手段对学生进行爱国主义教育。1916 年 1 月 19 日在南开中学的讲演活动中，张伯苓就号召大家要培

---

① 黄炎培：《敬悼吾师蔡孑民先生》，《大公报》1940 年 3 月 23 日。

② 邵力子：《我所追念的蔡先生》，《中央日报》1940 年 3 月 22 日。

③ Tse-tsung, Chow, *The May Fourth Movement: Intellectual Revolution in China*, Harvard University Press, 1980, p. 105.

④ 高平叔：《蔡元培年谱长编》（中），人民教育出版社 1996 年版，第 199 页。

养自己的公德之心，从点滴做起，然后逐渐扩大。“公德心之大者为爱国家，为爱世界；在校先能爱物，而后始可望扩而大之。”[①] 张伯苓在进行爱国教育的时候，往往能够充分发挥自己擅长演讲的优势，通过形象的比喻，把抽象的爱国教育变得栩栩如生。例如，1916 年 10 月份的一次校长修身讲演录专门谈爱国。在这次讲演当中，张伯苓巧妙地用火把做比喻对学生进行爱国教育。“人之爱国，不可徒存消极主义，而独善其身，必也有动人之力；如火把燃，自燃之后且能助燃，依次相燃，则功著矣。”[②] 结合具体的时事和切身经历进行教育是张伯苓爱国教育的一大特色。1915 年 5 月 7 日，北洋政府为获得外国资本主义的支持，无耻接受日本提出的二十一条。广大民众义愤填膺，是日遂被称为国耻日。张伯苓非常注意利用这种特殊的日子来对学生进行爱国主义教育。借助这种特定的场合，通过向学生介绍国耻日的由来，揭露日本政府的侵华野心，使学生受到现实的震撼，更能激发学生立志救亡图存的爱国热情。南开大学成立后，张伯苓对大学部学子提出更高的爱国要求，因为大学不同于中学，大学培养直接在社会上做事的人才。所以，端正趋向就显得更为重要。1918 年，张伯苓在考察美国高等教育时，认为美国人民的责任感、公共道德的养成实赖大学教育，而且美国大学为其事业发展提供源源不断的人力支持。1923 年，在南开大学开学典礼上，张伯苓希望广大学子，“学以易愚，学以救国，救世界”[③]。在这里，张伯苓明确要求广大学子将爱国、救国作为自己求学的不竭动力源和目的之所在。1934 年，日本帝国主义发动大规模侵略战争的威胁迫在眉睫，民族危机日益加深。在这一年南开大学秋季开学典礼上，张伯苓语重心长地勉励广大学子不要气馁，“我们国难日深，然而还有机会，还有希望，就怕自己不发良心，不努力；我快六十岁了，我还干，一直到死，就决不留一点气力……我希望你们人人如此”[④]。这是一个年近六十的老人对广大青年学子发出的深情呼唤，其中透露出的老人那份炽热的爱国心和对广大青年

① 王文俊等：《张伯苓教育言论选集》，南开大学出版社 1984 年版，第 5 页。
② 同上书，第 30 页。
③ 崔国良：《张伯苓教育论著选》，人民教育出版社 1997 年版，第 107 页。
④ 同上书，第 225 页。

学子殷切的希望真让听众坐立难安。

作为教会大学校长的司徒雷登对近代中国遭遇的不幸给予极大的理解和同情，他在燕京大学致力于发展学生“国家或爱国的自觉”[①]。教会大学校长面临教会、政府和学生三方的挑战。面对这种挑战，许多教会大学校长没有做出明智的选择，而引起师生的公愤。圣约翰之卜舫济因为没有对学生爱国心的理解与同情，而有六·三事件[②]的发生，致使数百师生离校，圣约翰遭受重创。与卜舫济之辈不同，司徒雷登在执政燕京大学之时，对于学生的爱国运动持理解和支持的态度，并且以学生是否具备此种爱国心与自觉心作为燕京大学办学成功与否的指标之一。早在南京金陵神学院时期，司徒雷登对于学生的爱国运动就早有认识，及至北上燕京，正值轰轰烈烈的五四爱国运动之时。如其在信中所说：“此时此刻正是中国生死存亡的关头，燕京大学何幸生逢如此意义深远的报国机会”[③]，这字里行间流露的全是希望学生积极救国的深情。1936 年，司徒雷登在《燕大周刊》“特别征文”栏目中用英文发表文章《如何团结师生一致救亡》号召燕大师生团结一致，反抗日本侵略。司徒雷登在文章中指出：“值此国难之际，师生必须比平时更为紧密地团结起来，我的这种信念变得越来越坚定。五四运动在北京爆发以来，迅速遍及全国，我一直对学生的爱国民主运动表示钦佩，我更为燕京学子在这种运动中所发挥的作用而感到由衷的骄傲。”[④] 作为一个校长，他不能让自己的学生麻木不仁；作为一个传教士，他不希望中国人民生活在苦难中；作为半个中国人，他不愿意中华民族被日本的铁蹄蹂躏。所以，他关心时局的发展变化，注意运用这变化发展的时局来唤醒和培养学生的爱国心和爱国觉悟。司徒雷登在文章中说：“若教育之目的，是在发展整个之人格，若吾人之愿望，是欲使燕大为训练爱国青年之场所，则中国今日之情形，对于本大学之办学方针及校内生

---

① 罗义贤：《司徒雷登与燕京大学》，贵州人民出版社 2005 年版，第 101 页。

② 1925 年 6 月 3 日，圣约翰师生为表示对于五卅惨案遇难者的哀悼，在校园内悬国旗以示哀悼。卜舫济无理将旗扯下。学生不顾反对，复又升起。校长大怒，遂将我国旗扯下并踩踏于脚下。数百义愤之师生离校，另组光华大学。

③ 陈远：《燕京大学 1919—1952》，浙江人民出版社 2013 年版，第 180 页。

④ 司徒雷登：《如何团结师生一致救亡》，《燕大周刊》1936 年第 12 期。

活，应具有密切的关系，我之所以关心中国时局，时刻留意其演变者，正为此也。”① 司徒雷登同情和支持学生的爱国运动，甚至自己亲自参加这种爱国运动来感染周围的师生，他用这种行动告诉燕大学子，燕京人首先要热爱自己的国家。“中国学生应改变以前只读书的态度来注意一下时事，不要专在体育场中锻炼身体，或是进城去找娱乐。我们所要做的是能把我们的思想——自由、真理——渗入日常每件小事以承担对国家和社会的责任。”②

辅仁大学校长陈垣自身就是坚定的爱国主义者，早年就从事了大量的反对清廷的革命活动，在报刊发表大量文章来宣传反清革命。清廷覆亡之后，随着日本的步步紧逼，以史学见长的陈垣将这种强烈的爱国情怀与民族情怀深深印刻在他所从事的学术研究中。在他看来是不是热爱自己的祖国成为判断人之为人的基本条件。他在文章中说“史贵求真，然有时不必过泥，凡事足以伤民族之感情，失国家之体统者，不载不失为真”③。陈垣将这种民族精神运用到自己的办学实践中。日本占领北平之后，陈垣利用辅仁大学的有利背景，积极开展反对日本奴化教育的文化措施，拒绝在辅仁大学悬挂日本旗帜，拒绝使用日语交谈，这使陈垣和辅仁大学赢得社会广泛赞誉。陈垣自身的这种爱国情怀与行为无疑对辅仁学子起到了潜移默化的影响作用，为辅仁学子树立了良好的榜样。在陈垣校长的影响下，许多辅仁学子毅然奔赴抗日根据地以及后方进行抗日活动。作为学者的陈垣对于日本的文化奴化政策有着深刻的认识，对于年轻的学生而言有时难免会被此种文化奴役政策诱惑并陷入迷茫。陈垣利用一切机会对学生进行爱国主义教育，特别告诫学生要时刻注意日本的奴化政策。在他看来，对学生进行完整的民族文化教育，坚定其民族自信心，同样是为抗日战争做出贡献。

复旦大学校长李登辉自身就敢于同外国势力做斗争。他在担任南洋公学教习的时候，一次乘坐火车碰到几个外国兵无耻调戏中国妇女。李登辉

---

① 司徒雷登：《我所见的中国问题》，《燕大友声》1937 年第 6 期。

② 司徒雷登：《现在国际形势对燕大只有刺激》，《燕京新闻》1939 年 9 月 15 日。

③ 陈垣：《通鉴胡注表微·边事篇》，转引自高伟强《民国著名大学校长》，湖北人民出版社 2007 年版，第 309 页。

见此情景，愤慨不已，毅然向前用英语怒斥那几个外国大兵，并且撕下一名士兵的肩章，在报纸登文揭露外国兵的无耻行径。李登辉这种无畏和爱国的精神，后来也被他带到复旦大学。在日本占领上海后，明确宣告不向敌伪注册，不受敌伪补助，不受敌伪干涉①，用自己这种无畏的精神教育学生读书更要爱国。受早年革命活动的影响，李登辉支持学生挽救民族危亡的运动，在伟大的五四爱国运动中，李登辉始终站在学生的立场上。一些教会大学因为学生参与五四爱国运动而被学校开除，李登辉则热诚欢迎他们来复旦就学。李登辉这种义举无疑是对学生读书不忘救国精神和实践的鼓舞……李登辉早年留学美国耶鲁大学，耶鲁大学非常注重培养学生爱国、奉献的精神。李登辉在执掌复旦大学之后，也把母校这种强调牺牲和奉献的精神洒遍整个复旦大学，并且进一步发扬了这种精神。李登辉“在牢记耶鲁精神的基础上，加了‘团结’和‘牺牲’四个字，他清楚地认识到，在民族危亡、国家衰败的情况下，没有牺牲和团结精神，服务就是空话”②。这种精神已经流淌到李登辉和复旦学子的血液之中，使他们能够敢于面对一切风险，勇于承担社会责任。1943 年，面对敌人嚣张的侵略气焰，李登辉告诉复旦学子：“诸生当切记复旦之精神为牺牲与服务，出校以后，务须发挥复旦之此种精神……以爱护其国家。”③

综上所述，近代比较有作为的大学校长无不强调培养学生的爱国心，鼓舞学生努力实现国家、民族的富强。交通大学校长唐文治希望把自己的每个学生都培养成奇才异能之人，从而可与欧美国家并驾齐驱；广西大学校长马君武主张借鉴环球之新知来建设新国家，实现复兴中华的目标；他鼓励学生以科学知识、工作技术和战斗本领武装自己，用书本、锄头和枪炮做武器去投身救国的大业之中。不仅如此，有些近代中国大学的成立本身就含有极强的爱国色彩，比如光华大学。光华大学的创办本身体现了光华师生强烈的民族自尊心以及挽救危亡的坚定意志。光华大学校长张寿镛更是在该校大力鼓舞学生爱国、救国。他说：“诸位读书

---

① 钱益民：《李登辉传》，复旦大学出版社 2005 年版，第 183 页。

② 陈功江：《精神符号与个性彰显：民国时期知名大学校训研究》，华中科技大学出版社 2011 年版，第 135 页。

③ 钱益民：《李登辉传》，复旦大学出版社 2005 年版，第 184 页。

救国，就是从书本上增加我们的技能，补救我们原有的技能的不足。但是，只知道空做文章，只在那儿高谈原理，还是没有用。我们要有为，要注重实际的科学。我们要科学救国。增益我们所不能。我们的技能增益了以后，就要在学术上，在事业上，有一番作为。”[①] 总而言之，近代中国大学校长身上充盈着强烈的民族精神和爱国精神。他们努力用自己的这种精神教育和感染自己的学生，激发学生救国、救民的责任与意识。

三 大学之路："知中国，服务中国"

以四书五经为主要教学内容的中国传统教育强调对于经典文本的解读，学者们终日皓首穷经以求科举得中，对于社会现实状况无暇关注。近代中国大学发轫之后，这种传统的积习依然存在，学生入大学往往是为了谋个好前程，带有极强的个人功利色彩。加之，早期近代大学存在的过于洋化现象更是加剧了学校、学生与社会之间的隔膜。大学要服务社会，首先必须要了解社会。只有先知中国，才能明了问题所在，才能更好地服务中国。何以知中国？最好的方法莫过于进行社会调查。吴文藻说："我们要服务社会，先决条件，是要知道社会的详细情形。想知道社会的详细情形，就有社会调查的必要。"[②] 大学校长们普遍注重社会调查。一方面，让学生多了解社会，消除学生不关心世事的陋习；另一方面，通过社会调查来了解社会问题，以作为系科设置的重要参考，进而谋求实际问题的解决以服务社会。

张伯苓在办学实践过程中，日益认识到教育与社会之间关系的复杂性和重要性。同时，杜威的实用主义教育思想对于张伯苓密切学生跟社会之间的联系，强调学生知中国重要性的认识具有重要的启发作用。张伯苓鼓励学生进行实地调查，不能仅仅读死书，而且要读社会这一部活书。早在1921年，张伯苓在对南开学校舒城同乡会的一次演说中就鼓励学生从现在做起，利用课余时间进行实地考察，以改良家乡事业，力争把自己的家乡也建设成为模范县。[③] 同是1921年，学校在放暑假之前，

---

① 俞信芳：《张寿镛先生传》，北京图书馆出版社2003年版，第364页。

② 吴文藻：《社会服务的研究》，《清华周刊》1921年第7期增刊。

③ 崔国良：《张伯苓教育论著选》，人民教育出版社1997年版，第95页。

张伯苓谈到学生假期作业时说："你们在学校所读的书，皆是离开物质来讲，无事实可见，无暇看社会中的一切组织，调查各地的风俗，以及看各处的美景、山川。藉此暑假你们可出学校，身临物质现象界，与平素所学的互相比较一番。"[①] 为了进一步消除学生和社会之间的隔膜，实现学生社会调查的组织化、常态化，张伯苓创造性地在南开系列学校实施社会视察课程。社会视察课程从 1926 年秋季学期开始实行，最初在初中二年级和高中一年级进行试验，然后渐次向小学和大学延伸。1926 年 7 月 18 日的讨论会议确定三项社会视察原则，即初中课程多注意自然界状况；高中部注意调查社会制度及机关；大学部视所学科目定调查研究之方针。[②] 中小学部的视察主要侧重于对于现实情况的认识和了解，大学部的社会视察课程则突出强调学术性，不但要摸清问题的现状而且还要对之进行分析，进而提出相应解决问题的方案。因此，大学部的社会视察在更大程度上带有调查分析的色彩。社会视察课程开设的宗旨就是增强学生的实际观察和动手能力，让学生明了各行各业的实际状况。1927 年在何廉博士主持下，南开大学筹划进行对天津地区的粮米、蔬菜、肉类、鱼虾、棉纱、绸缎、五金、化学药品等货价进行调查统计。[③] 为了给商学院学子提供课内研究的社会材料，1930 年 9 月，陆善忱和张平群商洽商学院商法班与保险班外出视察事宜，以收集学生班上研讨之材料。[④] 此外，保险班还对一些保险行、保险公司等单位进行了参观学习。12 月 2 日，南开大学化学班五名学生在张子丹、周启源两先生的带领下到南大道鼎兴润酒店及青化祠西捞纸作坊参观考察，参观从下午两点半开始，晚上五点半回校，足见师生参观之认真。[⑤] 为了调动学生参与社会视察课程的积极性和提高考察的实际效果，对社会视察进行考察和评估就在所难免。考察和评估的形式多种多样，可以是学生结合自己参观所得进行演讲，也可以撰写考察报告，专门负责该课程的社会视察委员还有可能进行出题测验。对于质量比较好的视察报告，学校会将其结集出版，这

---

① 崔国良：《张伯苓教育论著选》，人民教育出版社 1997 年版，第 97 页。

② 赵漠埜：《南开学校社会视察新组织》，《南中周刊》南开学校二十二周年纪念号。

③ 《大学部货价调查》，《南中周刊》1927 年第 20 期。

④ 《大学商学院之出发计划》，《南开双周》1930 年第 2 期。

⑤ 《大学化学班出发》，《南开双周》1930 年第 2 期。

对学生而言是莫大的鼓舞。社会视察从最初的课外活动到最后发展成为一门课程，这种转变足以说明张伯苓通过调查以知中国的办学理念是得到广大师生拥护和支持的。

清华校长梅贻琦在短短十年左右时间内使清华从一所留美预备学校发展成为在国内外均享盛誉的大学。梅贻琦办学之所以能取得如此成绩，与其独特、系统的高等教育思想密不可分。注重社会调查，在明了社会问题的基础上，密切结合社会需要进行办学是其取得成功的重要原因。梅贻琦的这一思想突出表现在其办理清华农业研究所的实践上。我国高等农业教育发端于清末，民国以后得到进一步的调适与发展。同近代中国大学的发展一样，农业高等教育在发展早期也存在相当的洋化现象。由于农业发展的地区差异极强，农业教育的洋化现象必然产生更为恶劣的影响。教材多取自国外，教师亦以国外人士与留学生为主，农业试验所用之材料亦来自国外。即使农场实习也与中国国情隔膜。“农场实习不过播种、除草、施肥、收获等普通简单工作，教授与学生对于中国农业认识甚少，遑论研究改良。”① 蔡元培也曾经沉痛指出农业教育所造就人才的“所学无所应用”而造成“学非所用之讥”②。就连近代我国高等农业教育的重要奠基人邹秉文亦不得不承认“十数年的农业教育，除造成数千百农学毕业生外”，对于我国农业教育的发展“平心论之，实无丝毫补益也”③。造成农学毕业生学非所用，农业教育对于国家实际农业发展无所助益的原因是多方面的。其中，非常重要的一个原因就是对于近代我国农业发展的状况以及所存在的问题没有弄清楚。清华校长梅贻琦对此有着清醒的认识，必须先明了中国农业问题，然后有针对性地开办农业教育，进而使农业教育同国家农业发展产生密切之联系。为此，在30年代初政府要求梅贻琦在清华创办农学院之时，他并没有急于进行此项工作。在梅贻琦看来，“应先对农业亟宜改良之各项问题详加研究，以期洞明其相”④，在调查清楚需要改良的问题之后，再开办农学院。要首先

---

① 周邦任、费旭：《中国近代高等农业教育史》，中国农业出版社1994年版，第92页。

② 中国蔡元培研究会：《蔡元培全集》（第3卷），浙江教育出版社1997年版，第240页。

③ 邹秉文：《改进吾国农业专门学校办法之商榷》，《湖北省农会农报》1921年第3期。

④ 刘述礼、黄延复：《梅贻琦教育论著选》，人民教育出版社1993年版，第54页。

弄清中国农业发展问题，最为理想的设计是成立研究所。因为研究所设置较为灵活，可以集中力量专门致力于某一方面的问题。梅贻琦在《清华学校的教育方针》一文中指出："至农业之不设专修学程者，因近查农业大学及专门学校之毕业生，多不适于改良农事之工作，使供与求不能恰合，故农系暂不设专修学程而致力于农业问题之研究。"① 从这一段材料，我们可以推知在成立清华农业研究所之前，梅贻琦进行了大量的实际调查研究工作。该研究所提出："不但要在农业方面做一些高深的研究，还要用很大的精力来解决农业中的实际问题。"② 成立之后的农业研究所真正贯彻了梅贻琦的上述精神，开展广泛的社会调查以明了中国农业发展存在的问题。在大量的调查研究之后，发现国内有关农业病虫害的研究十分薄弱。于是梅贻琦便将病虫的防治与研究作为清华大学农业研究所的主攻方向。在极端困苦的条件下，研究所的图书设备得到扩充，研究人员开展了大量的植物病害和虫害的调查工作，并与其他部门合作研究病虫害的防治工作。农业研究所进行的调查工作为后来清华大学农学院的成立奠定了良好的基础。

1931 年在危机的国难时刻，任鸿隽毅然出任四川大学校长。任鸿隽毕生致力于科学救国，倡导科学之精神。他认为科学是源于内心知识的需要，而不是满足外在的目的；在科学面前必须打破既有理论框框的束缚，只根据事实进行判断。掌校之后的任鸿隽把其科学理念和精神运用到四川大学的办学实践当中。从其自身科学观出发，他特别强调学生实地调研和调查的精神，通过这种方式来直接解决具体的社会问题。他谆谆告诫川大学子："学政法的，我们可以使他们去研究地方政治，或县政实施，学经济的，可以叫他们去调查商业状况和农村经济，学农的可以叫他们去改良农作种子，学物理化学的，可以叫他们去调查及改良土壤。"③

不仅私立和公立学校注重调查研究，教会大学对于调查亦相当重视。金陵大学校长陈裕光主政金陵大学之后，力行民主治校、开放办学的策

① 北京师联教育科学研究所：《梅贻琦高等教育思想与教育文论选读》，中国环境科学出版社 2006 年版，第 66 页。

② 阎万英：《抗日战争时期的清华大学农研所》，《中国科技史料》1987 年第 4 期。

③ 《四川大学校史》编委会：《四川大学史稿》，四川大学出版社 1985 年版，第 187 页。

略，加之极高的个人魅力使金陵大学在其主政时期达到辉煌的巅峰。陈裕光从金陵大学毕业之后，留学美国哥伦比亚大学专攻化学，得到系统的科学训练。西方科学注重实验和调查的做法给陈裕光留下深刻的印象。因此，陈裕光校长特别重视社会调查。陈裕光曾经说过："不单重课本，还要重才干，非但生活于室内，又要生活于户外……学术生活要与实际生活并行。"[①] 金陵大学是一个教会大学，外籍教员占有相当比例，调查研究为他们所熟悉。这也为陈裕光在金陵大学推广社会调查奠定了良好基础。小到学生、教师个人或者团体组织的社会调查，大到学校组织的规模较大的社会调查都得到陈校长的大力支持。其中，金陵大学在1929年所进行的大规模的全国人口调查影响较为深远。此次调查时间从1929年一直持续到1934年，覆盖中国近一半的省区，类似的调查是前所未有的。没有陈裕光校长的重视和大力支持，此种规模的调查是很难完成的。在陈裕光的大力支持和倡导之下，金陵大学各学系同样注重社会调查工作。金大农学院在创办初期模仿美国农业高校的办学模式，在办学过程中，农学院日益感到与中国实际的隔离。为了弄清中国农业问题，农学院开展中国土地利用、乡村人口、中国农民消费食物、土壤、水灾、农村经济等方面的调查研究。[②] 金大社会学系的社会调查工作也非常活跃。受1929年到1933年世界经济危机的影响，国内丝织业出现衰落迹象。工厂倒闭、工人失业、丝织品销量锐减。金陵大学社会学系师生曾经对南京附近的丝织业发展状况进行调查。在调查的基础上，积极采取相关措施应对丝织业衰败的现象。

史学家出身的辅仁大学校长陈垣同样注重社会调查，这一点在社会经济学系中表现最为明显。该系高举明理致用的大旗，认为"为应我国现实之需要，造就有充分社会学与经济学知识之人才，课程之设备，于明理致用二端双方并重。讲授方面……尤其着重于启发学生自动研究能力"[③]。为了收到明理致用的效果，就必须让学生深入社会广泛的经济生

① 张宪文：《金陵大学史》，南京大学出版社2002年版，第446页。

② 鲁彦：《金陵大学农学院对中国近代农业的影响》，硕士学位论文，南京农业大学，2005年，第34—36页。

③ 甘丹：《后科举时代：辅仁大学风雨二十七年》，《新京报》2005年9月8日。

活中去，克服过去读死书的弊端。为此，该系鼓励学生进行广泛的社会调查，这样做既能使学生在课堂所学的知识应用于实践进行检验，更重要的是学生在调查实践的过程中，加深了对于社会的了解和认识，增强了自己的责任感。著名心理学家、后来出任燕京大学校长的陆志韦先生，非常鼓励学生从事实地调查。他“常带学生走出校门，到社会上去做调查研究，搜集数据实证，以加深对心理学的理解和研究。他讲课既富有学术性，又多有实证，有理有据，妙趣横生。因此，好多外系学生也纷纷前来选修他的课程”①。

社会调查是“人们为了一定的社会改良、社会服务或学术研究的目的，针对某种社会事实、社会现象或者是某个区域的社会概况，有意识地运用询问、实地观察或征集文卷等途径从事资料、信息的搜集、整理工作，以求了解事物实情的一种感性认识活动，或者以此为基础而作进一步理性分析的认识活动”②。集中西之学于一身的近代中国大学校长普遍重视社会调查工作。有些校长如张伯苓为了培养人们的社会调查意识、推动社会调查工作付出了艰辛的努力。近代中国大学校长对于社会调查工作的提倡和鼓励是近代社会调查兴起和发展的重要原因和组成部分。社会调查本身就带有社会服务的色彩，而且还为进一步的社会服务工作提供重要依据和参考。

四　大学之本：注重学生社会服务能力的养成

传统教育体制下的读书人动脑多于动手，社会实践能力不强，学生一般是“两耳不闻窗外事，一心只读圣贤书”。老师只管教，学生只管学，学生对于社会事业关心不够。加之，教育内容落后、教学方式呆板等因素，学生服务社会能力的培养根本就无从谈起。在近代中国社会转型过程中，大学校长普遍不满足于学生“两耳不闻窗外事”的做法。残酷的现实环境要求大学学子必须积极投身于社会服务的事业当中。要从事这种事业就必须去除懒于动手的弊端，养成良好的社会服务能力。近代中国大学校长普遍注重塑造学生的社会服务能力，并采取种种措施培

① 穆子月、许毕基：《大学校长记》，济南出版社2010年版，第236页。

② 李章鹏：《清末中国现代社会调查肇兴刍论》，《清史研究》2006年第2期。

养这种能力。

北京大学校长蔡元培主张："教育要培养出改造世界，改造现存社会的人，以此来推动社会经济、政治、文化等等的变化与发展。"① 蔡元培注重学生服务社会能力培养的做法一方面是吸收传统文化精华的结果，另一方面还受到美国大学模式的影响，他认为美国"大学的目的，要把个个学生都养成一种服务社会的能力"②。鼓励学生开展社团活动是蔡元培培养学生社会服务能力的重要方法。蔡元培认为："大凡研究学理的结果，必要影响于人生；倘若没有养成博爱人类的心情，服务社会的习惯，不但印证的材料不完全，就是研究的结果也是虚无；所以，本校提倡消费公社……这些都是本校最注重的事项，望诸君特别注意。"③ 这里提到的消费公社成立于1918年，得到蔡元培的大力支持。该社成立的目的在物质上是让社员得到物美价廉的商品或者服务，精神上则是培养和发扬互助的精神。所需资金依靠股民的募集，师生参与的热情非常高，首次募股就达到565元。④ 消费公社基本参考日常商店的运营模式，商品经营范围比较广泛，涉及学生日常生活的各种必需品。经营方式比较灵活，可以办理代购业务；还可以向资金暂时困难的学生提供赊购服务。这种人性化的经营方式使公社"生意颇发达，在下堂上堂中间之时候，购物者极多"⑤。消费公社的管理井井有条，学生充分发挥自己的特长，编制消费公社损益表、资负表、每日营业比较表等。除了消费公社之外，在蔡元培的支持下，北大学生还组织了储蓄银行，培养学生理财能力；鼓励学生组织平民夜校，以"引起其道德观念，增进其生活常识"⑥。平民夜校的组织方式非常严密，设立学生会、阅览室等组织设施，俨然是一正规的教学组织机构。在学习之余，平民夜校开展丰富多彩的文艺活动，举行游艺会，项目包括唱歌、武术、乐器演奏等；还组织学生排演新剧，比如1922年2月26日晚7时上演的新剧，"还

① 鲁洁：《论教育之适应与超越》，《教育研究》1996年第2期。

② 高平叔：《蔡元培教育论著选》，人民教育出版社1991年版，第358页。

③ 同上书，第236页。

④ 《筹备消费公社事务所报告》，《北京大学日刊》1918年2月28日。

⑤ 《消费公社首日售品之结果》，《北京大学日刊》1918年3月22日。

⑥ 《本校校役夜班简章》，《北京大学日刊》1918年4月9日。

没到六点钟，却座位差不多都占满了”，虽然其中存在诸多不足，但是观者认为“颇可对付”[①]。学生通过组织和参与这些丰富多彩的社团活动在不知不觉中增进了自己服务社会的能力。

南开大学校长张伯苓毕生致力于培养公、能兼备的现代人才，来实现其教育救国的愿望。他说：“允能者，是要做到最能。要建设现代化国家，要有现代化的科学才能，而南开的教育目的，就在于培养具有现代化才能的学生，不仅要求具备现代化的理论才能，并且要具有实际工作的能力。”[②] 张伯苓对于学生服务社会能力的培养亦非常重视，而且形成了自己独特的一套培养体系。首先，张伯苓重视体育，注重养成学生坚强的体格。甲午战后，在关于威海卫的主权之争中，张伯苓目睹了国帜三易的屈辱场面。外国士兵的强壮和晚清士兵的弱小，给张伯苓留下了难以磨灭的印象。他说：“两个水兵若一比较，实有天地的分别。我当时觉得羞耻和痛心。”[③] 为此，张伯苓在南开大学积极提倡体育运动。在张伯苓看来，缺少了体育的教育就不是完整的教育。大学校长必须重视学校的体育工作。张伯苓甚至认为“不懂体育的，不应该当校长”[④]。在办学资金有限的情况下，张伯苓始终注意保持对体育的资金投入，不断改善学校的体育基础设施。加强和规范学校体育教学，要求学生体育成绩必须达到一定的水平。否则，不予毕业。养成健康的体魄固然重要，张伯苓更看重通过体育活动来培养学生公平、合作、诚实、自尊等良好的品格。这些品格是学生服务社会所必需的。另外，同蔡元培一样，张伯苓也注重发挥社团的作用，通过社团来培养学生的能力。他说：“盖今日社会引诱太多，能辅助、能勉励吾等者，小团体之力甚大，苟不利用之，真失机会也。将来在社会做事非有团结力不可，否则必不能成功，此即团体之效力也。”[⑤] 对于学生成立的团体组织，张伯苓给予积极支持。通过参与社团，学生可以有效地培养自己的自治能力、合作能力、沟通能力，为将来走向社会、服务社会做好准备。在张伯苓的领导下，南开大

① 巫启瑞：《看了北大平民夜校新剧以后》，《晨报副刊》1922年第3期。

② 沈卫星：《重读张伯苓》，光明日报出版社2006年版，第183页。

③ 王文俊等：《张伯苓教育言论选集》，南开大学出版社1984年版，第143页。

④ 同上书，第258页。

⑤ 同上书，第55页。

学的社团组织可谓五彩纷呈。“南开学校为训练学生做事能力，服务精神，并培养社会领袖人才起见，鼓励学生自动组织各种社团，通力合作，团结负责，当年最早成立之学生社团，有自治励学会，由今中学部主任喻传鉴君主持之；有敬业乐群会，由周恩来君主持之；此外并有青年会，专以研究基督教义为任务，由张信天君主持之。皆各有定期出版刊物，彼此观摩竞赛，工作成绩颇足称道。”① 根据社团组织的性质进行分类，这种组织有学术性的、文体性的、事业性的等，能够尽量满足不同同学的需要。社团组织形式比较灵活，在常规的正式组织之外，可以根据现实需要成立一些临时性质的社团组织。社团根据自己成立的宗旨和章程，组织丰富多彩的社团活动。学术性社团会邀请名人来校演讲，举办学术讨论会，等等；娱乐性社团会开展各种游艺活动，丰富师生的课余文化生活……难能可贵的是，张伯苓还亲身参与筹办一些团体。天津研究会便是此类团体的代表。张伯苓之所以主张成立天津研究会对天津进行专门认识和探讨，主要是考虑到天津在近代中国中的影响。“天津为华北重镇，工商辐辏，政学杂处，蕴负研究资料颇夥，而求学方法更宜多近事实。”② 1926 年，天津研究会在大中学二部正式成立。张伯苓参与该会成立大会，并且发表演说：“本会系本人发起，故极乐观成，尤希能善用科学方法，做脚踏实地的研究。”③ 在组织形式上，天津研究会采用委员会制，下辖调查、研究、摄绘等委员，调查和研究的范围比较广泛，覆盖交通、教育、社会事业、工商业等内容。天津研究会成立后，利用周末等课余时间对天津市区及郊区进行了大范围的调查和研究，在此过程中学生的能力得到历练和提高。这一切都是旨在造就学生“爱国爱群之公德，与夫服务社会之能力”④。

浙江大学校长竺可桢认为，大学要承担服务社会、改良社会之目的，其途径有两个：一是让那些经过大学训练、具有知识和头脑的学生走向社会，服务社会，并进而达到改造社会之目的；二是利用大学教师和学

---

① 高伟强：《民国著名大学校长》，湖北人民出版社 2007 年版，第 271 页。

② 《天津研究会》，《南开大学周刊》1927 年第 42 期。

③ 《天津研究会立正开步走》，《南开大学周刊》1927 年第 44 期。

④ 梁吉生：《允公允能　日新月异——南开大学校长张伯苓》，山东教育出版社 2003 年版，第 137 页。

生所拥有的科技知识、文化优势，直接为社会的政治、经济、文化、教育及人民群众的生活提供服务。[①] 竺可桢提到的这两个途径，一为间接、一为直接。大学是培养人才的地方，学生是大学的重要主体。无论是直接的途径还是间接的途径，学生要想更好地服务社会、改造社会，就必须具备扎实的服务社会的能力。竺可桢在浙江大学励精图治，倡言求是精神，使浙大实力在短短几年内得到提升，被誉为“东方剑桥”[②]。强烈的爱国热情、深厚的传统文化底蕴以及系统的西方科学教育的训练使得竺可桢对大学生质量提出较高的要求。人才培养目标的高规格必然要求学生较高的服务社会的能力与之相适应。首先，为了塑造浙大学子的领袖能力、领导素养，竺可桢针对当时高校普遍存在的教师和学生之间关系比较淡漠的弊病，借鉴古代书院和西方大学的先进做法，在浙江大学实行导师制度。不但重视学生专业知识的获得，而且还充分注意发挥大学教师的示范作用，培养大学生的人格。其次，科学家出身的竺可桢重视对学生进行科学方法的训练，特别鼓励学生勤于动手进行实验。为了培养学生的科学精神，竺可桢在浙大努力营造良好的科学氛围，举办大量的科学讲座，充分满足学生求知的欲望。最后，竺可桢鼓励浙大学子积极投身社会服务实践活动。儒家思想的熏陶以及美国留学的经历，使竺可桢认识到大学必须直接担负一定的社会责任。这对于面临亡国威胁的近代中国大学而言更是如此。竺可桢经常用王阳明在艰苦当中奋斗、奉献的精神来勉励浙大学子服务社会。他说：“如果各大学师生皆能本先生之志，不以艰难而自懈，且能奋发于自淑淑人之道，协助地方，改良社会，开创风气，那么，每个大学……同样地留遗了永久不磨的影响，对于内地之文化发展，定可造成伟大的贡献。”[③] 为此，浙大帮助地方兴修水利，大力推广社会教育、积极结合地方需要推广农业生产技术……在这些活动中，学生了解了社会，锻炼了能力。

复旦大学校长李登辉注重通过学生的自治来培养学生服务社会的能

---

① 张彬：《倡言求是　培育英才——浙江大学校长竺可桢》，山东教育出版社 2004 年版，第 167 页。

② 同上书，第 269 页。

③ 樊洪业、段异兵：《竺可桢文录》，浙江文艺出版社 1999 年版，第 109 页。

力。复旦前身的震旦就有自治的传统。复旦人继承了这一优良的传统。为了使每一个人的能力都得到锻炼，学生组织中的干事通常由学生轮流担任。与学生相关的一切事务，都由学生自行负责解决。学生甚至还组织自己的法庭，专门用以处理学生日常纠纷。由于平时这种良好的锻炼，复旦学子的自治能力得到极大提高。在 1927 年爆发的大革命中，复旦学子甚至亲自参加学校的行政管理组织。李登辉注重发挥学生社团组织在培养学生能力中的作用。在李登辉的支持和关怀下，复旦学子创办社团组织的热情非常高涨，成立了形式多样的学生组织。如“1919 年，学校成立国民合作储蓄银行。首任行长薛仙舟。校内、校外均设营业部，业务由商科学生承担”。学生们在运营银行的过程中，加深了对于专业知识的认识程度，同时加强了实践的能力。李登辉对于储蓄银行给予大力支持，“派合作银行副行长卞燕侯（复旦学生）专程赴天津考察银行钱庄。学校还创办合作食堂，由同学管理全校膳食。1921 年，商科同学成立银行经济研究会。诸多课余实践活动，使学生毕业后能迅速适应社会”①。

大学生社会服务能力的养成是一项非常复杂的工程。近代大学校长对于学生社会服务能力所包含的具体内容尽管存在不一致的看法，培养的方法也不尽一致；但是，他们都非常重视学生社会服务能力的养成，这是近代大学校长的共同选择。从思想资源来看，近代大学校长有关大学生社会服务能力培养的观点，有儒家传统精神中家国天下积极入世的影子。从社会服务能力的具体内容来看，更多的是借鉴了西方大学教育中的精华，特别是对于西方科学内容的借鉴。这又得益于近代大学校长中西并重、集新旧学识于一身的文化品格。

正如本章开篇所讲，当前我国学术界对于近代大学校长社会服务思想的考察尚不多见。在本节论述的内容当中，造就领袖以转移国运、改良风气是近代中国大学校长从当时危机的现实角度出发做出的高瞻远瞩的选择；激发爱国意识、担当救国责任则是近代中国大学校长的共识，主要解决学生社会服务的动机问题；注重社会调查是大学社会服务的前提。这要求近代大学必须调整办学理念，从近代中国的实际国情出发，切实服务于中国的实际情况。从社会调查的实际结果来看，一些有价值

---

① 高伟强：《民国著名大学校长》，湖北人民出版社 2007 年版，第 291 页。

的社会调查结果往往成为政府决策的依据，这样社会调查本身就成为社会服务的重要内容。学生是社会服务最为重要的主体，其服务能力的高低直接决定大学社会服务的水平。学生社会服务能力的培养既贯穿在日常的教学、科研当中，也贯穿在大量的课外活动中，还表现在学生直接从事的社会服务的实践当中。

第四章

走向行动：近代中国大学社会服务实践

在具备了一定的基础之后，在一批具有远见卓识的大学校长的推动和广大师生的共同努力之下，近代中国大学社会服务轰轰烈烈开展起来。这种轰轰烈烈在形式上表现为多种多样，不拘一格；在内容上表现为范围广泛，涉及政治、经济、文化等方方面面。本章对于近代中国大学社会服务内容和形式的论述，笔者将采取以点带面的做法，即从纷繁复杂的服务内容和形式当中选取重点片段进行深度解读。因此，在该部分的论述中，笔者将重点选取社会教育、农业技术推广和移风易俗三个方面进行解读。

第一节 “给人人都受一点大学的教育”：社会教育

社会教育是教育的重要形态之一，其对教育个体的影响是终生和全面的。社会教育的概念最早出现于19世纪30年代的德国。[①] 德国之社会教育事业一度执世界社会教育事业发展之牛耳。社会教育理论和实践传入我国与蔡元培等人的提倡和引介关系甚大。在上文有关蔡元培大学社会服务思想的论述中，笔者已经谈到曾经留学德国的蔡元培对于德国社会教育事业有过切身的感触。此一段经历，与后来蔡元培在北大提倡和从事社会教育事业不无关联。民元以前，国人对于社会教育已经有初步

---

① 詹栋梁：《现代社会教育思潮》，中国台湾五南出版社1991年版，第3页。

的体认，当时的一些杂志如《教育杂志》《游学艺编》等已经出现有关社会教育的内容。民国建立，社会教育发达与否直接关系到民主、共和观念的宣传和普及程度。因此，国人对于社会教育的关注达到更为深入的历史发展阶段。有学者考证，1906 年教育家蓝公武的《社会教育论》是国人刊出最早的社会教育研究论文；1913 年谢荫昌的《社会教育》一书则是我国首部社会教育专著。① 论文和专著分别诞生在民国前后，足见国人对于社会教育探讨的进展。

一　国人对于社会教育的重视及大学兼办社会教育

近代中国民族危机的步步加深，使先进中国人认识到只有全面提高民众的知识素质、激发民众的力量才能真正实现救亡图存的重任。在经济衰败、征战连绵的旧中国，仅仅依靠正规的学校教育难以完成此等重任。于是，社会教育进入国人的视野。首先，对于国外先进社会教育经验的介绍。根据笔者目前掌握的资料来看，对于当时社会教育比较发达的英、美、意，甚至日本、俄国等国家，国人都有关注。厉家祥认为欧美国家是"教育的社会"，而中国是"社会的教育"，欧美国家之所以是一个"教育的社会"，是因为它们在民众训练、生产技能、生活兴趣、民众健康、体育锻炼等方面从事了大量的社会工作，而中国在这一方面却显得非常不足。② 儿童是社会教育的重要对象，美国专门针对儿童的社会教育非常发达，为儿童建立自己的组织团体如儿童俱乐部、儿童共和国等，同时花费巨资以建立和完善儿童游乐场等设施。③ 意大利的社会教育也引起国人的重视，认为其社会教育主要侧重于三方面的事业，即"母性及儿童保护事业、少年青年训练事业和劳动者休闲教育事业"④。日本自明治维新以来，社会教育事业开始蓬勃发展。"日本之社会教育其发达历史也和欧美一样，以图书馆、博物馆为先驱。"⑤ 十月革命之后，俄国为了发展社会教育事业，专门成立了社会教育委员会。"每个工厂都有俱

① 侯怀银、张宏波：《"社会教育"解读》，《教育学报》2007 年第 4 期。

② 厉家祥：《欧洲的社会教育》，《江苏教育旬刊》1933 年第 6 期。

③ 天民：《英美社会教育四则》，《教育杂志》1912 年第 5 期。

④ 《意大利的社会教育》，《乐群》1933 年第 1 期。

⑤ 吴自强：《日本的社会教育》，《学艺》1933 年第 6 期。

乐部、图书馆和学校。不要等到有知识的人来兴办，他们自己便创造许多大事业了。”[①] 其次，对于本国社会教育发展之路的探讨。对于如何结合自身国情，走出一条中国特色的社会教育发展之路，国人进行了努力的探索。有人指出，我国社会教育的发展必须遵循扶植社会生存、延续民族生命、发展国民生计、充实人民生活等原则和宗旨，贯彻近代都市及农村生活之常识、家庭经济改善之技能、公民体育之发展、民国自治必备之资格、保护公共事业及森林园地之习惯、养老恤贫、防灾互助之美德的实施方针，在实施社会教育的过程中个人和社会不得偏废、必须兼顾。[②] 1919 年，贾丰臻撰文指出我国应特别注意发展社会教育事业，并且认为可以从宣讲、公园、演剧、报纸杂志、图书馆、博物馆、动物园、植物园等方面着手进行。[③] 此外有人认为电影、演剧等是非常适合中国国情的社会教育形式。因为电影“能摄社会中万千不能形容之变态，一一现之于银幕上，使观者如醉如痴，几疑置身其中，而同时制片者之劝善惩恶及灌输种种新知识之苦心，亦于无形中深印观者脑际”[④]。戏剧则可以有效激发观者的兴趣，较之淡而无味、抽象的演讲等方式能有更大的受众。

社会教育是如此重要，而中国社会教育事业又是如此落后，必须大力发展社会教育事业。其途径厥为两条，一是发展专门的社会教育事业，大力兴办社会教育机构与设施；二是让学校兼办社会教育。考察欧美国家社会教育发达史，往往是综合运用两种方法。尽管如此，这两条道路在具体执行上还有路径选择及切入点的问题。大量兴办专门的社会教育机构与设施需要大量的财力投入，这对于积贫积弱的近代中国而言是很难承担的。因此，第一条道路就显得有些不合当时国情，以学校兼办社会教育则可以克服上述诸多弊端。然而，近代中国新式教育起步较晚，很长时间以来，学校教育和社会教育之间一直是存在隔膜的。这种隔膜的存在不但不利于社会教育的发展，而且对于学校教育自身的发展也是

---

① 震瀛：《俄国底社会教育》，《新青年》1921 年第 5 期。

② 高阳：《社会教育实施目标及方法之商榷》，《教育与民众》1930 年第 6 期。

③ 贾丰臻：《吾国今后宜注意于社会教育》，《教育杂志》1919 年第 2 期。

④ 潘复：《电影与社会教育》，《学生文艺汇编》1926 年第 3 卷（上）。

非常不利的。针对学校教育与社会教育之间的隔膜，教育家侯鸿鉴就指出社会教育与学校教育两者之间应该相提并进，“以社会教育为入学之儿童谋普通之道德、知识及较有程度者求中学以上之学业计也；以社会教育为不入学校之人谋常德、常识之普及及下等社会之人改进人民之资格也。二者并重，不可偏废”①。

大学是学校教育的重要组成部分。在国外，大学兼办社会教育比较普遍。比如，早在19世纪末，剑桥大学就开始从事一些社会教育事业，受到当地民众的普遍称赞。国内亦有人提出大学要进行社会教育。北大校长蔡元培就认为大学应该兼办社会教育，他说：“大学职员的责任，并不是专教几个学生，更要设法给人人都受一点大学的教育。”② 在蔡元培等人的积极宣传和提倡之下，近代中国大学应该兼办社会教育成为很多人的共识，一些大学也付诸实践。近代中国大学为什么要从事社会教育工作？大学从事社会教育首先是“开放高等教育之被封闭的园地”，通过社会教育，大学可以致力于高等教育机会均等的事业；其次，“使高深事业普遍化”；最后，大学从事社会教育可以“使大学生活与社会生活两相接近”③。除此之外，大学兼办社会教育更是救亡图存的时代使命对近代中国大学提出的必然要求。近代中国大学发轫比较晚，加之当时中国政局动荡，这就决定近代中国大学开展社会教育事业之路不会像英美大学那样平坦。近代中国社会的特殊国情决定近代中国大学在进行社会教育的时候，不能像国外大学那样无所不包，而是要有所侧重，做到有所为，有所不为。为了充分发挥有限的大学资源的优势，有人提出近代中国大学社会教育应该“尽力于高深进修的领导及新式技术的介绍”④。大学通过开展暑期学校、函授学校、招收特别生等方式进行了丰富的社会教育实践。在学校兼办社会教育实践的推动下，1937年国民政府颁布《各级学校兼办社会教育令》，要求各级学校重视开展社会教育工作，法令的颁布进一步促进各级学校兼办社会教育的热情。

① 侯鸿鉴：《说社会教育与学校教育联络之改进》，《教育杂志》1914年第10期。

② 蔡元培：《黑暗与光明的消长》，《北京大学日刊》1918年第260期。

③ 廖士志：《大学办理社会教育的理由和原则》，《社会教育年刊》1943年第1期。

④ 刘季洪：《大学如何兼办社会教育》，《教育通讯周刊》1939年第2期。

二 近代中国大学社会教育的内容与形式

北京师范大学于述胜教授认为社会教育是“一个处在流变过程中的历史概念”①。概念的流变总是与内容的变迁相伴随的。在不同的历史发展阶段，社会教育的内容呈现出不同的面相。王雷在考察近代我国社会教育的发展状况之后，根据内容对社会教育的发展进行了阶段性划分。根据他的分析，清末的社会教育主要是进行识字教育；从民国建立到五四运动爆发这一段时期的社会教育内容以通俗教育为主；五四以后到1927年的社会教育则以平民教育为主；在此之后，社会教育出现分化，呈现工农教育、民众教育并存的局面。② 王雷的论述针对的是普通社会教育的内容，大学开展社会教育的内容也基本上限定在此一范围内。然而，大学作为教育层级系统中最高的层次，其社会教育的内容又具有自身独特的内容与特点。近代中国教育落后，民众识字水平非常低。大学社会教育自然肩负改造愚民、开启民智的重要使命。梅贻琦认为大学之大在有大师，蔡元培认为大学是研究高深学问的地方，竺可桢将大学视为海上灯塔。大学的组织特性决定大学所进行的社会教育具有高端性，这特别表现在唤醒民众的民族意识、爱国精神等方面。近代中国大学社会教育既注重普及性质的内容，更注重提高性质的内容，后者更是大学社会教育内容的重要特色。近代中国大学社会教育内容广泛涉及文化普及、生计、卫生、体育、文艺、公民等方方面面。如果借用普通教育学的概念范畴来区分的话，大学社会教育的内容不仅涉及智育，而且还包括德育、体育、美育等诸多方面。

近代大学社会教育内容的复杂多样决定社会教育形式的不拘一格。近代大学所进行的识字教育、通俗教育及平民教育的形式是多种多样的。有人总结认为大学社会教育的形式主要有四类即开展“公开讲座”“研讨座谈”“咨询展览”与“社会教育活动”③。公开讲座是就预先拟定的主

---

① 于述胜：《民国时期社会教育问题论纲》，《北京大学教育评论》2005 年第 3 期。

② 王雷：《我国近代社会教育的发展历程与基本经验》，《华东师范大学学报》（教育科学版）2010 年第 3 期。

③ 三雷：《大学社会教育研究——基于大学服务社会的历史考察》，人民出版社 2013 年版，第 227—238 页。

题，邀请专人面向民众进行宣传和推介；研讨座谈会一般由大学召集相关人员举行，在自由、平等的氛围中对某一问题进行探究；咨询是指大学依靠资源优势，向社会提供信息服务；展览是一种较为直观的社会教育方式，通过感性的展品来收到教育效果；社会教育活动是指结合某一主题，而进行的特定有组织的活动。杨才林对于民国时期的社会教育进行深度的研究，在其博士论文中，作者指出社会教育有通俗演讲、识字教育、通俗读物、电化教育等形式。① 以上划分主要是从宏观方面进行的大致区分。如果我们回到近代大学社会场域之中，就会发现近代大学社会教育的形式远远多于上述内容。

适应社会需要，利用自身的智力和资源优势举办种类繁多的补习、培训机构是近代中国大学社会教育的重要形式，也是发端较早的一种形式。这些培训机构大多由各科系根据自身性质而开办。"例如国文系可兼办国语注音符号讲习班，化学系可以办防毒训练班，法律系可以办民众法律常识讲习班，政治系可以办地方自治讲习班，商学系可以办商业补习班或补习学校，教育系可以办中小学教员讲习班或民众学校，体育系可以办体育讲习会，家政系可以办家事讲习会，农学系可以办农业补习班或补习学校，医学院可以办救护训练班。"② 此类补习机构种类之丰富可见一斑。此外一些大学还通过通讯等方式办理此种学校。这种补习、培训机构由于主办方性质、目的等因素的不同而出现颇多差异。从举办内容看，有些注重普及，主要是对文盲进行普通的识字教育，使其尽快脱盲；有些则是注重提高的，比如升学培训、各类专业技术进修，等等。前者如东吴大学1911年专门面向贫困儿童举办惠寒小学，提供免费教育。即使在流亡过程中，东吴大学仍然坚持办学。③ 后者如金陵大学专门面向无钱入学的女性儿童提供手工训练以及一定的文化教育，使她们在得到一技之长以贴补家用的同时，还提高了文化水平。④ 金陵女子大学在校长吴贻芳的领导下，秉承厚生的精神，组织学生在学校附近农村筹办幼儿

① 杨才林：《"作新民"、"唤起民众"——民国社会教育研究》，博士学位论文，首都师范大学，2007年，第170页。

② 李蒸：《大学兼办社会教育的方法》，《农业通讯周刊》1938年第23期。

③ 王国平：《博习天赐庄——东吴大学》，河北教育出版社2003年版，第62—63页。

④ 金陵大学总务处：《私立金陵大学要览》，1947年，第29页。

园，同时还组织师资对附近妇女进行教育，内容包括识字、宣传卫生常识等内容。从举办方式上看，有些培训机构是由校方单独设立的，有些则是和政府、团体等合作设立。

编辑通俗读物也是大学从事社会教育的重要形式。近代中国大学在这方面进行了大量的努力。如沪江大学教师、后来担任代理校长的董景安在民国初年致力于社会教育，编辑课本《六百字编通俗教育读本》，该书选择日常生活中最通俗易懂的六百个字而编成，涉及卫生、地理、法律等广泛内容。是“大规模地使用了10年，令人敬佩的系列扫盲教材”[①]。金陵大学曾经出版小册类普及读物77种，文学院、理学院各一种，农学院75种。[②] 燕京大学注重通过通俗读物来宣传卫生工作的重要性。“在文字宣传方面，有《孕妇须知》及印刷品多种，分赠乡民，并在《清河旬刊》刊登有关系之文字。”[③]《孕妇须知》《清河旬刊》均为燕京大学编辑出版的通俗性质的读物。除了教师之外，近代中国大学学生也热衷于编辑出版一些通俗读物，如黑板报、报纸，等等。这些板报、报纸大都用语简洁、浅显，有时还会配有一定的图画。内容涉及时事政策、生产指导、卫生普及，等等。

演讲是一种灵活的社会教育形式，较少受到经费、设施等方面的限制。近代中国大学普遍采用此种方式进行社会教育活动，甚至成立专门的演讲组织与团体。利用演讲进行社会教育，成绩比较突出的是北大平民教育讲演团。该团成立于五四当年，初期会员不足四十人，后期发展到近200人。该团讲演活动分为定期和不定期两种方式。讲演的主题非常广泛，涉及生活的方方面面。1919年4月3日到5日，该团趁蟠桃宫庙会之际连续演讲三日，第一日有13讲，第二日有15讲，第三日有10讲。第一日的13讲分别是廖书仓的“平民教育讲演之意义”、易克嶷的“如何求幸福”、许德珩的“勤劳与知识”、丁肇青的“大家都受教育”、周

---

① Yuan Shan Diang, “An Outline of System of Schools Calculated to Promote Mass Education in China”, *Education Review*, Vol. 15, No. 1, Jan. 1922, p. 31. 转引自周东华、董景安《〈六百字编通俗教育读本〉考》,《近代史研究》2009年第5期。

② 南京大学高教研究所校史编写组:《金陵大学史料集》，南京大学出版社1989年版，第219页。

③ 章元善、许仕廉:《乡村建设实验》(第1集)，中华书局1934年版，第88页。

长宪的“赌博之害”、高绍珠的“做一件事当一件事”、廖书仓的“勤劳”、罗家伦的“改良家庭”、陈兴霸的“公德”、周长宪的“念书的利益”、朱一鹗的“人生之要素”、罗运磷的“空气”、李秀龙的“我和大家的关系”①。从这些演讲题目中，足见演讲涉猎内容之广泛。

以上列举的仅是近代中国大学社会教育的一些典型的方式。大学社会教育的方式远远不止这些。例如，大学设立流动图书馆，为偏远地区的民众提供便利的借阅服务；大学的一些娱乐、文化设施面向社会有偿或者无偿开放，等等。这些都是近代中国大学进行社会教育的重要形式。一些大学还直接面向社会开门办学，从事社会教育事业。蔡元培主持下的北京大学，“外系、外校乃至外地的学生，未经注册就可以进入北大的教室学习，北大并不过问你的学历、你从哪里来、你多大了、你的社会地位如何，只要你所进入的教室里还有位子，你的行为没有影响到任课教师的正常教学，那么你就可以随意选择进入你感兴趣的课堂听讲，绝对不会发生由于你不是北大正式学生而被赶出去的事情”②。通过这种开门办学的方式，北大为大批贫困青年提供了成才的途径。这也是当时北京大学从事社会教育的重要途径。

具体考察某一所大学或者学院在一定时期的社会教育状况会更加有助于说明近代中国大学社会教育内容和形式的丰富多样。八一三事变爆发之后，位于上海的大夏大学西迁贵阳。尽管由于迁徙给正常的教学活动带来极大的不便，但是大夏大学依然克服困难在贵阳当地进行了丰富多彩的社会教育活动。在西迁贵阳一年多时间里该校从事的社会教育活动有：（1）继续办理花溪农村改进区。具体包括扩充教育设施，在继续办理原有民众学校的基础上，接管花溪中心小学，并为该校新建校舍一座；指导当地的农村合作事业，包括组织成立农村合作社、储蓄银行以及组织社会垦荒造林等；推进农事改良，成立苗圃农场等；发动抗战时后方工作，主要是进行抗日宣传等工作。（2）协助推进贵州战时民众补习教育。（3）自设播音实验室，播送抗战等节目。（4）参加贵州广播电

---

① 张允侯等：《五四时期的社团》（二），生活·读书·新知三联书店1979年版，第143页。

② 穆子月、许毕基：《大学校长记》，济南出版社2010年版，第14页。

台播音室，每周进行社会教育演讲一次，该校娱乐社团还经常前往电台播放音乐、话剧等节目①，由此可见大夏大学社会教育活动之丰富多彩。美国学者叶文心评价民国时期上海大学“由两个相当分隔的领域组成。一个是有正式编制的学校……另一个是相对不那么正式的（或者说，很难准确定义的）空间，通过暑期学校、社会补习业余课程和公开讲座等，将教室与街头联系起来”②。作者的这一论述反映了上海大学社会教育内容和形式的灵活多样。

三　一个个案：暑期学校

开办补习培训机构是近代大学社会教育的重要形式。在此类机构中，暑期学校是一种发展比较完善、影响较为广泛的补习、培训形式，受到社会的普遍欢迎。目前学术界对于近代大学暑期学校的关注尚不多见，笔者在此将重点介绍这一社会教育形式。

暑期学校就是利用暑期之闲暇，由大学单独或者与其他机构合办，招收在职员工、在校学生或者其他有志进修之人员施以培训的形式。任何事物的产生都不是偶然的。暑期学校的发展经历了一个生长孕育的过程。在暑期学校之前，近代中国大学所举办的一些类似的教育、培训机构为暑期学校的诞生提供了经验等方面的准备。一些大学也利用漫长的暑期进行一些补习、培训活动，但是这只是个别大学偶尔为之，在当时并不为人注意。暑期学校迅速发展并且逐步得到人们关注是在20世纪二三十年代。

（一）20世纪初世界暑期学校热潮

1920年，南京高等师范学校举办暑期学校，在此之后，各校纷纷效仿。“自九年夏南高创设暑期学校后，十年各地群起设立暑期补习学校”③。暑期学校之所以首先诞生在南京高师，与郭秉文、陶行知等大批留美生的努力是分不开的，特别是后者更是南京高师首届暑期学校的有力提倡者和实际负责人。陶行知等留美生回国开办暑期学校，主要是受

---

① 《大夏大学兼办社会教育一年来概况》，《教育通讯周刊》1939年第37期。

② ［美］叶文心：《民国时期大学校园文化（1919—1937）》，冯夏根等译，中国人民大学出版社2012年版，第100页。

③ 《暑期补习学校之发展》，《新教育》1922年第4期。

到美国大学模式的影响，同时也受到当时世界广泛流行的设立暑期学校风潮的影响。经过五四运动的洗礼，20 世纪二三十年代，人们的民主意识明显增强，对于平民的教育事业日益关注。对于国外发展平民教育的举措，特别是大学利用暑期学校开展平民教育的实践多有引介。在南高师首次开办暑期学校的当年，《教育杂志》欧美教育新潮栏目就刊登了文章《美国暑期学校的发达》，介绍 1920 年美国暑期学校发达的情况。[①] 美国著名教育史学者孟禄·保罗撰文《美国暑期学校》，详细介绍了美国暑期学校发展史，该文后由刘荔生翻译成中文，刊于 1926 年《同学季刊》杂志上。据该文记载，早在 1840 年爱默生等人就提倡举办暑期学校。大学开始举办暑期学校始于哈佛大学，1869 年哈佛教授阿伽西氏（Prof. Louis Agassia）开办的暑期学校是大学暑期学校的鼻祖。[②] 经过几十年的发展，到 19 世纪末，举办暑期学校成为美国大学非常普遍的做法。进入 20 世纪，美国大学暑期学校的发展更是迅速。以 1922 年美国宾夕法尼亚州为例，是年该州有 23000 名教员参加大学暑期学校，占该省全部教员总数的 50%，入学人数是 1919 年的四倍，足见该州暑期学校发展之快。[③] 不但教职人员热衷于参加暑期学校以提高自身业务能力，美国暑期学校的内容是如此发达，以至于各行各业的人都可以从暑期学校中找到自己所需要的东西。“有大腹便便之商贾，有粗手粗脚之小工，有年逾花甲之老翁，亦有十余龄的卖报童子，一入校中，不啻是一美国全社会之缩影。”[④] 为了增强对于美国大学暑期学校的直观体验，一些杂志在报道时，还配以精美的图片。如《图画时报》在 1928 年 504 期就刊登了美国康奈尔大学暑期学校学生上课的情形。美国暑期学校不但充分利用本土的人力资源优势，而且还注重和其他国家合作，充分借鉴和利用其他国家的人力资源。1923 年，哥伦比亚大学举办为期六周的暑期学校，邀请诸多法国学者来校讲学。这些学者来自巴黎大学、法国学院等不同学术机构。从学科背景看，涉及文学、政治、外交、哲学等不同学科领域。

---

① 杨贤江：《美国暑期学校的发达》，《教育杂志》1922 年第 5 期。

② 孟禄·保罗：《美国暑期学校》，刘荔生译，《同学季刊》1926 年第 1 期。

③ 《宾雪维尼省教员入暑期学校之踊跃》，《教育杂志》1923 年第 1 期。

④ 俞晋：《美国的暑期学校》，《先导半月刊》1933 年第 10 期。

不但美国的暑期学校红红火火，其他一些国家和地区的暑期学校也同样发展不错。维也纳大学心理学研究所在1935年开办心理学暑期学校，师资可谓雄厚，邀请维也纳著名教授开设语言分析与人格、发育心理学、社会心理学等课程。1933年，德国耶拿大学举办为期12天的暑期学校，开设课程内容十分丰富，包括哲学宗教、文学、教育、家政、政治、美术等九门。每门科目下又开设许多分支，如教育科下设有个人与社会、教育目的与文化理想、脑的工作与手的工作、赫尔巴特与马克思等内容。内容之丰富，由此可见一斑。此外，一些国际组织也举办过一些暑期学校。1923年《教育杂志》报道："万国联盟会（League of Nations）将在意大利Bolozna城举办暑期学校，讲题为联盟会、Bolozna之历史的与艺术的方面，由Miss M. Currey及意大利大学教员会担任。"①

20世纪初国际举办暑期学校的实践经过一些留学生以及热心国际教育发展动态的专家、学者的介绍传入国内。当时的一些杂志如《教育杂志》《同学季刊》等都曾刊发过一些关于国际暑期学校的文章。这些介绍文章为近代中国大学开办暑期学校提供了有益的指导，近代中国大学开办暑期学校也汇入到世界暑期学校的洪流当中，同时又具有本土自身的特色。

（二）近代中国大学暑期学校类型考察

从1920年南京高等师范学校在全国高校中率先举办暑期学校开始，到1937年抗日战争爆发之前的17年时间里，近代中国大学暑期学校可谓蓬勃发展。抗日战争爆发后，暑期学校发展受到严重影响。有学者分析认为，民国时期暑期学校按照举办机构可以分为四类，即高校、政府、中小学校和群众团体；按照教育性质分类亦可以分为四类，即专业的进修、中小学功课辅导、教职员之培训和名人的讲演、报告。② 从作者的这一分类足见20世纪二三十年代我国暑期学校之发达。尽管作者的上述分类是针对各类暑期学校总体而言的，但是对于我们分析近代中国大学暑期学校具有重要的参考价值。

大学以高深专门知识为研究对象，相较于政府、中小学校以及群众

---

① 《万国联盟会在意开办暑期学校》，《教育杂志》1923年第7期。

② 龚放：《南高师的暑期学校》，《南京大学报》2004年10月20日。

性团体来说，其举办暑期学校具有更大的资源和智力优势。具体考察近代中国大学暑期学校，单从举办主体来看同样非常复杂。有的主要是由学生负责组织的，如北京大学学生曾经在1923年暑期举办补习学校，该校简章明确规定："本校定名为北大学生主办暑期补习学校"，"本校教职员由北大毕业及最高年级同学组织之"①。高校密集的都市往往是暑期学校比较多的地方，在暑期开始前的几个月里，就可以经常发现载诸报端的暑期学校广告。但是，这种密集在大城市里的暑期学校往往不能满足偏远地区人民对于教育的需要。于是一些大学生利用暑期回家的机会，在家庭所在地举办暑期学校，受到当地人民的普遍欢迎。如厦门大学学生郑永祥就连同当地其他大学生于1923年暑期在家乡福建永定举办暑期义务学校。场地设在县立中学，费用靠临时募捐，教员均为义务，没有薪俸。② 除了学生组织的暑期学校之外，一些大学的学院也组织暑期学校。如浙江大学工学院在1928年暑期开办暑期学校，"与本院各部学生及小学教师、中学教师补习之机会"③。大学里的社团、学会等组织也是暑期学校举办的生力军。山西大学英文协会为辅导学生中考、高考即在1924年举办暑期补习学校。北京大学造型美术研究会也曾在1929年组织暑期学校。学校以研究美术、养成美术专业人才并为预备升学者提供课业补习为宗旨，学校开办两月，分中国画、西洋画两班，各班下分开不同的课程。④ 国立北京师范大学阿波罗学会是一个专门研究绘画的学术组织，该组织亦曾开办暑期学校。1923年招生简章写道："本校宗旨在利用暑假期间与一般有志研究绘画者以适当之补习机会"，学校分西洋画科和绘画师范科两科，西洋画科又分四组进行，绘画师范科分两组进行。⑤ 当然，以大学名义举办的暑期学校往往规模更大，社会效应更广。1920年南京高等师范学校首届暑期学校参加人数就有1000余人。当时尚在高等小学任教，后来成为一代词宗的夏承焘就参加了南高师首届暑期学校，得以亲自聆听胡适、梅光迪等大家的教诲，使其视野大开。1922年南开大

---

① 《北大学生主办暑期补习学校简章》，《北京大学日刊》1923年第1263期。

② 力子：《介绍一个暑期义务学校》，《民国日报·觉悟》1923年第27期。

③ 《暑期学校》，《浙江大学工学院月刊》1928年第6期。

④ 《国立北京大学造型美术研究会暑期学校招生简章》，《北京大学日刊》1929年第2208期。

⑤ 《阿波罗第二届暑期学校简章》，《北京大学日刊》1923年第1262期。

学暑期学校参加人数也超过 700 人。这些暑期学校在当时全国都产生了很大的反响。除上述学校外，燕京大学、清华大学、浙江大学、四川大学、金陵大学、青岛大学、复旦大学、沪江大学、大夏大学等都曾经组织过暑期学校。近代中国大学不但自己组织暑期学校，而且也和社会团体、政府机关等合作组织暑期学校。北京大学教育系、中华教育改进社以及京师学务局三方联合在 1926 年举办暑期学校。该期暑期学校共分特别、甲、乙三组，特别组专为男女中小学教员研究教育问题而设，甲组专为男女中学毕业生补习学科而设，乙组专为预备入中等学校之学生而设。① 1928 年，中华基督教会广东协会与岭南大学合作开办暑期学校。“岭大农学院的教师负责了全部农业科学方面的课程，包括灌溉与排水、买卖合作社、农民实用簿记法、农村展览会、土壤及其管理、肥料及其用法、农业范围等实用性较高的课程。”② 大学与大学之间联合举办暑期学校也是一种非常重要的举办形式，这能够最大限度发挥各自的学科优势，实现较好的资源整合，发挥最大的社会效力。华东基督教大学评议会组织华东暑期大学，参加大学主要有沪江大学、圣约翰大学、东吴大学等。1924 年的华东暑期学校，校址设在圣约翰大学，该期共招收 230 余人，女生就达 60 人之多。开设课程有社会学、教育学、理化学、经济、音乐、体育等十余种，内容十分丰富。学校授课方式比较灵活，除正式授课之外，邀请名人至校演讲，实地参观当地的工厂企业，游览名胜古迹等亦被纳入教学内容之中，极大增强了学生学习兴趣，在社会上引起较大反响。

近代中国大学举办暑期学校的形式多种多样，暑期学校所涉及的内容同样是覆盖非常广泛。有的是为帮助学生合理利用暑假进行补习教育，有的则是为中小学生的中考和高考提供辅导，有的致力于提高平民识字水平以增强其觉悟，有的是为教职人员及教育行政人员提供在职培训，有的是进行专门的行业培训……可谓五花八门、无所不有。1923 年北大举办马神庙暑期补习学校，该校简章明确规定：“本校以利用假期增进青

① 《北京大学教育系、中华教育改进社、京师学务局合组北京暑期学校简章》，《新教育评论》1925 年第 1 期。

② 陈国钦、袁征：《瞬逝的辉煌——岭南大学六十四年》，广东人民出版社 2008 年版，第 92 页。

年学业使得考入相当学校为宗旨"，"本校分设高小毕业班及中学毕业班及中学二三年级各二班"①。从招生简章可知马神庙暑期学校举办的宗旨主要是进行暑期补习以利升学。为了提高川黔一带中学教师的业务素养，增强其实际教学技能，国立四川大学在任鸿隽校长的组织下于1937年举办川黔中等学校教员暑期讲习班，课程主要依据中学课程而设，计有英语、史地、算学、理科四组，分别招收学员15名、32名、13名、20名。② 川大举办的此期中学教员进修班，对于提高该地区的中等教育水平助力甚多。同年，国立浙江大学奉教育部令专门针对师范学校教员开办暑期学校，开设英文、数学、理化和生物四科，共招收学员200余人。为保证办学效果，教育行政机构"拟强迫各中学师范各该科教员参加听讲"③，足见官方对此次暑期学校之重视。同济大学在1937年举办面向全国工业职业学校的为期一月的教员暑期讲习会，要求"凡设有土木、机械、电机等科之公私立职业学校，每应选派科主任或专任教员每科一人，班级较多之学校，各科得酌量增派一人"④。学员学成之后，不得另谋高就，必须回原单位就职。通过以上介绍，我们可以说近代中国大学面向教职员而举办的暑期进修培训学校涉及面是比较广泛的，既有面向普通中小学的，也有专门面向师范、工业等学校的。在近代中国，教育承担着救国、富国的梦想。教职员质量的高低直接关系教育质量的高低。当时的中国积贫积弱，新教育起步晚而且基础差，发展可谓步履维艰。人们关注最多的是如何尽快造就足够数量的新型教职员，对于教职员的质量不免有所忽视。数量固然重要，而且短期内可以迅速解决。质量问题亦丝毫不能忽略，较之数量的增加，质量的提高更是一个漫长的过程。难能可贵的是，当时一些先进人士特别是教育界人士已经注意到教职员质量提高的重要性。常导之⑤认为："如果我们承认教育目的在于适应社

① 《马神庙暑期补习学校招考简章》，《北京大学日刊》1923年第1262期。

② 《二十五年川黔中等学校教员暑期讲习班各组学员表》，《国立四川大学周刊》1937年第17期。

③ 《暑期中学师范学校教员讲习班》，《国立浙江大学日刊》1937年第204期。

④ 《教部令本校办全国工业职业学校教员暑期讲习会》，《同济旬刊》1935年第135期。

⑤ 常导之（1897—1975），又名常道直，近代著名教育家。先后毕业于金陵大学、北京高等师范学校，后又留学美、英、德等国。归国后，任教于中央大学、北京师范大学、安徽大学、四川大学、华东师范大学等校。中国教育学会的主要创办人。主要从事比较教育、外国教育等方面的研究。

会的需要，而且要用最经济的方法达到这目的，那么我们就应当设法使一般负教育之责者时时与新思想新学术接触，使能与时俱进”，并且认为大学开办暑期学校对教职员进行培训是“适应时事需要的产物”①。在这种认识指导之下，近代中国大学举办暑期学校对教职员进行培训是一种比较普遍的做法。除了面向教育行业的在职培训之外，近代中国大学还面向其他行业开展暑期培训。成立于 1929 年的中华全国民营电业联合会曾经举办电业函授学校，为了让函授学校毕业生进一步深造，联合会在 1934 年请求浙江大学工学院电机工程系举办暑期学校。浙江大学接受邀请，对此工作高度重视，聘请电机系主任曹凤山为暑期学校校长。该校招生简章明确规定宗旨为“利用暑期余假，培植电业人才，以应国内电厂之需要”，“凡具有初中程度，而有志学习电气，及全国民营电业联合会电业函授学校卒业，而有志深造者，均得报名入学”②。课程设有原动设备、发电所设备、配电工程、电信概要、电工实习、应用数学、英文、电工演讲等，学生修业期满合格者，联合会介绍至电厂工作。旧中国是一个人口大国，农业问题至关重要。很多大学都举办了专门的农业暑期学校。为了普及农业教育、推广农业技术，金陵大学在 1926 年举办农业暑期学校，“广征国内乡村小学教师，授以农业上之知识，服务上之训练，以期养成提倡农业之先导”③。其他一些以农科见长的大学也开设过类似的农业暑期学校，如岭南大学等。

除上述暑期学校之外，还有一些比较有特色的暑期学校。旧时中国，国人素来不重视体育。有人指出：“在这个若干世纪以来士大夫受到尊重而士兵遭到蔑视的国家，可以预料，健身锻炼会遭到很多人的反对。”④因此，国人对于体育认识程度非常低下。等到近代学校引入现代体育之后，由于教学方式陈旧等原因，致使学者对体育并不感兴趣。一部分专研体育的人又落于竞技体育的窠臼不能自拔。所有这些都不利于国民健康的全面提升。有鉴于此，国立清华大学曾经在 1930 年举办专门的暑期体育学

① 常导之：《在职教员之教育与暑期学校》，《教育杂志》1922 年第 5 期。

② 《工学院电机工程系代办电业暑期学校》，《国立浙江大学校刊》1934 年。

③ 《金陵大学特设农业暑期学校》，《圣公会报》1926 年第 11 期。

④ 王国平：《博习天赐庄——东吴大学》，河北教育出版社 2003 年版，第 72 页。

校，致力于钻研体育学术，推广全民体育事业。该校招生简章指出："邀请国内外体育专家，以其经验学识，贡献于全国在中等以上学校从事体育诸同志，俾能于最短期间内，对于体育学术两方，得到深切及充分之见解及修养"①。学校为期一个月，学额120名，开设卫生教育、体育行政、各种球类以及讨论会等课程。可惜的是此次体育学校仅招收男生。相比之下，金陵女子文理学院体育系举办的暑期学校则更为开放。该校体育系在1935年暑期举办为期三周的体育学校，"专为灌输各项最新体育学识、以资传授"，"中小学女体育教员及对体育有兴趣之女子、预备作体育教员、欲求新体育知识者，亦可报名入校"②。旧中国对于女子有太多的束缚，讲究女子无才便是德。在这种文化氛围中，金陵女子文理学院开办暑期体育学校，毅然招收女子学员入校，对于传统女子教育理念是一个重大挑战。"公共女子教育的兴起与发展是中国教育现代化程度的一个重要指数，而教会大学也在其间扮演了重要角色。"③ 金陵女子文理学院开办暑期体育学校招收女学员的实践是对上述论断的绝好注脚。

以上主要从举办方式和教育内容、性质等方面对近代中国大学暑期学校进行考察，虽然这种考察的维度并不是很全面，但是窥一斑而见全豹，我们可以得知近代中国大学开办暑期学校热情之高、规模之大，亦可知学员参加暑期学校热情之高。据媒体报道，1923年东南大学暑期学校学生总数达860余人，年龄最小的仅16岁，最大的则为54岁。④ 虽然年龄存在差距，但他们却都有一颗求知、向学之心。

（三）近代中国大学暑期学校的成绩与问题

大学是专家学者云集的地方，智力资源比较丰富，这为近代中国大学开办暑期学校提供了良好的智力基础。因此，近代中国大学暑期学校的师资力量是比较雄厚的。比如南高师的暑期学校就曾经邀请胡适、梅光迪等人到校讲课。梅光迪曾经开设"文学概论""西洋戏剧""近世西洋短篇小说""近世西洋文豪"等课程。⑤ 国立东南大学暑期学校曾经邀

---

① 《清华大学暑期体育学校筹备委员会来函》，《国立浙江大学校刊》1930年第18期。
② 《体育系筹办暑期体育学校》，《金陵女子文理学院校刊》1935年第25期。
③ 田正平：《教会大学与中国教育现代化》，《文史哲》2007年第3期。
④ 《民国十二年度暑期学校及讲习会一览》，《教育杂志》1923年第9期。
⑤ 陈建军：《梅光迪与"南高第一届暑期学校"》，《书屋》2012年第10期。

请梁启超和杨杏佛分别做“学问之趣味”“增进个人效力的原理和方法”的演讲等，真可谓是大师云集。复旦大学1928年开设的暑期学校，教员有李登辉、陈望道、孙本文、洪深、章益等人，均是在各自领域内学有所成之人。即便是大学生自己组织的一些暑期学校，由于当时大学生数量极少，而且民众识字水平普遍较低，加之学生主办的暑期学校大多是补习性质的，充任师资的一般都是大学高年级学生，因此能够胜任自如。良好的师资为近代中国大学暑期学校的质量提供了保证。暑期学校的学生一般都比较珍惜来之不易的学校机会，虽然是在炎炎夏日，尤能勤学不辍。在师生的共同努力之下，应该说近代中国大学举办的暑期学校成绩是比较显著的。特别是较早举办暑期学校的一些大学，如南开大学、东南大学、北京师范大学等，它们的暑校在社会上影响很大。1934年同济大学江湾暑期学校26名学生参加是年同济大学入学招生考试，结果录取10名，占暑期学校投考人数的40%，而该年同济大学的录取率仅为14%，由此可见同济大学暑期学校之成绩。① 面向教职员的暑期学校开阔了教职员的视野，提高了其教育教学水平；近代中国大学举办的农业、电业等专业性的暑期学校则提升了参加人员的专业水准，为新技术的普及提供了重要的人力基础。近代中国大学开办的暑期学校很多都是男女并收，对于进一步促进女子的解放意义重大。女学员在暑期学校的表现赢得了男士的尊重。1931年复旦大学暑期学校共招收学员600余人，其中包含不少女学员。“有一天暑气迫人，一般男同学热得个个喊要命，就是某教授也喊着不得了！可是她们一句声都没有出过，这种精神真是令人佩服得很啊！”②

然而，近代中国大学开办暑期学校毕竟起步较晚，外国暑校的做法未必均适合我国。加之，“暑校性质临时、情形复杂……办理者一有不慎，非经费受亏耗之虞，即程度有降低之弊”③。因此，近代中国大学暑期学校在创办过程中出现一些问题势所难免。首先，从举办宗旨来看，一些暑期学校创办的功利色彩太浓厚，以至于埋没了暑期学校开办的真

---

① 《本校暑期学校学生成绩优良》，《国立同济大学旬刊》1932年第32期。

② 吉菴：《复旦大学的暑期学校》，《希望》1931年第4期。

③ 朱斌魁：《办大学暑期学校之紧要几点》，《教育会刊》1924年第2期。

意之所在，特别是在后期开办的一些暑期学校，这种情况比较严重。翘盼已久的暑期到来之时，学生们皆大欢喜，可以好好放松一下。教授们“尤其是做跑街式的教授们，饭不能不装下肚去，晚上虽可在露天睡觉，可是事实上大家知道二房东会一天跑两次地要房钱，没办法合几个同病相怜的朋友同志，和校长商量一下，开个暑期学校，一天赶上两三小时，只要有人来上课，那无论怎样是可以牺牲的”①。毫无疑问，开办暑期学校需要花费大量的时间、金钱，耗费大量的精力，适当的经济回报是无可厚非的。但是，如果过分强调其经济利益，不但有悖暑期学校开办的初衷，教学质量也难以保证。其次，一些暑期学校在师资配备上存在一些问题。南开大学、东南大学开办的暑期学校之所以能够产生广泛的社会效应与其优良的师资是分不开的，而且优良的师资也是吸引暑期学员的重要筹码。因此，“有名的闻人”便成为许多大学暑期学校追逐的目标。然而，一些暑期学校追逐这些“闻人”纯粹是为了宣传的需要，而不考虑这些人是否适合所办暑期学校的性质。有的暑期学校“非找几个有名的闻人，来当校董校长，这学校便难得办得起色；好在，是不限资格。宰猪的可以宰羊，杀鸡的可以杀鸭，只要有刀。这些闻人也是一样，不管捞毛的翦绺的，只要出名，就可无所不能无所不会的什么事都可以做了，带兵的头儿，好当文科法科的校长，篾片出身的帮闲会做艺术学校的教员”②。作者的叙述虽然不免有夸大、讽刺之嫌。由此可知，类似的情形却是存在的，当无疑义。最后，一些学校在具体组织过程中也存在一些问题。比如暑期学校大多集中在高校较多的城市地区，偏远地区少有大学创办的暑期学校。一些暑期学校收费过高，这对于收入不高的一些小学教职员等人而言是不能承受的。一些大学在举办暑期学校的过程中往往是在暑期临近之时才发出布告，对于一些在职员工来说不能提前将工作做出妥善的安排。还有一些暑期学校对于经费的预算没有进行精心的安排，以致学校在运作过程中由于经费掣肘的缘故使学生难以为继。“今年（1923年，笔者注）暑期学校，武进县预算五百元，后来实用

① 史济宏：《暑期学校》，《十日谈》1934年第36期。

② 且夫：《暑期学校》，《时时周报》1931年第24期。

到八百元光景，听说行政者有责难的事；杭州暑校支出超过收入，竟弄到募捐结束”[①]。这种组织管理的不善，无疑给暑期学校的实际运行带来困难，严重影响暑期学校预期目的的达成。

暑期学校是近代中国大学社会服务的重要形式。秉承服务社会、教育救国的坚强理念，暑期学校的举办者、参与者克服天气等诸多困难，依然勤学不辍，这种精神令人肃然起敬。“六月的天气，太阳张着血盆似的红唇，天神拖着火龙似的尾巴，忙着忙着，和那金黄色的热气接吻，有放浪的野狗伸着舌头，有疲倦的鸣蝉振着翅膀，这样美丽的天气正是他们上课的时候。”[②] 在举办暑期学校的过程中，近代中国大学师生进一步加深了对中国社会的了解，这种了解的加深更激发其挽救民族危亡、实现国家富强的决心和勇气。

第二节 “负起改造农村的责任来”：农业科技推广

我国是一个传统的农业大国，在漫长的历史发展过程中，孕育了光辉灿烂的农业文明。18 世纪，我国农业日渐呈现颓势。列强的侵略、连年的征战以及频发的自然灾害更加剧了农业衰败的步伐。一些学者在分析中国粮食劳动生产率等方面的变化后，认为近代中国农业的发展基本上可以做出“停滞与衰落”的判断与估计。[③] 农业衰败表现在诸多方面，农业科技落后无疑是其最为重要的表征。在近代中国高等教育体系中，教会大学最早关注中国农业科技改良与推广的问题。尽管这种实践带有很强的宗教目的，但是其发挥的客观效用是不能抹杀的。近代中国公私立大学崛起之后，其所肩负的时代使命要求其结合自身特点关注中国农业、农村问题。政府出于维护自身统治的需要，也非常关注农业科技的改良。政府和高校之间在农业科技改良问题上达成高度一致。于是，象牙塔中的知识分子开始了轰轰烈烈的“上山下乡”运动，从事良种推广、

① 俞子夷：《我对于办暑期学校的一点小意思》，《教育杂志》1923 年第 10 期。

② 建明：《暑期学校》，《社会与教育》1931 年第 12 期。

③ 郑庆平：《对中国近代农业生产力的基本估计》，《晋阳学刊》1994 年第 6 期。

病虫防治、农业组织健全等方面的农业服务活动。农业科技服务是其中非常重要的服务活动之一。建立科技实验示范区，从点滴做起进而逐步谋求农业科技的推广是许多近代大学的共同做法。

一　近代中国大学"上山下乡"的呼声

近代中国大学诞生在近代中国社会的特殊场域内，在其发展早期大学不但未能为农村发展尽力，反而加速了农村破产的进程。当时有人指出："我国现在的教育情形，不是到民间去的，都是从民间出的，换句话说，是现在并没有人把学者研究的所得，拿到民间去帮助农人工人，改良他们的生活状况，却是用教育的方式，把农人工人的子弟拔出来，使他们以后不能为农，不能为工，不愿为农，不愿为工。"① 如果再考虑到20世纪二三十年代接受高等教育所需费用之巨，许多农村家庭为供子女上学而贷款、变卖家产，而大学最终培养出来的可能是一个失业者的历史事实，我们就会相信作者的论断是有根据的。

农业的衰败引起众多关心民瘼的社会人士的关注，有些人甚至把农业、农村能否复兴视为民族复兴的基础和关键，不禁发出"改造社会当注意于农业社会的呼吁"②。近代中国大学担负救亡图存的时代使命。欲达此目的就必须拯救中国农村、农民和农业。在五四运动的洗礼之下，民主与科学的思想充盈于社会的每个角落。民主观念的深入人心要求近代中国大学一改过去与农村疏离的做法，更多地关注农村平民百姓。科学的观念则无疑为近代中国大学深入农村、改造农村提供了工具。除了这种思想的洗礼之外，上述近代中国农业衰败的残酷现实、政府的提倡与鼓动、近代中国大学职能体制的完善等因素都发挥了重要的促进作用。在此种背景之下，大学必须深入农村，大学毕业生必须走向农村成为人们的呼吁。比如，中山大学校长邹鲁就要求大学生"负起改造农村的责任来"③。大学要走向农村、复兴农村必须重新进行大学区域分布。近代中国大学主要集中在沿江、沿海的北京、上海等城市。内陆以及偏远地

---

① 吴昆吾：《如此大学农村焉得不破产》，《时代公论》1933年第45期。

② 汤丙南：《改造社会当注意于农业社会》，《湖北省农会农报》1920年第8期。

③ 程焕文：《邹鲁校长治校文集》，中山大学出版社2004年版，第128页。

区特别是不发达的农村地区高等教育机构普遍缺乏，最需要大学的地方却没有大学。这种由于大学区域分布不均而导致大学畸形发展的现象非常严重。在当时高校密集的北京、上海等地，其所拥有的高校数量连一些国际性的大城市都不能比拟。大学过分集中于都市的现象无疑不利于农村的复兴与建设，必须进行大学区域调整，在中西部地区加大高等教育资源的投入，而且中西部地区“远隔政治中心、山水闲静、风俗醇厚”比较大城市更适合研究学问，在内地兴建大学“不特可养成青年对于学术的兴趣，亦可蔚成良好的学风，无论从整理教育上着想，或从救济农村上着想，都不失为一种差强人意的办法”①。在二三十年代的中国，作者能从高校区域分布着眼来探讨农村振兴的问题，见解可谓深刻。大学区域分布的改善对于农村复兴固然重要，但是如果大学仍然恪守传统教育和社会之间分离的办学方针，仍然对于农村衰败的现实熟视无睹，效果同样不能让人满意。因此，大学办学方针的调整相比区域分布的设置就显得更为重要。近代中国大学教育曾经存在严重的“贵族化”和“洋化”的现象。以此种思想为指导的近代中国大学是不可能在农村的复兴中发挥重大作用的。因此必须改变传统的大学教育方针。欲改造中国，先改造农村。要完成农村改造的任务，“首先必须改变大学教育的方针，使大学教育，适合于乡村的需要，使经过长期训练，学识丰富、能力强大的大学毕业生，能真正到乡村中去切实工作”②。

在社会的极力呼吁之下，从20世纪二三十年代开始，近代中国大学逐渐开启迈向农村的步伐。其实，一些教会大学在早期就注意农村、农民问题，但是这种注意纯粹是为宗教服务的，而且所进行的只是一些零散的、偶尔的医疗等服务。从20年代开始，无论是教会大学还是公私立大学所进行的乡村建设工作都是前期所不能比拟的。近代中国大学在农村进行科技推广、教育普及、卫生改良、风俗移易等活动。

二　近代中国大学农业科技推广的内容与形式

农业科技落后是农业衰败的重要原因。欲谋旧中国农村之发达，必

---

① 志坚：《从救济农村到大学分布》，《中华周报》1934年第109期。

② 胡庶华：《大学毕业生与农村复兴》，《重大校刊》1937年第7期。

须在农村中输入农业科技的新鲜血液，农业科技推广工作就显得极为迫切。聂海认为农业科技推广可以分为狭义、广义和现代三种类型。狭义的是指对于整个农事生产过程的指导，主要侧重技术支持方面；广义的农技推广内容远远超出技术的阈限，非常注重教育的过程；现代的农技推广是信息时代的产物，强调农业即时信息的提供。① 按照聂海的这一划分，近代中国大学农业科技推广的内容兼具狭义和广义两个部分，即既注重依靠自身的科技优势提供技术支持，同时还兼顾相关的教育培训工作。在农业生产的技术支持方面主要是通过各种不同的形式来普及和宣传新式农业生产技术，直接改造传统的农业。这种科技改造工作涉及种子改良、病虫治理、器械改进等诸多方面。

从种子改良方面来看，对于当时主要的作物品种如棉、麦、稻等，近代大学都进行了改良，一些大学在这方面的贡献至今仍然为人津津乐道。在此方面的工作一开始主要是从欧美引进先进的作物品种，而后进行改进实验。由于技术水平的提高，后来主要是立足于各地实际情况进行培植。金陵大学改良的棉种以及系列小麦品种，东南大学以及中山大学的水稻品种，西北农学院的豆类、小麦品种，四川大学农学院培育的水稻、玉米品种在当时受到农民的普遍欢迎。仅金陵大学一校引进和改良的小麦、棉花品种就蔚为大观，详见表4—1：

表4—1　　金陵大学改良小麦、棉花品种

小麦	棉花
金大2905号、金大26号、金大开封124号、金大南宿州61号、金大南宿州1419号、金大燕京白芒标准小麦、金大泾阳蓝芒麦、铭贤169号、定县72号、徐州1438号、徐州1405号、济南1195号	金大脱字棉、百万华棉、金大爱字棉481号、金大爱字棉949号、斯字棉4号、德字棉531号、珂字棉、岱字棉

资料来源：蒲艳艳：《金陵大学农学院和中国农业教育的近代化》，硕士学位论文，陕西师范大学，2007年；张剑：《金陵大学农学院与中国农业近代化》，《史林》1998年第3期；沈志忠：《美国作物品种改良技术在近代中国的引进与利用》，《中国农史》2004年第4期。

---

① 聂海：《大学农业科技推广模式研究》，博士学位论文，西北农林科技大学，2007年，第13—14页。

对于改良的作物品种，近代中国大学通过多种形式散发给农户种植。在良种散发的过程中，近代中国大学积累了宝贵的经验。如东南大学农科散发棉花良种采取地方纯种主义。“所谓纯种主义者，以棉场为中心，供给优良棉种与近场四周之农民。次年选择所产之良种，散与其次近之农人，再由次近及于稍远者，而近场农人，年向场索取精选之良种，如斯波及，使一地之棉种，保持永久之纯洁。”①

病虫害治理也是近代大学农业科技推广的重要内容。中国传统农业基本上是看天吃饭，农业科技不发达，农业病虫害的防治技术更是落后，通常只能采取简单的人工防治方法。因此，农业病虫害往往给我国农民造成巨大的损失。随着我国近代农学的建立和完善，农业病虫害防治成为重要研究对象，近代大学从事大量的虫害研究与防治工作。近代中国大学举办较大规模的病虫害调查、预防以及治理工作，极大减轻了农民负担，为农民挽回了一定的经济损失。如1926年东南大学在淮河流域开展大规模的治蝗工作，金陵大学农学院在小麦、烟草、苹果等方面的病虫害防治都取得了较为理想的效果。该院为了及时了解各地虫害的情况，建立了农情报告制度，各地农情报告员及时就当地农业发现的问题上报农学院，虫害问题是上报的重要内容。学院和报告员之间的交流通常借助于该院主办的《农林杂志》。例如曾有湖南永顺县农情报告员彭秀糠先生问道：“敝县油桐树上生一种饲虫（俗名饲虫，形似小蚕，色青绿，长约1寸）。叶被其食尽，多死者，请告此虫之学名及防治法。”该校教师答道：“彭君未将标本寄来，不能定名，请将标本放在7%之火酒中寄来，或可定名。桐油树上之饲虫用 leader of arsenate 1/8ounce，water 1 gallen 相和后喷射树上或可治除之。”② 中央大学农学院派员对江苏南部各县稻作产区的病虫防治工作进行指导：“得螟卵2亿块（螟虫下卵成块，每块自30至140粒，平均100粒左右），杀螟蛾八千万翼。拔枯心秧苗及白穗盈万担，仅吴江一县，以除螟，增加米粮25万担，值洋可256万元。”③

---

① 胡竞良：《东南大学农科之棉作推广》，《农学杂志》1926年第4期。

② 《虫害问题》，《农林新报》1933年第28期。

③ 尤其伟：《中国虫害问题及其解决之我见》，《国立中央大学农学丛刊》1929年第11期。

工欲善其事必先利其器。中国传统农业走的是一条粗放型发展的道路，农业生产工具落后，生产效率极低。农具改良成为近代中国大学农业技术推广的重要工作。在这方面表现较为突出的是中央大学。该校设有专门的农具学院，专门负责农具的改良和研制工作。该校改进和研制的农具如下：洋犁、五齿中耕器、棉花条播机、小麦五行条播机、三齿中耕器、棉花条播机、小麦五行条播机、三齿中耕耙、乘坐齿耙、六寸双壁犁、十二寸双柄犁。[①] 金陵大学的农具改良工作同样显著，该校改良的农具有播种机、脱粒机、抽水机，等等。

与农业科技推广的复杂内容相应，近代大学农业科技推广的形式也是多种多样的。首先，农业科技推广人才的培训是近代大学农技推广的重要形式。近代中国教育落后，技术人员缺乏，农业科技人员更是少之又少。人才是科技推广的主体，近代大学非常重视农业科技人才的培训。培训的方式非常灵活，有长期的也有短期的；培训时间往往选择在农民空闲之时。农业科技人才培训的形式多种多样，这从金陵大学农学院 1938—1939 年度的农业推广工作中就可以看出。农学院在该年度曾与农产促进委员会合作成立高级推广人员训练班以协助各地推广事业，以招收大学毕业生为主；通过农民周的形式对农村领袖及一般农民施以训练，该年度曾经召集温江、仁寿以及新都三县代表 200 多人在成都训练一周，主要内容有农事讲演、领导训话以及实地参观等；还通过暑期农业青年讲习会对于青年进行短期集合训练，对于在农业推广过程中遇到的问题进行解决；为了便于农业推广同仁之间的交流，该院还曾经举办农业推广讨论会。[②]

其次，编辑出版农业科技读物、宣传小册子等。农业科技人才毕竟缺乏，不能满足农民随时要求指导和咨询的需要。编辑出版一些通俗易懂的农业科技出版物，广泛分发给农户，可以有效解决农技人员不足的问题。考虑到农民知识水平有限，出版物非常讲究语言的运用并附有一定的图片，帮助农民理解。金陵大学的《农林新报》、福建协和大学的《协大农报》、国立中央大学农学院的《农学杂志》、国立北平大学农学院

---

① 华恕：《邹秉文纪念集》，农业出版社 1993 年版，第 144 页。

② 《金陵大学农学院 27 年至 28 年度兼办社会教育工作报告》，《农林新报》1940 年第 123 期。

的《农学》等刊物都为农业技术推广做出过重要贡献。为了加快推广的步伐，为同行之间提供切磋交流的机会，一些杂志还会推出农业推广专号。金陵大学《农林新报》就将第15卷第32、33两期定为农业推广专号。《农学杂志》将第3卷第4期辟为农业推广专刊。除了这种定期的刊物之外，近代大学也出版有关农业知识的不定期刊物。为了提高农业推广的效率，考虑到农民文化水平普遍较低的现状，近代大学还致力于编写一些更为易懂的农业推广材料，这主要包括一些活页教材、明白纸、小册子等，内容涉及作物育种、病虫防治、作物栽培，等等。这些小册子受到农民的广泛欢迎。东南大学为了推广和传播先进的棉花耕作技术，专门成立了棉作改良委员会，该委员会就出版了大量有关棉花种植的小册，表4—2是东南大学（包括其前身南京高等师范学校）1921年到1924年出版的有关棉业的浅说小册子名录。

表4—2　　东南大学农科棉作推广浅说名录

浅说名称	美棉栽培浅说	植棉简法	北方种植美棉浅说	五齿中耕器	美棉选择	中棉选良浅说	青年植棉竞进团的组织及其办法	今年植棉的准备	播种	赤实虫	棉疽病	赛会	河南种植美棉浅说
著作者	孙恩麐	过探先	孙恩麐	孙恩麐	叶元鼎	王善佺	叶元鼎	孙恩麐	王善佺	叶元鼎	王善佺	叶元鼎	胡竞良
刊发处	南京高等师范学校农科	南京高等师范学校农科	东大棉作改良推广委员会浅说第一册	东大棉作改良推广委员会浅说第二册	东大棉作改良推广委员会浅说第三册	东大棉作改良推广委员会浅说第四册	东大棉作改良推广委员会浅说第五册	东大棉作改良推广委员会浅说第六册	东大棉作改良推广委员会浅说第七册	东大棉作改良推广委员会浅说第八册	东大棉作改良推广委员会浅说第九册	东大棉作改良推广委员会浅说第十册	东大棉作改良推广委员会浅说第十一册
出版期	1921年	1921年	1922年4月	1922年6月	1922年8月	1922年10月	1922年12月	1923年2月	1923年4月	1923年6月	1923年8月	1923年10月	1924年2月

资料来源：胡竞良：《东南大学农科之棉作推广》，《农学杂志》1926年第4期。

再次，通过示范区或者示范农户进行农业科技推广。我国国土广袤，地理、气候条件差异巨大。这就决定农业推广工作必须因地制宜、因时制宜。加之，农民观念极为落后，缺乏进取的精神，如果不是目睹客观效果，绝不肯轻易采用农业新科技。针对这种情况，选择有利地区建立推广实验区便是较为理想的推广模式。建立农业科技试验示范区既是农业办学的要求，也是农业科技推广的良好形式。它可以让农民直接感受到科技的力量，一传十、十传百，使得农业科技很快得到传播。东南大学的徐公桥实验区、金陵大学的乌江实验区、燕京大学的清河实验区、齐鲁大学的龙山实验区、福建协和大学的五里亭、仙峰实验区等都是比较知名的实验区。

示范区范围毕竟有限，而且分布也不均匀。设立特约农家则可以克服这种缺点。所谓特约农家就是“选择当地农家若干，与之商定：关于某种事宜之进行，须按照改进机关，或推广机关之指导进行；约定以后，一方负设计指导与供给或介绍材料之责，他方则尽实行宣传与推广之职；进行时期，可显示其方法于邻居，将来结果如何？更足示范于大众，而后改进之方式与夫推广之材料，始可得一般农民之真诚信仰，使其自动模仿也”①。特约农家往往思想较为开明，乐于接受新鲜事物。特约农家是一条非常适合近代中国国情的农业科技推广之路。

最后，举办农事展览会、品评会。旧中国农民识字率普遍较低，先进农业科技的传播受到诸多限制。通过实物、图片等直观形式进行农业科技推广，无疑是一种非常适合当时农民的宣传推广方式。因此，举办农业展览会成为农民喜闻乐见的推广形式。通过举办农业展览会“一方面在借陈列品之力量，介绍新农业于农友；另一方面搜集农友农业出品，陈列比赛，优胜者并予以奖品，以资鼓励”②。此种展览会通常集农产品展览和品评于一身，对于农产品的品评通常聘请知名专家学者进行。根据需要，此种农业、农事展览会可以在农事试验场、农业学校等不同地方举行。在展览和品评的同时，主办方通常还会举办农事演讲、发放宣传小册子、播放农业推广幻灯片等活动。

---

① 《特约农家》，《山西棉讯》1935 年第 38 期。

② 《农业展览会》，《农民与教育》1932 年第 6 期。

除上述种种方式之外，近代大学充分利用农村集市、赛会等农民比较集中的时机，通过演讲、播放电影等形式传播农业科技。齐鲁大学在小麦播种之前，深入农村，利用电影等先进媒体并且配合演讲来宣传播种技术，听众往往多达数百人。① 当时有人在杂志上撰文总结农务指导的方法有：农田演讲、试验演讲、合作试验、函授课程、农夫演讲所、农妇演讲所、农民自修科、农业巡回学校、农民星期或农民节、特殊演讲、种子试验、辅助乡村学校、肥料苗木及其他之检查、农民短期科、乡村农业组合、农民集会之襄助以及出版品等。② 由此可见农业科技推广内容和形式的丰富性。

三　农业科技实验示范基地

通过上述介绍，我们可知近代大学农业科技推广的形式是多种多样的。其中，近代中国大学依靠自身的资源优势，选择一定的区域，或自己主办或者与其他机构合作成立科技实验示范基地，是许多近代中国大学走向农村普遍采取的做法，而且在中国历史上产生了重要影响。笔者以下将聚焦这一服务形式。在经过早期不断的探索之后，近代中国大学兴办农村实验区的活动在20世纪二三十年代达到高潮。“据统计，当时600多个教育和学术团体及大中专院校在全国建立了1000多个乡村建设实验区。”③ 在轰轰烈烈的乡村实验区建设热潮中，近代中国大学是重要参与和举办者。由近代中国大学参与或主持的部分农业实验区请参见表4—3。在本节的介绍中，笔者将重点介绍在当时影响较大的金陵大学乌江农业推广实验区、齐鲁大学龙山实验区。

表4—3　　近代中国大学参与的农业实验区名录

实验区名称	创办机构	实验区地点	创办时间
温泉乡村教育实验区	北平中法大学	北平宛平县	1920
徐公桥乡村改进实验区	中华职业教育社、东南大学农科与教育科、中华教育改进社	江苏昆山徐公桥	1926

① 闫克烈：《山东龙山农村服务社会社现况》，《农林新报》1933年第9期。

② 徐正铿：《农业推广》，《农学杂志》1926年第4期。

③ 郑大华：《民国乡村建设运动之“公共卫生”研究》，《天津社会科学》2007年第3期。

续表

实验区名称	创办时间	实验区地点	创办日期
定县乡村建设实验区	中华平民教育促进会、中央大学农学院	河北定县	1929
乌江农业推广实验区	金陵大学农学院、中央农业推广委员会	安徽和县乌江镇	1930
中央模范农业推广区	中央大学农学院、中央农业推广委员会	南京江宁县	1930
清河实验区	燕京大学社会学系	北平清河镇	1930
邹平乡村建设实验区	邹平乡村建设研究院、齐鲁大学医学院	山东邹平	1931
龙山乡村服务社	齐鲁大学、金陵大学农学院	山东济南龙山镇	1932
罗道庄农村建设实验区	北平大学农学院	北平罗道庄	1933
辛庄乡村教育实验区	北平师范大学	北平宛平	1933
仙峰乡实验区	福建协和大学	福建闽侯县第三区	1934
华家池农村建设实验区	浙江大学农学院	浙江杭州第六区	1935
五里亭改进实验区	福建协和大学	福建福州	1935
龙眼洞乡村教育实验区	中山大学、番禺县政府	广东番禺	1935
汶上乡村实验区	燕京大学	山东汶上	1935
中山大学乡村服务实验区	中山大学	广东广州	1936
花县乡村教育实验区	中山大学、中国教育社、广东教育厅	广东龙翔	1936
禾西乡村实验区	厦门大学文学院	福建厦门	1937
花溪农村改进区	大夏大学、贵州贵阳县政府	贵州贵阳县	1938
仁寿农业推广实验区	金陵大学农学院、仁寿县农业专修科	四川仁寿	1938
新都农业推广实验区	金陵大学农学院、新都县政府、县职业中学	四川新都	1938
南郑农业推广实验区	金陵大学农学院、南郑农业职业学校	陕西南郑	1938

续表

实验区名称	创办机构	实验区地点	创办时间
泾阳农业推广实验区	金陵大学农学院	陕西泾阳	1938
温江农业推广实验区	金陵大学农学院、温江县政府、县党部、县法团	四川温江	1938
故县农村工作区	福建协和大学	福建邵武	1939
香风乡村实验区	福建协和大学	福建邵武	1940

资料来源：李瑛：《民国时期大学农业推广研究》，合肥工业大学出版社 2012 年版；《农林新报》1940 年第 123 期；曾海洋：《厦门大学与闽南区域社会文化变迁研究》，博士学位论文，厦门大学，2007 年；《本校与贵阳县府合办改进区成立》，《大夏周报》1938 年第 1 期。

（一）金陵大学之乌江农业实验区

乌江镇隶属于安徽和县，地处安徽和江苏两省交界之地。乌江为霸王项羽自刎之地，亦因此而为天下人所知。乌江优良的自然条件特别有利于农作物生长。除了水稻、小麦等粮食作物之外，乌江还盛产棉花等经济作物。乌江棉花以其优良的质地和保暖性能而闻名。清朝诗人吴本锡有诗云："湖州丝棉甲天下，温暖不如乌江花。贾舶欲来天气好，家家白雪晒檐牙。"诗中的"乌江花"是指乌江卫花，所谓"卫花"就是棉花的意思。该诗足证当时乌江棉业之兴盛、棉花产量之高。棉花对于乌江人具有非同寻常的意义。然而，中国传统农业发展模式主要依靠个人经验的积累，对于科学技术在农业发展过程中发挥的巨大作用关注不够。由于不注重品种的改良，曾经让乌江人引以为自豪的卫花品种日渐退化，产量、质量日渐降低，乌江卫花逐渐成为一种历史陈迹。"在昔乌江卫花，与南京一带，本有美名。今实际考察，徒系虚传，而无实际。盖农友所种之棉，全为退化绿籽美棉，产量少、纤维短、品质劣，种植方法亦不良。"① 乌江地区具有良好的植棉基础，加之交通较为方便，便于专家莅临指导。因此，金陵大学从 1924 年开始即在乌江设立棉场，致力于棉种的改进与推广。经过几年的努力，金陵大学的乌江棉场在棉种改良和推广方面取得了显著的成绩。为了改良农业，推动农村经济的发展，

① 李洁斋：《本院农场乌江分场植棉情形》，《农林新报》1930 年第 207 期。

1930年国民政府内政部、教育部、实业部和中央训练部联合成立中央农业推广委员会。为了提倡和鼓励农业推广事业，该委员会决定成立一个农村模范实验区。乌江地区优越的自然条件以及金陵大学在该地农业推广事业的良好基础，使该委员会选择乌江作为模范实验基地。于是乌江实验区开始由中央农业推广委员会和金陵大学合办，聘请金陵大学推广系主任周明懿为实验区主任。中央农业推广委员会提供开办费4000元，经费每月至少200元。如果经费充裕，可以酌情增加。[①] 政府的介入有效缓解了乌江实验区经济匮乏的难题，实验区各项事业较之此前均有较大改善。

在金陵大学和中央农事推广委员会的共同努力之下，乌江农业推广实验区逐步形成了一套完整的组织系统。实验区下设四组即总务、经济、社会和教育。总务组下设农事和常务两部分，农事范围比较广泛，涉及猪、牛、鸡、蜜蜂、农业管理、农机器具、种子推广与储备、农场等内容；经济组主要进行农业调查、合作指导；社会组主要负责卫生、娱乐、茶园、农会等内容；教育组分为社会教育和小学教育两部分。实验区设主任，首任主任就是上文提到的周明懿。主任之下分设干事，具体负责每一组的工作，干事下面依据工作需要设置诸多办事员。由于业务范围的扩大，实验区后来的组织结构稍有变化。但是，基本保持了最初的这种有效的三级组织系统。在中央农事推广委员会参与乌江农业区之前，金陵大学主要是在乌江进行农业科技方面的推广工作。委员会参与实验区的工作之后，实验内容才得到扩充，包括上述四大方面。乡村建设的美好愿景应该是各项工作齐头并进，逐步实现整个农村之改良。但是，旧中国农村极度衰败，农民生活极度贫困。生计问题较之教育、卫生等方面无疑更为迫切。中华平民教育促进会曾经积极致力于普及乡村教育，劝说农民进学校读书识字。好多农民却对此有抵触情绪，他们对促进会成员说："您老的好心肠，饱不了我的饿肚皮。"[②] 要解决农民的饿肚皮，必须依靠农业科技。农业科技推广在乌江实验区具有举足轻重的地位。

推广改良品种。金陵大学农学院成立于1914年，由美国人裴义理创

---

① 《中央农业推广委员会乌江农业推广实验区与金陵大学农学院合作办法大纲》，《农业推广》1931年第3期。

② 郑大华：《民国乡村建设运动》，社会科学文献出版社2000年版，第73页。

办，此为我国高等农业教育之滥觞。裴义理借鉴美国高等教育发展模式，逐渐在办学过程中确立了教学、研究、推广三位一体的制度。农业新品种的改良和推广是金陵大学农业推广的重要内容之一。金陵大学之所以最初决定在乌江设立棉业分场，就是为了推广1923年研制成功的爱字棉。推广工作一开始进行得并不顺利。当地民间迷信现象比较严重，人们宁愿相信“阿弥陀佛”也不相信科技的力量，这种迷信浪费了当地民众的大量金钱。[①] 金陵大学农业推广员一开始免费向乌江民众发放优良棉种。接受良种的农民却并不用来种植，而是将棉种喂养牲口或者用作别的用途。农业推广员在当地举办宣传优良棉种的演说，也被当地一些顽固守旧之人无理阻止。在此种情况之下，金陵大学决定首先自己种植，让农民切实感到优良棉种的优点，从一个村落开始然后逐步推广。这种推广策略收到了良好的效果。优良棉种从少有人问津到十几户购买，然后扩大到百余户、几百户……以至后来以乌江为中心，方圆几十里内，选择优良棉种的棉农达到一半以上。棉农通过新旧棉籽种植情况的对比，发现改良棉种具有工作省时、产量较高、质地更良等特点，农民更乐意选择改良棉种。仅1934年，优良的爱字棉就发放给乌江周围110个村的249户农家，发放棉种达25257.4市斤，推广工作取得显著成效。[②] 为了保证棉种的纯度，对于领取优良棉种的棉农，实验区工作人员要进行检定和统制工作，确保棉农按照科学方法种植和管理优良的爱字棉。除了棉种之外，金陵大学还致力于在实验区内推广小麦等优良品种。金陵大学研制成功26号小麦种之后，1930年将麦种分散给乌江农户种植，试种效果非常好。随后，金陵大学又在该地进行科学的对比试验，进一步确认了改良麦种的优良品质。1930年，实验区内有5户农民领种255斤，种植面积仅为12亩3分；1931年，有15户农民领种1133斤，种植面积达55亩3分7；1932年，则有85户农民领种9477斤，种植面积达481亩3分2。[③] 短短3年时间见证了小麦推广事业的蓬勃发展。此外，金陵

---

① 孙友农：《阿弥陀佛与乌江民众》，《农林新报》1930年第225期。

② 郝钦铭、蒋荫松：《乌江农业推广实验区农场工作报告（1934年1月至6月）》，《农林新报》1934年第23期。

③ 《乌江农业推广实验区工作报告（1931年10月至1933年3月）》，《农业推广》1933年第4期。

大学还在实验区内推广种植优良树种，开展大规模的植树造林活动，有效改善当地生态环境；为了丰富当地农民的饮食生活，金大还在当地改良蔬菜品种，等等。

为了调动乌江农民学习农业新科技的积极性，金陵大学在实验区内亦组织农业展览会。1935 年 10 月的展览会由乌江小学教职人员和实验区工作人员共同筹备组织。展览会不仅吸引了镇上的男男女女，而且南京金陵大学农业推广班、农业专修科的学生及南京其他各界人士也参加了展览会。展览会期间，实验区内的学校放假。平时静谧的乌江小镇立即显得热闹非凡。农民参加展览的热情非常高，送来的展览品各种各样，五花八门。“农人送来展览的，有棉花稻谷、瓜果蔬菜、鸡鸭牲畜、犁耙农具，形形色色，总计达三千余件，这些物品，分门别类，陈列在数个地方，有点缀，有说明。”① 虽然展品种类繁多，但是都有一个共同特点，都是由农民精心培育或者改进，可以说是种子充实、果肉膨大的优良品种。凡农人送来的展览品，实验区工作人员都要将其登记在册。展览品下配有卡片，上面填有产品名称、所有人等有关信息。为了鼓励农民的积极性，展览会通常会邀请知名农业专家对参赛作品，进行评估，优秀的参赛作品还将得到不同的奖励。展览会的活动往往丰富多彩，展览会期间通常有庆祝会、游艺会、讲演会等内容。在展览会举办期间，农业专家、推广人员和当地农民可以进行直接的交流和沟通，增强了他们之间的感情，这无疑对于进一步的农业推广工作做了良好的铺垫。

除了改良农业品种、举办农业展览会之外，实验区工作人员还将先进的农业器械引进到实验区内。实验区购买了轧棉花机、棉花打包机、打米机、花生去壳机等先进设备。实验区工作人员利用这些先进设备为实验区农户提供轧棉、打包、打米、花生去壳等服务。“每部轧棉花机每天可轧棉绒三百斤，出棉籽六百三十斤；每年工作约一百日，可轧棉花一万二千七百担，约得棉绒四千二百担，棉籽八千五百担。” “打米机每日工作八小时，可打米五十担。”② 乌江除了盛产棉花、稻米之外，花生也是当地重要的经济作物。由于当地种花生者甚多，当地之花生价格通

① 邵仲香：《从乌江农业展览会谈到乌江农村问题》，《农林新报》1935 年第 30 期。

② 《调查中央农业推广委员会乌江实验区报告》，《农业周报》1931 年第 3 期。

常较低。因此，乌江农民多选择将花生运往外地销售。但是，在运输的过程中，带壳的花生往往不利于搬运，而且还将增加一些额外运输费用。为了解决这一问题，金陵大学特地从美国订购花生去壳机两台，为乌江当地百姓提供花生去壳服务。花生去壳后，运输费用降低，农民种植利润加大，提高了当地农民的生活水平。先进农业器具的购买和使用，使实验区内的农民切实感受到现代科技所带来的便利，有助于农民突破传统迷信观念的束缚，进一步培养其科学精神和意识。

较之当时邹平、定县等实验区，乌江实验区一直不为人所关注。邹平有大名鼎鼎的梁漱溟，定县有尽人皆知的晏阳初。相比而言，在乌江实际主持农村改进工作的李洁斋则“既不是博士，又不是大教育家，乃是一个无名小卒”①。正是这样一个“无名小卒”在乌江踏踏实实从事农村改进工作。李洁斋从金陵大学农业专修科毕业后，即来乌江从事农业推广工作，一开始主要致力于优良棉种的推广。在其办理推广工作过程中，目睹当地缺医少药，乃自学而成一名医生，同时还组织为乌江实验区设立小学一所。即使是这样一位农业推广的全面手，今天笔者在检索与其有关的内容时，也是寥寥无几。足见当时乌江实验区之低调。然而，扎实的成绩却足以让乌江实验区名声远播。1933 年实验区每月经费 250 元，全年共花费 3000 元整。然而，在这一年实验区农业推广经济价值则为，改良爱字棉种 3700 元、改良第 26 号小麦种 1200 元、栽树造林 1000 元、合作社事业 4000 元、粮食抵押约 1315 元、农产运销约 753 元，合计约 12968 元。② 其他无法用数字折算的教育、服务等事业尚未计算在内。面对如此成绩，难怪在当时从事乡村建设事业的人，只要碰到乌江的工作人员都会说一句：“你们在乌江讲求实际，干得很好。”③ 平实的语言当中包含着由衷的敬佩之情。

（二）齐鲁大学之龙山实验区

龙山实验区最初由齐鲁大学发起，后来亦有山东华洋义赈会等机关和团体加入。龙山镇距离济南仅十余里的路程，交通比较便利。对于齐

---

① 孙友农：《乌江农村改进中的李洁斋先生》，《农林新报》1930 年第 219 期。

② 邵仲香：《乌江农业推广实验区是赔钱货?》，《农林新报》1934 年第 1 期。

③ 章元善、许仕廉：《乡村建设实验》（第 1 集），中华书局 1934 年版，第 101 页。

鲁大学而言，是进行乡村建设比较理想的实验基地。作为一所教会大学，传教是其重要使命。为了收到良好的传教效果，齐鲁大学的一些老师注意从国外引进一些水果、花生等良种，散发给当地居民种植，使用这种科学传教的方法来获得农民的好感、联络感情。在轰轰烈烈的乡村建设运动的感召之下，齐鲁大学各学系也积极投入到这股洪流中。早在龙山实验区设立之前，齐鲁大学神学院就在该地进行布道及从事一些乡村服务工作。经过几年的努力，乡村服务工作取得了比较理想的效果。鉴于此，为了进一步推动龙山的乡村服务工作，1927 年齐鲁大学成立了龙山农村服务社。农村服务社成立之后，工作人员信心百倍，希望将服务社建设成为“乡村社区发展和学生的实验中心，并对其进行重组”①。因此，服务社“希望事事由小处入手做起，设施不尚铺展，本着农村里呈露的颓衰现象，找出农民根本的需要”②。为了统一协调各学系的乡村服务和建设工作，1932 年，齐鲁大学成立乡村服务社。成立后的乡村服务社进一步加大对于龙山实验区的建设力度。同时，积极谋求与山东华洋义赈会等机关团体的合作，在各方力量的共同努力之下，龙山实验区得到不断扩充。

服务社设主任一人，总管日常事务。主任下分设农事、事务、妇女、平教、医药等股。实验区内的重大事务由各股负责人和服务社主任共同议决。各个部分都有不同的分工，同时又开展有效的合作。农事股由服务社主任兼职，事务、妇女、平教三股各设一人，医药股则有医生二人，护士一人，助理一人。妇女股主要致力于“将现代的教育与科学介绍到乡间妇女的日常生活中去”③。该股主要对当地妇女生活情况进行调查、研究并且负责跟妇女进行感情交流。此外还设立妇女识字班，提高妇女科学文化水平。组织妇女会，提高妇女组织觉悟，等等。平教股主要是进行社会教育和平民教育工作。结合当地实际发展情形，通过设立平民学校、乡村学校等方式开展农村教育工作。医药股主要负责日常疾病的诊

① “The Cheeloo Rural Institute”，《齐大乡村服务社、齐大推广部报告、预算、卫生计划及农村事业运动国际组织章程等卷 = 英语》，1932 年，齐鲁大学档案，J109—01—0131，山东省档案馆，第 48 页。

② 章元善、许仕廉：《乡村建设实验》（第 1 集），中华书局 1934 年版，第 101 页。

③ 章元善、许仕廉：《乡村建设实验》（第 2 集），中华书局 1935 年版，第 139 页。

疗、卫生宣传等方面的工作。农事股主要负责进行技术实验及推广工作，因为这是本节讨论的重点，将在下文进行详细探讨。

病害防治与良种推广。病虫害是农业发展的重要威胁，旧中国的农民习惯于靠天吃饭，农业病虫害防治技术落后。小麦是山东等北方省份重要的粮食作物。由于种子品种退化、耕作方法不当等原因，山东地区小麦经常发生黑穗病，致使当地小麦产量下降，严重影响当地农民生活质量。齐鲁大学充分发挥自己的技术优势，积极与当地农户开展合作试验，寻找攻克小麦黑穗病的良方。这些被选择的试验农户就是特约农家。齐鲁大学向这些特约农家发放药粉，指导小麦的科学种植，进而探寻改良小麦品种的方法，取得了显著的成效。除了小麦病虫害防治和品种改良外，齐鲁大学在龙山实验区内还大力推广优良的棉种。龙山农民普遍种植棉花，但是品种老化、产量不高、售价较低。齐鲁大学结合山东实际情况，进行优良棉种的研究和推广工作，改良后的棉种深得当地农人的喜爱。仅在1934年夏到1935年夏的这一年时间里，实验区服务社就售出优良棉籽1万多斤，建立植棉合作社团20多个。[①] 后来，齐鲁大学推广优良棉籽的工作得到山东省政府的大力支持，同时金陵大学等学术机构与团体也参与到优良棉种的推广工作中来，齐大的棉种推广工作较之以前取得更大的成绩。除了棉种推广之外，齐鲁大学还组织力量进行棉肥实验工作，亦取得了不俗的成就。服务社的品种改良和推广工作并不仅仅限于农产品种，家畜品种改良工作也得到实验区工作人员的重视。例如实验区工作人员用白来航鸡改良当地土鸡，取得良好的效果。用西洋家兔来改良当地兔子品种的工作也相当有成效。对于旧时中国农民而言，饲养家畜是非常重要的副业，是家庭经济的重要来源，家畜品种的改良无疑有助于大大改善当地人民的生活水平。

病虫害的防治和品种的改良与推广是实验区农事工作的重要方面。除此之外，实验区工作人员还组织不同活动来宣传和普及农业科学技术。在进行科技推广、宣传的过程中，工作人员充分利用农业电影、留声机等现代宣传手段。这些先进手段的运用既能激发农民的好奇心，又能把复杂的科学技术以简单、直接的形式表达出来，受到农民热烈欢迎。实

① 江问渔、梁漱溟：《乡村建设实验》（第3集），中华书局1937年版，第305页。

验区订有大量的报刊，如《大公报》《申报》等，此外还有一些专门的农事方面的期刊《农林新报》等，吸引了一些农民前来阅读。除了报刊外，实验区还购买大量的图书，并且向农民提供外借服务。为了鼓励农民读书，实验区专门设有巡回书库，进行下乡宣传，每半个月轮流一个村庄。为了使农民尽量能够借阅到不同内容的书籍，巡回书库在每个村轮流的时候，尽量做到提供不同的书籍。为了让实验区内的人民尽量了解实验区工作进展情况，实验区还出版刊物期刊，这是工作人员和广大人民之间进行交流的重要渠道。农事展览会、农产品陈列会也是实验区工作人员进行农业科技推广宣传的重要方式。在展览会、陈列会举办期间，实验区工作人员以及齐鲁大学教职员通常会趁机进行一些演讲活动，农村科技的宣传和推广是演讲的重要内容。展览会、陈列会期间往往会进行评优比赛，获胜者可以得到一些日常生活用品，以示奖励。奖品虽然不是非常贵重，但是却激发了农民参与的热情。为了集思广益，实验区广泛开展与其他实验区的交流与合作，曾经派人参加邹平乡村建设研究院，德州、潍坊等地的农业展览、农事交流等活动。通过这种交流和访问，实验区参观人员的视野得到拓宽，学习了其他实验区的优良经验，提升了业务素质，有利于实验区工作的进一步开展。实验区工作人员还广泛动员全国民众的力量，面向全国征集农事经验，以为将来农业推广事宜提供参考和借鉴。

齐鲁大学的龙山实验区具有自己的特色。实验区工作的最初开展是源于传教的需要，带有浓厚的宗教色彩，他们希望建立一个模范的乡村牧区。然而，就是这样一个乡村牧区在实际运作的过程中以自己典型的世俗服务精神诠释着宗教的理念，即强调服务的精神远远超过了宗教的皈依与灵魂的拯救。龙山实验区的成就有目共睹。在20世纪30年代召开的几次乡村会议中，实验区代表都被邀请介绍经验。

第三节 “为社会树立风气做中流砥柱”：移风易俗

近代中国社会的转型是全方位的，风俗的移易是社会转型的重要方面。我国学者严昌洪认为风俗包括风俗习惯和社会风气两个方面。“风俗习惯，主要指一个民族（或一定地域的人们）在物质生活和文化生活方面长期形成的共同习惯……社会风气，则一般是指一定时期社会上人们在日常生活中形成的思想言行方面带普遍性的倾向。”① 风俗的改易与社会的变迁是相伴相生的，风俗的改易是社会变迁的结果。在社会转型的过程中，传统的陋风陋习往往首先成为人们批评、抨击的焦点。风俗背后隐喻的是某种特定的思想文化，欲解放思想，则不得不注重风俗之改造。从这个层面上讲，风俗的改易又是社会变迁的先导。漫长封建社会的孕育使中华民族形成一套独特的礼仪风俗。其中有些风俗是科学合理的，必须继承和发扬；有些则是与愚昧迷信而伴随的，必须进行移易。近代中国大门洞开以来，西俗东渐的历史征程开启。在西风欧俗面前，中国传统风俗面临全面而深刻的洗礼，在中西风俗的对撞中，传统中国社会风俗变迁的步伐随之加快。

近代中国大学是在中西碰撞的历史背景下诞生的。诞生以后的近代中国大学一方面要面对传统封建社会遗留下的良莠掺杂的风俗，另一方面它也承载了更多的欧风美俗，近代中国大学成为中西风俗的冲撞区。冲撞的结果是一些传统的陋风陋俗经过几个回合的较量便败下阵来，而一些新的风俗得到宣传、提倡直至被人们所接受。在这个贬抑旧俗、弘扬新俗的过程中，近代中国大学发挥了重要作用。教会大学由于深厚的欧美文化背景，其在中国成长的过程可以说是一部挑战与改造中国陋风陋俗的过程。那群筚路蓝缕的近代中国本土大学的兴办者以及在其中任教的知识分子大多思想开明，他们其中的很多人曾长期游学海外，亲炙欧风美俗。中西社会的对比使他们更加认识到改易中国风俗的重要性。近代中国大学多位于经济发达的沿海、沿江区域，在这些区域求学的莘莘学子能够最先接触西方风俗。加之，青年学子传统羁绊较少，思维比较灵活、开放，因此乐意接受西方的风俗。近代中国大学人便成为移风易俗的先驱。正如浙江大学校长竺可桢所说：“大学应为社会树立风气做中流砥柱。”② 近代中国大学对于近代中国社会风俗变迁的影响是全方位的。在本节的论述中，笔者重点考察近代中国大学在近代中国女性解放、

---

① 严昌洪：《中国近代社会风俗史》，浙江人民出版社 1992 年版，第 6 页。

② 《竺可桢日记》（2），人民出版社 1984 年版，第 837 页。

提倡休闲娱乐的新方式、日常卫生改良中的作用。

一　近代中国大学与女性解放

女性解放程度是衡量一个社会进步尺度的重要标尺。依靠“三纲五常”维系的传统中国乡土社会，具有稳固的社会结构。这种社会结构是以男性为主导的社会结构，女性完全成为男性的附庸。鸦片战争以来，稳定的乡土社会在内外力共同作用之下日益发生变化。对女性的关注和女性地位的提升是这一变化的重要内容。“发端于‘维新’、高涨于‘五四’的有关女性问题的大讨论和妇女解放运动，将近乎被遗忘在历史尘埃里的中国女性发掘了出来，成就了晦暗中国女性发展史上一个难得的发展时刻。”① 促成这一难得时刻来临的因素是多样的，政府的提倡、法制的健全等都发挥了重要作用。在塑造这一历史时刻的过程中，近代中国大学发挥了重要的作用。有学者指出：“从近现代意义上的大学产生之日起，她就与妇女解放的理论与实践血肉相连，须臾不可分离。”②

（一）传统社会对中国女性的禁忌

中国传统文化在很大程度上是一种男性中心的文化。女性不但不被重视，反而受到许多的侮辱和限制。这种不良思想由来已久，如孔子就曾提出“女子与小人难养”的论断。在封建社会的两性关系中，女子永远都要依附于男子，不能作为一个“人”而存在。这从三纲五常、三从四德的条条框框中就可见一斑。为了维护男性的权威形象，封建社会对于女性加以许多的禁忌，这种禁忌表现在日常生活的方方面面。这种禁忌的影响是如此之深，以至今天我们仍然能看到此种禁忌的影子。在身体方面，女性被限制自由活动的权利。中国传统历来主张男主外、女主内。传统社会讲究女子身在闺房，不能抛头露面，否则有伤风化而不成体统。公开的社交、政治活动往往都是男人的专利。为了在两性的对比中强调男性力量的强大，封建社会中对于女性逐渐形成了一种变态的审美标准，即女性应以柔弱为美。在这种审美标准的驱使下，同时为了限

---

① 杨剑利：《女性与近代中国社会》，中国社会出版社2007年版，导论第1页。

② 闫广芬：《大学在推进妇女解放中的历史进程与作用》，《南开学报》（哲学社会科学版）2007年第2期。

制女性的自由活动，女性身体就遭遇种种折磨，比如缠足等。缠得越小越好，最好能成三寸金莲。缠足源于何时不可考，但是其历史之悠长则是无须多言。女性缠足深入人心，有男士曾夸赞女士之金莲"真个令人魂销"，从而"恨不得把她搂在怀里接吻"①。传统封建社会不但剥夺女子身体自由活动的权利，而且对于女性的精神也进行种种束缚。传统社会讲究"女子无才便是德"，剥夺女性教育求知的权利。五四时期，有位媳妇想出去聆听学生有关教育的演说，"方要出门来听听，立刻叫一位老妇人痛骂了些混蛋、王八羔子、不学好这一类的话，那媳妇马上关上门了"②；在贞操观上，强调"饿死事小，失节事大"，要求女人对男人绝对服从而且从一而终。总之，在以男子为中心的封建社会，女子在身心两方面均受到相当的摧残和折磨。近代以降，特别是伴随民主和科学观念的日益深入人心，从挽救民族危亡、实现民族独立和富强的立场出发，必须重视开发占人口一半的女性的智力资源。

（二）近代中国大学有关女性解放的宣传

传统思想对于妇女的羁绊是如此之深，欲谋妇女之解放不得不首先同传统思想决裂，来一番思想的洗礼。在与传统思想抗争、宣传女性解放思想方面，近代中国大学做出卓越的贡献。从内容上来看，近代中国大学有关女性解放的宣传是非常广泛的，涉及教育、社交、婚姻、伦理、经济等诸多方面。

在人类社会很长时期，男女之间遵循自然分工，这种自然分工基本上就是男外女内。很长时间以来，这种自然分工为男女双方所接受，因此不存在什么女性解放问题。女子问题是社会发展到一定阶段才出现的，其出现的原因是非常复杂的。北京大学首位校长严复强调妇女教育，主张通过教育方式来逐步使女性摆脱传统封建思想和体制的束缚。封建社会讲究女子无才便是德，不鼓励女子读书。严复从国家、民族自强的角度出发鼓励女子进入学堂，读书求知。更难能可贵的是，他不但鼓励女子读书，而且积极提倡女子从事社会活动。著名社会学家、北大教授陶履恭认为，女子问题的出现与经济、教育、职业和思想的发达关系甚密，

① 慎思：《小脚狂》，《晨报》1925年3月10日。

② 中国社科院近代史研究所：《五四运动》，中国社会科学出版社1954年版，第532页。

按照满足这些条件的先后顺序，女子问题首先在欧洲产生，然后才是美洲和亚洲，这一问题的解决必须充分发挥大众的力量，特别是青年的力量方可。[①] 陶履恭的这些论述虽然没有专门针对中国问题进行分析，但是他告诉人们女子问题的产生有一个过程，而且最终必将得到解决，鼓舞了为中国女性谋求解放的人们的信心。传统社会片面强调女子的贞操问题，要求女子对男子从一而终，这个男子甚至是其从未谋面的人。1918年，北大教授周作人翻译日本著名女诗人、批评家与谢野晶子的文章《贞操论》。普通人以为贞操只是女子的问题，与男子无关。然而，作者在文章中发出“贞操是否单是女子必要的道德，还是男女都必要的呢?”[②]的呼唤，这一呼唤犹如晴天霹雳响彻华夏寰宇，引起众多人士的关注。周作人的文章引起胡适的注意，胡适结合中国具体实际提出其对贞操问题的看法，坚决反对女子为未婚夫守节或者殉节的做法。他援引传统经典中“己所不欲，勿施于人”的古训，认为不仅女人要受到贞操的约束，男人同样也要受到这种约束，即贞操是一种态度，是双方面的。[③] 作为近代中国人思想启蒙的重要刊物，《新青年》刊发的这些有关女子贞操问题的文章，在当时中国社会激起洪涛巨澜。

不但近代中国大学教师积极宣传婚姻解放、女性自由，大学生也踊跃地参与到宣传过程中。同旧中国其他地方一样，福建地区也存在父母包办婚姻等陋习。为了倡导现代的婚姻理念，厦门大学学生组织婚姻改革同盟。该组织曾在媒体发表宣言，痛陈父母包办婚姻的恶果，明确提出改革传统不良的婚姻习俗。提出改革的具体办法是：“一、未订婚的决不承认家庭代庖，绝对自由择偶。二、已订婚约而未结婚的，不求妇人面貌如何，惟缠足者总须解放，未受教育者总须入学；否则，提出离婚。若是婚约完全由家庭代办，未经自己认可的，亦提出离婚。三、已结婚的也不求妇人面貌如何，惟总须不缠足，且须受普通教育。倘妇人不愿意的，立即宣告离婚。若是夫妇间感情太恶，势必酿成种种痛苦，应早

---

① 陶履恭：《女子问题》，《新青年》1918 年第 1 期。

② ［日］与谢野晶子：《贞操论》，周作人译，《新青年》1918 年第 5 期。

③ 胡适：《贞操问题》，《新青年》1918 年第 1 期。

日宣布离婚。”[①]

传统中国讲究“男女授受不亲”，男女之间正常的社交活动是被禁止的。随着女性自主意识的觉醒和人们对女性问题的关注，男女之间的社交问题引起人们的注意。一些团体（如上海女青年会）甚至专门组织有关男女社交问题的讨论。大学也踊跃地参与到这一问题的讨论当中。有人指出，男女之间的社交“只是交换友谊”，“结婚不是社交的唯一目的”；“社交是人类为情感所驱使一种道德的共同活动”[②]。这种“社交”观点解除了婚姻对于男女之间正常交往的羁绊，强调将满足情感需要作为社交活动的标尺，有助于近代中国女性走出家庭的束缚，融入公共生活之中。教育作为培养人的社会活动，对个体觉悟的提升、社会状况的改变具有重要作用。特别是在中国社会日益滑向半殖民地半封建社会深渊的历史背景下，女子教育更被涂上了一层民族救亡的神圣色彩，“试观五洲之国，女学昌其国昌，女学衰其国衰”[③]。在五四运动前后，对于女子教育问题的关注和思考更是达到前所未有的高度，突破以往女子教育中弥漫的强烈工具性色彩，上升到女性解放的境界。到五四时期，中国女学的发展已经积累了一些经验，但是也存在一些问题，有人甚至利用这些问题对女学之兴进行刻意攻击。针对此种情况，胡适一针见血地指出女子教育出现的问题并不是其自身的问题，而是女子教育没有被彻底解放的问题，女子教育必须给女子“人”的教育。[④]

在中国由传统向现代转变的过程中，女性解放是这一转变的重要内容，同时也是衡量这一转变过程的尺度。近代中国大学对于女性解放的宣传涉及方方面面。不仅如此，近代大学还对妇女运动进行“元”反思与批判。针对当时我国妇女运动中存在的不足和幼稚之处，《东吴学报》刊发文章指出妇女运动必须要解决“怎样男女才是真正平等”“家庭有没有存在的价值”这两个问题，并且指出妇女运动“不过社会活动中的片面”[⑤]，只从这个片面出发是不能谋求妇女真正解放的。近代中国大学通

---

① 《厦门大学学生婚姻改革同盟宣言》，《晨报》1922 年 5 月 9 日。

② 郭美德：《男女社交问题》，《复旦大学社会学系半年刊》1933 年第 2 期。

③ 清扬女士：《书端中丞奏兴女学事》，《大公报》1905 年 11 月 30 日。

④ 梅生：《中国妇女问题讨论集》（上），上海新文化书社 1923 年版，第 91 页。

⑤ 张原絜：《中国妇女运动的批评》，《东吴学报》1920 年第 5 期。

过举办刊物、撰写文章、发表演说等多种形式进行妇女解放的宣传。

（三）开女禁——近代中国大学妇女解放的实践

在妇女解放的进程中，近代中国大学除了进行思想宣传之外，还积极投入妇女解放的实践活动中。大学师生通过创办刊物、实地演讲等方式推动近代中国妇女解放的进程。然而，在近代中国大学助力妇女解放的所有实践活动中，开女禁无疑是最为光彩的一笔。当时，只有个别教会大学招收数目很少的女生。随着女子教育意识的觉醒和女子中小学教育的发展，大学招收女生是大势所趋。1920 年，北京大学和南京高等师范学校一南一北，遥相呼应，分别开始招收女生，大学之门正式向女生开启。

近代中国大学开女禁之路并非一帆风顺，上文所介绍的有关近代大学为女性解放所做的思想宣传工作，为大学开女禁做了思想舆论上的铺垫。其实，针对大学该不该开女禁问题，近代中国大学也展开了热烈的论战。当时社会上反对男女同学、同校的声浪仍然很强大。“既可同板凳而坐，安可不同床而觉，什么男女同校，明明是送子娘娘庙”①，“若言男女可以同校，罗汉岂不要塑在观音庙”② 等类似的声音依然弥漫在社会上。对此，高瞻远瞩的近代中国大学人给予有力回击。1912 年民国建立，教育部颁布《普通教育暂行办法》规定：“初等小学可以男女同校”③，除此之外的所有学校均实行男女分校。蔡元培认为中国的这一做法不符合国际惯例，可以进行男女同校的试验。“若要试办，最好从贫儿院入手。”④ 在此，蔡元培关于男女同校的观点虽然比较谨慎，但是其对男女同学这一制度的向往则是显而易见的。胡适则更为明确地提出大学开女禁的三步走战略，即延聘女教员、招收女子旁听生，然后是完善课程与学制以有效衔接女子中学和大学阶段的教育。⑤ 胡适的这一大学开女禁的

---

① 中国社会科学院近代史研究所编：《五四运动回忆录》（下），中国社会科学出版社 1979 年版，第 882 页。

② 梁景和：《近代中国陋俗文化嬗变研究》，首都师范大学出版社 2009 年版，第 186 页。

③ 璩鑫圭、唐良炎：《中国近代教育史资料汇编·学制演变》，上海教育出版社 2007 年版，第 606 页。

④ 蔡元培：《贫儿院与贫儿教育的关系》，《北京大学日刊》1919 年第 359 期。

⑤ 胡适：《大学开女禁的问题》，《北京大学日刊》1919 年第 466 期。

战略是适合当时中国国情的方针策略，1920 年北大开女禁首先招收的就是女子旁听生。有人更加斩钉截铁地指出：“为增高女子知识起见，大学不能不为女子开放；为增高女子地位起见，大学不能不为女子开放；为增高自由结婚的程度起见，大学不能不为女子开放。”① 在这种强大的舆论攻势之下，近代中国大学为女子开放就显得顺理成章了。

在大学开女禁的历史上，有两个人我们必须牢记，一个是邓春兰，另一个是蔡元培。作为一位开明女性，邓春兰首先上书蔡元培要求大学设置女席，然后诉诸报界，大力呼吁大学开女禁。没有她的振臂高呼，大学开女禁的进程还要迁延。德高望重的蔡元培在北大开女禁问题上展现了其超人的政治智慧，利用官方并没有禁止女子入大学的规定，巧妙接收邓春兰等 9 人入北大旁听。二人一个负责外部呼吁，另一个负责内部接应及运作，大学开女禁顺利得以实施。

在北大开女禁的同时，南京高等师范学校也向女生打开大门。在南高开女禁的过程中，陶行知发挥了重要作用。陶行知在 1919 年 12 月 17 日提出《规定女子旁听办法案》。陶行知认为：“中国女子高等教育最不发达，中等学校毕业以后，女子几无上进之路。”因此，他在提案中提出：“本校各班有余额时，除本校职员、教员、学生、毕业生旁听外，得酌收女子旁听生”②，提案还涉及女子招生程度等问题。陶行知提出此案之后，曾专门进京与教育部商谈南高开女禁问题。1920 年 4 月 7 日下午，南京高等师范学校召开第十次校务委员会，对于学校开女禁问题“付表决，多众赞成，当即决议请女生委员会草拟下学年兼收女生详细办法”③。南京高等师范学校遂于该年暑期正式招收张佩英等八名女生，第二年招收女生规模则扩大到 80 多人。南高与北大，南北呼应，共同打破我国大学女禁的牢笼。

在北大与南高开女禁精神的感召下，其他大学也在艰难中探索开女禁的道路。具有浓厚美国背景的清华学校虽然早期曾经选派女生赴美留

---

① 《大学应当为女子开放》，《晨报》1919 年 5 月 11 日。

② 《南大百年实录》编写组：《南大百年实录》（上），南京大学出版社 2002 年版，第 85—86 页。

③ 同上书，第 87 页。

学，但是这些女生并未在清华接受过教育。在北大、南高等校开女禁之后，清华要求开女禁的呼声也高涨起来。有人斩钉截铁地指出，清华绝对应该实行男女同校，因为这符合美国退还赔款培养中国男、女人才的本旨。① 在此种背景之下，清华开女禁问题也几经酝酿，但是始终未能实践。1928 年，罗家伦出任清华大学校长，掌校之后罗家伦力行教育、教学改革，在清华开女禁是他改革的重点之一。他重视女子高等教育，反对传统偏见对于女子接受高等教育的束缚。在其就职演说中公开表示："我想不出理由，清华的师资设备，不能嘉惠于女生。我更不愿意看见清华的大学，劈面对女生关了。"② 在清华开女禁问题上，罗家伦显示出非凡的勇气和机智。为了避免开女禁过程中的阻挠，他并没有将学校开女禁一事按照惯例呈请有关部门批示，而是干脆利落地在 1928 年招生时男女均收。清华在该年招收女生十余人，清华自此开女禁。

大学虽然开女禁，但是传统的惰性依然根深蒂固，投考大学的女生少得可怜。1922 年，中华教育改进社对全国教会大学以外的国立、省立和私立大学的调查发现，女生仅占约 2%。③ 大学虽然开放女禁，但是在对于女生的管理上仍然存在一些不足。南京高等师范学校规定男女同学之间不得串门，甚至要求女生在会见客人时必须保持门窗开着。对于女生进行严厉的监管，以防出现有碍风化之事。此外，在师生之间的交往方面，女生往往同教员之间显得比较有隔膜。正如有人指出的："察某大学在实行男女同学制以后，从表面上看来，似乎没有不美的地方。实在呢？里面不足取的地方却也不少。"④ 尽管存在这样那样的不足，近代中国大学开女禁对于近代中国女性解放而言，对于近代中国社会进步而言都是一件开天辟地的事情。近代中国大学开女禁之后，越来越多的女子进入大学接受高等教育，女子高等教育的规模不断扩大。大学开女禁开创了我国女子高等教育发展的新纪元。大学开女禁培养了一大批巾帼英雄，她们为社会发展做出巨大贡献。这在很大程度上冲击了传统"女子

---

① 胡竟铭：《清华绝对应当实行男女同校》，《清华周刊》1920 年第 187 期。

② 穆子月、许毕基：《大学校长记》，济南出版社 2010 年版，第 40 页。

③ 杨剑利：《女性与近代中国社会》，中国社会出版社 2007 年版，第 97 页。

④ 憐：《评某大学的男女同学》，《现代生活》1923 年第 1 期。

无才便是德”的偏见和束缚，进一步提升了女子的地位，转移了社会风气。

二 近代中国大学与公共卫生改良

公共卫生是通过现代科学技术的运用，来实现疾病预防、增进人民健康的事业，其发展程度是一个国家或者民族进步程度的重要反映。“公共卫生与国家之强盛，人民之健康，社会之富庶，有密切之关系。”① 然而，对于公共卫生的讲究是工业革命以后的事情，在此之前，无论是东方还是西方都不注重公共卫生状况。工业革命之后，东西方公共卫生状况呈现天壤之别。伴随工业革命带来的巨大经济利益以及现代医学的不断发展、进步，西方公共卫生事业的发展可谓一日千里。反观中国，仍然在传统的道路上踯躅独行，与西方之间的差距日益加大。在西学东渐的过程中，西方现代的卫生观念也传入中国，在两种不同的中西文化对比的过程中，国人深感“见贤思齐”的必要。“临渊羡鱼，不如退而结网。”近代中国公共卫生事业就首先在开埠较早的一些城市中发轫，然后逐渐扩散。在近代中国公共卫生事业发展过程中，近代中国大学发挥了重要作用。

（一）近代中国公共卫生的落后

“西方自发现细菌之后所形成的对自身文明的‘卫生现代性’意象和殖民式的‘文明化任务’，共同呈现和建构出被殖民的中国人‘不卫生’形象。”② “建构”是一种目的性极强的活动，西方人针对中国人的这种刻意的污名建构是客观存在的。然而，国人之不讲究卫生的事实也是断不能否认的。经济的落后、迷信的风行等因素使中国人在漫长的历史发展过程中形成不良的卫生观念与习惯，对公共卫生更是漠不关心。在中西碰撞的过程中，沿江、沿海的城市首先得润欧风美雨，特别是设立在各大城市的租界更是让人切身感到华洋之间公共卫生的差距。上海是最早的五大开放口岸之一，经济发展水平较高。即便如此，其公共卫生状况跟市内的租界相比，同样不可同日而语。对于这种卫生的对比状况，

---

① 遂初：《公共卫生概要》，《卫生杂志》1931 年第 2 年合集。

② 何芳：《清末学堂中的身体规训》，博士学位论文，华东师范大学，2009 年，第 33 页。

近代启蒙思想家郑观应可谓深有感触。郑观应在其文章中写道："上海租界街道宽阔平整而洁净，一入中国地界则污秽不堪，非牛溲马勃即垃圾臭泥，甚至老幼随处可以便溺，疮毒恶疾之人无处不有，虽呻吟仆地皆置不理。唯掩鼻过之而已。"[①] 上海尚且如此，其他城市的公共卫生状况就更是脏乱不堪了！1896 年美国人满乐道（Robert Coltman）出任京师同文馆医学教习一职，在此之前满乐道曾经游历日本，在其著作中对于日本人之卫生观念和卫生状况啧啧称叹。[②]

城市是一地经济、政治和文化之中心，拥有较好的医疗卫生资源，加上近代中国城市可以得欧美风气之先，得以早早享有传教士等人带来的西方先进卫生技术和观念，所有这一切都使城市享有较好的卫生条件。在广大偏远的农村，日常卫生状况更是惨不忍睹。由于旧中国农民遭受多重剥削导致经济状况困窘不堪，很多患者在去世之前甚至都没有经过专门的治疗。农村较为闭塞，一些传统的迷信观念仍然非常流行，巫术和医学相互掺杂，很多患者在得病之后不是赶紧采取措施进行治疗，而是采用巫术占卜的方式来祛除病魔，如果各路神仙都请到之后，疾病仍然不能痊愈，患者又往往将其视为命运的安排，放弃进一步的治疗。从西方现代卫生学的观点来看，传统农村的一些医疗技术和手段非常不卫生，比如土法接生等。这种接生的方法往往是由没有经过专门训练的村中老妪担任，完全依靠自己以前的生育经验。接生的工具只是日常生活中使用的剪刀，等等。由于不讲究卫生，土法接生导致农村孕妇的死亡率非常高。总之，近代中国农村卫生习惯缺乏、环境卫生落后、医药设备缺少、妇婴卫生欠缺、传染病管理不良……农民的卫生观念非常淡薄，农村的卫生状况非常糟糕。

（二）近代国人改良公共卫生的呼吁

不同文化之间发生接触，必然相互取长补短，实现某种共进的状态。中西交往的加深使得中国人日益认识到双方在公共卫生理念和实践方面的差距。学习借鉴西方的卫生理念，进而改善中国的卫生状况，成为先

---

① 《郑观应集》（上），上海人民出版社 1982 年版，第 663 页。

② Robert Coltman, *The Chinese, Their Present and Future: Medical, Political and Social*, Philadelphia and London: F. A. Davis, 1891, p. 3.

进志士的共同诉求。为此，他们不断奔走呼喊。

强调公共卫生的重要性。国人对公共卫生的高度认同一方面来自现实生活中的强烈对比，另一方面更与近代中国社会日益沦为半殖民地半封建的历史大背景有关，一些先进人士甚至将公共卫生事业的发达与否上升到民族存亡的高度。1933 年，上海市卫生局局长李廷安博士在讲演中说："中国现在因为国民多病多死，所以很少有健全有为的国民。反过来说就是因为不健全的国民太多，以致弄得到国弱民穷的境地。这种隐忧，实非一般人所能明了的。"① 李廷安的观点得到许多人的认同。胡鸿基在其著作《公共卫生概论》中同样指出："我国今日民穷财尽，由于外国经济之侵略，而经济侵略，何以施之于我，而我竟无术自强，探本穷源，亦因未能注重公共卫生所致。"② 留日医学博士、一度担任国民政府卫生司司长、中央卫生试验所所长等要职的陈方之在 20 世纪 30 年代完成其著作《卫生学与卫生行政》，时任北京大学教授胡适欣然为之作序。术业有专攻，胡适并非公共卫生方面的行家里手。然而，从旁观者的视角出发，往往能发现一些与众不同之处。胡适的序言可谓高瞻远瞩，从中西文明发达的角度来说明公共卫生的重要性。在胡适看来，西方文明已经发展到人的文明的阶段，而中国的文明却仍然停留在仙与佛的文明阶段。因此之故，西方的公共卫生事业较为发达，而中国国民有了病之后往往诉诸神仙、佛祖。胡适郑重指出："公共卫生是人的文明的第一要务，没有卫生行政的国家便够不上说人的文明。"③ 既然公共卫生是"人的文明的第一要务"，要使中国步入此种文明，自然必须大力发展公共卫生事业。

提出发展我国公共卫生事业的具体设想。公共卫生事业既然如此的重要，必须抓紧发展此种事业。然而，公共卫生事业的发展是一项综合的社会系统工程，不是单纯从卫生事业着手所能奏效，特别是在近代中国积贫积弱的情况下更是如此。先进中国人士从当时实际国情出发，提出了许多切实可行的公共卫生事业发展举措。有人认为，发展近代中国

---

① 李廷安：《公共卫生与国难》，《东南医刊》1933 年第 4 期。

② 胡鸿基：《公共卫生概论》，商务印书馆 1929 年版，第 2 页。

③ 胡适：《公共卫生与东西文明》，《出版周刊》1935 年第 111 期。

的公共卫生事业，造福全国人民，必须首先建立和健全相关卫生机关和设施。民国建立不久的1914年，吴宗濂就指出，民国建立百废待兴，公用卫生事业更是尤为重要。因为，如果人民体质不健康，则“祸不外至，而自内生”，这样就会导致“弱国弱种”。他呼吁建立卫生行政专部，即卫生部。该部“与各部体制相等，有独立施行之权”①。吴宗濂的建议只是提供了一个参考，具体的建立方案和组织原则并不齐备。相比而言，张孝骞的观点则要详备得多。按照他的构想，中央应该设置卫生厅，各省应该设置卫生总局，总局之下再分设相应卫生机构。② 公共卫生事业的发展离不开专业人才的培养。因此，有识之士对于公共卫生专业人才的培养也给予高度重视。公共卫生专家伍连德先生鉴于国内医学教育之落后，而短期内难以迅速改变的事实，主张多派遣医学方面的留学生，归国后推广卫生教育。③ 医学家坦得楼对于近代中国公共卫生人才的培养设想更是详尽，涉及招生、课程、设备、教学、实习等部分，具有极强的操作性。④ 除上述之外，近代先进中国人士还认为发展公共卫生事业必须健全相关法律法规、切实保障所需经费等诸多方面。

（三）近代中国大学的公共卫生改良事业

公共卫生的改良必须依靠大众的力量。在旧中国人民大众普遍缺乏公共卫生意识的条件下，先进知识分子集中的近代中国大学对于公共卫生观念的激发和公共卫生实践的示范、倡导作用是不言而喻的。适应中国发展公共卫生事业的需要，一些大学专门设置专业培养公共卫生建设人才。比如，北京协和医学院早在1921年就设立了公共卫生系。除此之外，近代中国大学还响应政府的号召主动、直接地投入到近代中国公共卫生事业的改良之中。

致力于公共卫生事业的宣传、推广。公共卫生事业的推进带有极强的自觉性，如果不能充分调动大众的卫生思想和觉悟，公共卫生的提高断难进行。因此，舆论宣传就显得尤为重要。近代中国大学师生积极投

---

① 吴宗濂：《民国急宜设卫生行政专部注意全国公共卫生议》，《中西医学报》1914年第8期。

② 张孝骞：《公共卫生设施之程序》，《新湖南》1919年第1期。

③ 伍连德：《公共卫生与民族复兴》，《教育旬刊》1934年第2期。

④ 坦得楼：《中国之公共卫生及医学教育》，《同济医学季刊》1935年第2期。

入到公共卫生事业重要性的宣传中来，一些师生撰写一系列与公共卫生有关的文章来宣传此种事业，甚至一些不是卫生专家的人也毫不吝惜自己的笔墨，如上文提到的胡适。此外，为了提高国民的公共卫生意识、唤醒大家的公共卫生觉悟，近代中国大学师生特别是一些医科学生，利用自己的专业优势创办社团、发行刊物。北京协和医学院的学生为了推广宣传卫生教育创办丙寅医学社，学社发行《丙寅周刊》。该刊物刊登了大量有关公共卫生方面的文章，有助于人民卫生觉悟的提升。同时，该社还组织社员对于社区卫生等状况展开实地调查，以为改善公共卫生的实践提供参考。北京大学在蔡元培校长的带领之下组织北京大学卫生学会，该学会成立的主旨就是致力于公共卫生事业。举办卫生展览会也是一种行之有效的宣传措施。中央大学曾经与政府及社会团体合作举办卫生展览会，通过展出一些标本、图片等直观方式来刺激参观人员的视觉神经，以激起其卫生意识，展览期间医务工作者甚至提供一些免费的医疗卫生服务，受到广大民众的称赞。燕京大学在清河镇与政府机关、学校组织等团体开展广泛的卫生宣传合作，通过集会、演讲、表演、发放宣传册等灵活多样的形式宣传卫生重要性，号召人们保持环境清洁。① 厦门大学创办人陈嘉庚认为日常卫生非常重要。他说："维新之道，莫重于卫生。"他特别注意改良我国居民住房卫生的状况，并且曾经出版专门著作《住屋与卫生》来宣传和普及他的公共卫生思想。在著作中"列举我国城乡旧式住屋不合卫生之各种弊端，提出改进住屋之合理建议"②。针对我国民众识字水平较低的现状，为了扩大宣传的效果，他在著作末尾特地编写了关于卫生改良的通俗短歌。

近代中国大学是公共卫生教育的重要宣传者，更是公共卫生实践活动的重要参与者。首先，开展和参与卫生运动。为了充分利用自己的资源优势，发挥自己的辐射作用，近代中国大学会举办一些卫生宣传、教育和实践活动。宣传通过演讲等不同手段，实践则包括预防注射、环境清洁、杀灭蚊虫等。为了向民众展示良好的形象，政府通常也会举办全国规模的卫生运动。近代中国大学是此类卫生运动的积极响应者和参加

---

① 章元善、许仕廉：《乡村建设实验》（第1集），中华书局1934年版，第86页。

② 王增炳等：《陈嘉庚教育文集》，福建教育出版社1989年版，第118页。

者。1929 年 5 月 15 日，国民政府举行全国性卫生运动。厦门市各界人士为了响应政府的号召决定在该市中山公园举行大会，厦门大学“于是日停课一天，全体学生整队参加，上午九时出发，至午后始行返校”[①]。厦大学子还直接参加地方卫生和民众生活习惯的宣传、指导活动。他们曾经组织新生活服务团，该团曾经在民生路担任指导民众卫生和生活习惯等工作。[②] 曾经做过医生的私立厦门大学校长林文庆十分注重日常卫生的改良，认识到厦门落后的医疗卫生条件，为了呼吁人们唤醒人们的卫生意识，呼吁人们重视卫生工作，他曾经出版《普通卫生讲义》来宣传他的卫生理念和主张。担任厦门大学校长之后，更是大力提倡卫生工作。

近代中国大学进行了大量的改进中小学校卫生实践，他们在学校开展广泛的健康查体、疾病治疗以及学校卫生改造等活动。齐鲁大学对附近小学学生身体进行免费年检，对于出现问题的学生及时进行治疗，而且注意培养学生形成良好的卫生习惯。[③]

其次，近代中国大学致力于农村卫生改良。从空间分布来看，政府和社会团体开展的卫生运动主要是在城市范围内。在广大的农村，由于教育落后、卫生观念淡薄等原因，这种卫生运动的影响是比较小的。然而，在旧中国农民占人口的绝大多数，在一定程度上讲，近代中国公共卫生事业发展的程度取决于农村公共卫生事业的发展程度。“乡村卫生问题，可为我国公共卫生之整个问题。卫生事业不能深入穷乡僻壤，则其设施为表面的，非实际的。”[④] 在历史使命的感召之下，近代中国大学师生积极参与农村卫生改良工作。燕京大学在清河镇实验区内进行道路整修、提倡和宣传新式接生方法并且培养新式接生人才。为了方便实验区内的老百姓看病，燕京大学还参与重建了社区门诊，提供诊疗服务，通常只收工本费，对于特别困难的患者甚至免费。北京协和医学院积极参与晏阳初先生在河北定县的农村试验，主要负责农村卫生的改良工作。通过对全区卫生健康状况的详细研究，在协和师生的艰苦努力之下，定

---

① 《本校全体参加卫生运动》，《厦大周刊》1929 年第 206 期。

② 曾海洋：《厦门大学与闽南区域社会文化变迁》，博士学位论文，厦门大学，2007 年，第 213 页。

③ 章元善、许仕廉：《乡村建设实验》（第 1 集），中华书局 1934 年版，第 192 页。

④ 毕汝刚：《公共卫生学》，商务印书馆 1946 年版，第 52 页。

县逐步建立起了村有保健员、区有保健所、县有保健院的三级农村医疗卫生服务体系，该体系符合中国国情，影响深远。新中国成立之后建立的农村卫生保健体系对此多有借鉴。齐鲁大学医学院与山东乡村建设研究院合作，致力于邹平农村卫生的改良工作。该院以县医院和乡卫生所为依托积极开展巡回治疗、学校卫生整治、妇婴保健工作普及和疾病预防等工作，并利用假期农村教师培训的有利时机对其进行一定的卫生常识培训。为了唤醒农村民众的公共卫生意识，医学院在实验区内开展了大量的卫生教育与宣传活动。齐鲁大学龙山服务社针对农村接生，对于产妇及婴儿卫生不讲究的现实状况。该社曾经专门邀请产科护士一人，指导产前、临产和产后的卫生状况。由于农民经济能力较差，收费极低。[①] 1927 年，中国第一所国立医学院中央大学医学院成立，后来改制成为国立上海医学院。为了加强公共卫生的教育、科研和推广工作，改制后的医学院设有公共卫生科，该科将“抱到农村去的精神，以挽救民族的危亡”[②] 作为自己办学的宗旨，高举起向农村进军的口号。在这种精神指导下，改制前后，医学院积极投身卫生改良工作，在吴淞、高桥地区开展大量的公共卫生实践，包括卫生调查与宣传、疾病防疫、妇婴保健、公共卫生改进，等等。

最后，近代中国大学在疫灾、流行病防治方面做出大量贡献。公共卫生状况的落后通常与大规模疾病的暴发相伴随。在旧中国，各种流行、传染疾病更是多发。从 1912 年到 1937 年的 25 年间，总共发生疫灾 6 次[③]，平均每四年左右就要暴发一次，足见当时疫情之严重。至于在小范围内暴发的疾疫更是不可胜数。面对频发的疫灾，近代中国大学进行了积极的应对。民国建立前一年的东三省地区老鼠泛滥成灾，疫情十分严重。北京协和医科大学与其他机构团体积极开展合作，投身于灭鼠运动中，最终使疫情得到有效控制。不但如此，“这次灭鼠工作的成功得到了国际社会的认可，次年，国际鼠疫研究会在中国奉天（今沈阳）召开，

---

① 章元善、许仕廉：《乡村建设实验》（第 1 集），中华书局 1934 年版，第 192 页。

② 《国立上海医学院公共卫生科报告》，《上海市卫生局高桥卫生事务所暨国立上海医学院卫生科年报》1935 年。

③ 孟照华：《中国灾荒史记》，中国社会科学出版社 1999 年版，第 732 页。

来自日、英、俄、德、法、奥、荷、印等11个国家的公共卫生专家聚集一堂”①。20世纪30年代初，在西北、东北的甘肃、内蒙古等地出现大量的斑疹伤寒患者，并且不断扩展。疾病的严重流行剥夺了无数人的生命，更是引起社会的恐慌。面对严重疫情，辅仁大学组织力量奔赴疫情暴发地区进行实地调研，对于患者病情进行反复观察和分析。该校教授张汉民、罗忠等人更是撰写了《中国北部斑疹伤寒之研究》等论文著作，对于斑疹伤寒展开深入细致的研究。在一系列研究成果的基础上，辅仁大学最后成功研制出治疗斑疹伤寒的疫苗，挽救无数患者的生命，受到社会的普遍赞扬。

以上所述，仅是选择近代中国大学在公共卫生改良中的点滴进行简要撮述，近代中国大学在公共卫生改良中的作用和贡献远不止此。近代中国社会政局不稳、战事连连，政府往往忙于东奔西突，很少将时间和精力投入到公共卫生事业的改良之中。即使一些现代卫生机构的成立也多赖近代中国大学的支持与合作，如协和医学院与北平大学医学院分别与地方政府合作，在人口较为稠密的地区设置卫生事务机构，对于北平公共卫生的改善贡献颇多。同济大学与江苏省政府、省医院合作计划在江苏各县区建立诊所，仅1934年就在常州、金坛、无锡、常熟等地建立起门诊机构，减轻了患者的痛苦，提高了该省公共卫生的水平。

三　大学吹来的文体新风尚

生活方式的变迁是社会变迁的重要内容。在沟通之前，中西的生活模式在不同的轨道上运行。比如，在养生方面，中国传统注重静的修养，而西方则注重动的体育。清末的一个天津道台看到外国领事打网球后汗流浃背的样子，竟“忍不住”劝说领事无须如此劳累，完全可以找人代劳！② 国人体育观念之淡薄，由此可知。在日常生活娱乐方面，受到内外多重因素作用的影响，往往表现出一种庸俗的趋向，缺乏现代的、健康的休闲娱乐观念和方式。“在传统城乡生活中，人们的日常活动受昼夜自

---

① 郝先中：《西医东渐与中国近代医疗卫生事业的肇始》，《华东师范大学学报》（哲学社会科学版）2005年第1期。

② 王振亚：《旧中国体育见闻》，人民体育出版社1987年版，第15页。

然规律的限制，除了白天用来劳作谋生之外，夜晚的 4 小时空闲时间，基本被限制在家庭室内的私人空间里打发。"[①] 在"西俗东渐"的过程中，西方的文体娱乐观念及活动也逐渐传入我国，并对我国传统的日常休闲生活观念和活动造成冲击。国人对于西方的文体观念与活动经历了由认识到逐步接受的过程。因此，在研究时段内，国人的日常休闲文体生活呈现出从新旧杂陈到逐步趋新的动向。

近代中国大学从产生时起就含有大量的国外"元素"，这种元素表现在办学思想、办学人员等诸多方面。西方的休闲文体观念及活动是这种元素的重要组成部分。这些点缀在近代中国大学身上的现代文体新元素，以大学为母体逐渐向社会扩展。近代中国大学通过不同的途径提倡现代健康的休闲文体方式。近代中国大学首先致力于思想宣传工作。这种宣传工作可以分为两个方面，一是对于传统不良社会休闲娱乐方式的抨击与讽刺；二是对于新兴文体生活方式的大力提倡。思想宣传的方式多种多样，刊物、社团、演讲等都是近代中国大学经常采用的形式。由蔡元培等人发起的北京大学进德会，要求会员不赌、不嫖等，以求社会风气的改良，在社会产生广泛影响。针对社会"赌"风之盛，《清华周刊》曾经连续两期刊载文艺作品《赌博场中》对于国人赌博之痴迷进行淋漓尽致的揭露与讽刺。[②] 针对瑞安地区赌博盛行的情况，《中大周刊》曾经发表文章《致瑞安父老论严禁赌博书》通过具体事实指出"赌博之害，昭昭然如日星"，并且谆谆告诫好赌之人"与其待人之治我也，不如自治"[③]。

近代中国大学不但进行思想宣传，同时致力于提高国民文体休闲生活的实践工作。首先，近代中国大学向社会开放文体娱乐设施。文体娱乐活动的展开必须有一定的基础设施作为保证。近代中国大学虽然在积贫积弱的旧中国起步，但是国人在教育救国情愫的感召之下，大多热心助力教育事业的发展，近代中国大学基础设施大都比较齐备。特别是一

---

① 李长莉：《清末民初城市的"公共休闲"与"公共时间"》，《史学月刊》2007 年第 11 期。

② 罗暟岚：《赌博场中》，《清华周刊》1927 年第 6—7 期。

③ 林损：《致瑞安父老论严禁赌博书》，《中大季刊》1927 年第 4 期。

些教会大学，因为有国外资金的大力支持，基础设施建设更为完善。1926年，私立南开大学就有足球运动场1个、篮球运动场3个、网球场7个、四百米运动场1处。[①] 此种体育设施的配备对于当时规模并不大的私立南开大学来说是比较健全的。高校的文体设施在满足自身教学需要的同时，往往也面向社会开放。这种开放或者是免费的，或者收取一定的费用。为了丰富学生冬季的娱乐生活，北京大学在1920年建成溜冰场一座，并且以不同的价格向社会开放。"有北大徽章者，收入场券铜元二枚，外人二十枚。"[②]

致力于农民文体生活水平的提高。近代中国大学大多分布在繁华的都市，大学向社会开放文体设施，受惠较多的为城市居民。在农民占绝大多数的近代中国，其文体休闲水平的提高较之城市具有更大的挑战和意义。与此同时，农村的不断衰败更使得先进人士注意到农村复兴对于国家、民族振兴的重要作用。帮助农民树立健康的休闲娱乐生活方式是农村复兴的重要内容。大学在农村播放电影、演出戏剧，使农民感受到新式文体生活的魅力。针对农村文体设施普遍欠缺的实际状况，大学往往也帮助农村添置一些文体娱乐设施。齐鲁大学为提高农民的生活水平，曾为农民添置大量的沙袋、掷圈、棒球、象棋、军棋、手琴、笛等多种类型的娱乐运动设施，并且对于这些娱乐运动设施的使用对农民进行细心的指导。[③] 燕京大学为郊区的农村演出新旧戏剧、举办音乐会、进行武术表演，同时还大力提倡各种球类运动。金陵大学在乌江试验区内设置乌江农会负责实验区教育、经济、生活等方面的改造，明确规定娱乐是农村生活改造的重要内容。大学不但致力于实验区内农民文体生活水平的提高，并且专门组织一些针对农民的娱乐游艺活动。清华大学举办的主要面向贫民的民众学校就曾组织学员进行游艺活动。活动内容丰富多彩，有电影、音乐会等。举办者认为："在现在中国这样的环境下，劳苦的民众，他们除了勤力的苦工以求一饱外，其他的正当娱乐，可以说是等于零。于是乃流于吸纸烟、赌博、打牌喝酒，还有就是抽大烟，吃毒

---

① 王文俊等：《南开大学校史资料选（1919—1949）》，南开大学出版社1988年版，第545页。

② 《北大溜冰场行将售票》，《晨报》1920年12月25日。

③ 章元善、许仕廉：《乡村建设实验》（第1集），中华书局1934年版，第183页。

物如白面等，比较好的算是谈天，很希望把他们引到正当的娱乐上去，免得他们自己戕伐他们的身体和精神”①。

直接致力于新式娱乐休闲形式的推广。大学中的教师大多见多识广，包容性较强；大学中的学生较少受到传统的羁绊，思想开放，容易接受新事物。这些特点使得近代中国大学往往能够接受一些现代的休闲娱乐形式，并逐渐进行推广。传统的年节假日往往是国人娱乐的高峰期，近代中国大学往往在这种传统的娱乐节日期间为中国民众带来新的娱乐形式。据《晨报》报道，北大等高校曾在春节期间为市民带来演戏、魔术等现代娱乐形式，极大丰富了传统节日的娱乐性。② 圣约翰大学积极推广戏剧这一新式娱乐活动。从1896年开始，该校就致力于戏剧排练和公开演出，引起社会的关注。每当有戏剧演出的时候，“学生、校友的朋友和家人积极观看演出，他们坐着由私人司机驾驶的车子而来，穿着时髦，每人都花几块钱作为入场券和捐赠”③。作为一种新式的娱乐形式，我国话剧起源于20世纪初，并且发展较快，出现了《雷雨》《茶馆》等经典剧目。话剧在我国的发展，最初由海外留学生提倡，及至传入本土之中，近代中国大学师生对于这种新型娱乐形式的推广功不可没。首先，近代中国大学师生积极参与话剧社团。随着话剧的不断发展，成立专业的话剧团体势在必行。近代中国大学师生是此类团体的积极参与者。如当时成立的业余话剧团体中华戏剧协社，其成员大多为高校的师生。不但如此，各个高校学生因为感于“新时代所需要，新生命所要求，显出新文艺而宣传号召”④ 的需要纷纷组织学生话剧社团。如上海交通大学话剧社成立于1932年，话剧社成立后进行数次公开演出，效果极为美满。其次，近代中国大学师生积极投身话剧的创作之中。近代中国大学教师好多具有国外留学背景，有些留学生把在国外接触的比较经典的话剧进行翻译后在国内进行演出。还有一些大学教师则在国内进行话剧创作。如五四时期文学革命的健将、北京大学教授胡适创作了话剧《终身大事》，来宣

① 秀：《提倡正当娱乐》，《清华暑期周刊》1935年第6期。

② 《晨报》1922年2月11日。

③ ［美］叶文心：《民国时期大学校园文化（1919—1937）》，冯夏根等译，中国人民大学出版社2012年版，第46页。

④ 《话剧社得人》，《交大周刊》1932年第4期。

传婚姻自由与女性解放，在当时社会中反响较为强烈。

近代中国大学一般都开设有音体美课程，以此种课程为依托，新式的文体休闲娱乐活动逐渐渗透和扩展到整个社会中。一些高校举办的新型文体活动大多对社会开放。北京大学音乐传习所成立后多次组织公开演出，面向社会公开售票，分为白票和红票两种，白票收费大洋四角，红票收费大洋两角。[①] 近代中国大学还利用暑期等空闲时间，组织体育、音乐、美术等补习学校，这些补习学校有些是免费的，即使收费也比较低廉。这些学校对于提高国人的现代休闲文体观念，推广新式娱乐文体活动具有重要作用。

近代中国大学自诞生之日起就担负着沉重的民族复兴使命。在此种使命的召唤之下，近代中国大学的社会服务渗透到社会生活的方方面面。笔者选取的上述三个维度尽管不能穷尽近代中国大学社会服务的全部内容与形式。但是，窥一斑而见全豹，通过上述介绍读者对于近代中国大学社会服务的状况亦可以有一个比较细致的了解和把握。由于学科设置、所有权性质等因素的限制，每一所大学的社会服务内容和形式具有一定的差异性。但是，近代中国大学均带有极强的入世情怀，有些学校因为社会服务活动而在社会上享有盛誉。“吾清华之名声外溢，虽云吾之基金丰富、校舍庄严、设备完美并教职员得人有以致之，然其最最易播扬吾校誉者，莫若学生服务社会。”[②] 社会服务为大学带来了盛誉，近代中国大学通过内容多样、形式广泛的社会服务活动推动了近代中国社会的进程。

---

① 《本校附设音乐传习所第三次音乐演奏会预告》，《北京大学日刊》1923 年第 1157 期。

② 武三多：《清华的社会服务》，《清华周刊》1925 年第 11 期。

第五章

结　语

西方大学从最古老的教学职能发展到社会服务职能经历了漫长的几百年的时间。在社会急剧转型背景下诞生的近代中国大学的发展历程异于西方大学。它首先是西方的凯旋，然后是凯旋之后艰难的调适历程。在借鉴国外大学模式的基础上，充分吸收中国传统高等教育的精华，走出一条适合中国国情的大学发展之路，是这一调适的目标。近代中国大学虽然是后发的，但是，从其产生之日起就将三大职能集于一身。这既是中国场域下大学自身发展的需要，更是近代中国社会发展的客观要求。对于近代中国大学的社会服务只有放在近代中国社会的场域中才能形成具体、明确的认识，进而做出科学的评价。这对于当今我国大学正确处理大学和社会之间的关系，充分发挥社会服务职能具有重要的借鉴意义。

第一节　近代中国大学社会服务评析

近代中国大学社会服务距今不过百年的时间，去时尚不远。“大学作为学者进行教学、科研和从事社会服务的场所，我们只有在不同时代、不同地点的具体环境里才能弄懂大学的这些任务究竟是什么。”[①] 百年后的今天，我们再来回眸近代中国大学社会服务的方方面面。我们会发现近代中国大学社会服务既有成与得，也有败与失。

---

① ［美］伯顿·克拉克：《高等教育新论——多学科的研究》，王承绪等译，浙江教育出版社2001年版，第24页。

一　近代中国大学社会服务的成绩

近代中国大学在动荡乱离的时代环境中，克服种种困难，积极开展丰富多彩的社会服务活动。这些活动的开展不但对于自身的生存发展，而且对于近代中国社会的发展都产生非常重要的影响。近代中国大学致力于科技、教育的普及和推广，改造了传统的生产方式，极大提高了劳动生产率和人民大众的素质；近代大学所进行的社会调查等活动，有助于增进国人对于现实国情的了解，激发人们关心国事、天下事；通过社会服务活动，大学获得大量一手材料，这些材料无疑是教学和科研的极好补充。同时大学社会服务过程中遇到的困难与问题往往成为激发大学科研的火花。总之，近代中国大学社会服务的成效有目共睹。除以上论述之外，笔者认为近代中国大学社会服务的功效还有以下几点：

（一）学生服务社会的能力得到锻炼和提高

近代大学校长们都注重学生能力的培养，极力批判传统学生疏于实践的弊病。张伯苓要求南开学子公能兼备，竺可桢要求浙大学子具备现代能力。大学校长们按照自己的蓝图精心培育学生的能力。在新旧学生之间的对比中，学生能力的差异是重要内容。传统学生往往是长于言而拙于行。现代学生则是言行能力兼备。在参与社会服务的实践活动中，学生加深了对于近代中国社会的了解，逐渐摆脱“两耳不闻窗外事，一心只读圣贤书”的传统学生观念的束缚，学生实践能力得到激发、锻炼和提高。近代中国大学社会服务的内容非常广泛，覆盖政治、经济、教育等不同方面。与此种内容相适应，近代大学社会服务的形式多种多样。内容的广泛性和形式的多样性对于学生能力提出较高的要求，对于学生现代能力的塑造更是全方位的。演讲活动使学生的语言表达能力得到提升，变得能言善辩；编辑出版刊物使学生的写作能力得到历练；通过成立和运营社团，学生们的组织能力得到锻炼……在社会服务所历练的能力中，有些能力是传统学生所不具备的。这些能力的养成为他们将来走向社会，更好地服务社会奠定了良好的基础。

（二）大学获得更多的物质和社会支持

大学的生存与发展需要大量的物质资源和精神资源的支持。近代中国大学是国人重要的精神寄托。在兴办新式教育的过程中，近代中国大学能够首先发展起来，足见国人对其寄托之重。教育救国是近代中国社会的重要思潮。由于大学与社会发展关系之密切以及人们救亡图存心情的急迫，在许多近代人士的眼中，教育就是大学的同义词。尽管近代中国大学在发展过程中自身出现一些问题，乃至一度导致与中国社会的隔膜。但是，国人对于大学的信念始终不曾发生动摇。这与大学社会服务活动的广泛开展是分不开的。正是通过这些活动，近代中国大学让先进的中国人进一步认识到大学在社会发展中的作用。不仅如此，广泛的社会服务活动也使中下层社会开始认识到大学功用所在进而重视大学。特别是五四运动以来，近代大学师生广泛深入民间社会，宣传科学、普及文化、倡导移风易俗。越来越多的人认识到大学在社会发展中所起的作用。通过这些实实在在的工作，近代大学在广大市民社会中形成良好的印象，得到了更多的社会精神支持，扩大了社会生存空间。

近代中国大学社会服务增强了高校的创收能力，弥补了教育经费的缺乏。相当的物质保障是大学发展的重要基础。教育为国家发展提供重要的智力支持，而教育事业的发展需要国家大量的资金投入。如果资金不能保证，教育发展实难谈起，国家振兴亦无希望。晚清政府由于大量的战败赔款，北洋时期由于武夫当国而造成巨额的军费开支，都使政府对于教育的投入非常有限。即使政局稍微稳定的国民政府，由于强大的军事开支、债务等的压力，基本的经济建设都无暇顾及，更不用提保障教育经费了。从九一八事变爆发到卢沟桥事变的七年时间内，政府实际支付的教育费用仅占额定预算的约八成，总计缺额超过三十万元。[①] 在此种背景之下，1921 年在北京出现北京大学等国立八所学校的讨薪运动就不难想见了！面对政府经费支出的不稳定性和大幅缩减，近代大学纷纷采取开源与节流等措施缓解经济危机。节流毕竟有限，而开源则活水不断。大学开展的种种社会服务活动无疑是开源的重要渠道。大学提供一定的有偿技术、咨询等服务，可以经济效益和社会效益兼收。1932 年，南开大学成立的应用化学研究所面向社会提供化验等服务，既满足社会的广泛需要，又有效缓解了私立南开的经济压力。大学通过向社会

---

① 商丽浩：《政府与社会——近代公共教育经费配置研究》，河北教育出版社 2001 年版，第 117 页。

开放娱乐、文化设施，既能实现资源利用的最大化，又能扩充学校资源，可谓一举两得。此外，一些大学的社会服务活动得到社会组织的有力资金支持，这更可以有效缓解高校财政上的压力。总之，在动荡岁月中发展与成长的近代中国大学通过开展社会服务活动扩大了学校的财源，有效弥补了办学经费的不足。更为重要的是，在开展服务的过程中，更多的人得以对近代大学加深了解，扩大了大学生存的社会基础。

（三）有助于一些具体社会问题的解决

近代中国社会，问题重重。近代大学通过社会服务活动对社会问题做出了回应，在近代社会发展史上写下了浓重的一笔，留下了光彩的影像。农业服务是近代中国大学社会服务的重要内容。近代中国大学通过农业品种的改良与推广、耕作方式与生产工具的改进，在农村播下科技的种子，提高了农业生产效率，改善了人民的物质生活。金陵大学、南通大学、中山大学等校改良与推广的棉、麦、大豆等作物品种，单位面积产量较之以前大为提高，增加了农民收入，受到农民的热烈欢迎。齐鲁大学在山东推广改良后的棉种以及培育方法，每亩产量可以增加10%—20%①。金陵大学在种子改良方面同样贡献卓著，得到人们广泛好评。近代中国大学还在农村散播现代的生产经营管理方式，积极帮助农民成立农业生产合作组织，在一定程度上克服了传统小农经济分散经营的弊端，增强了农民的团结力和组织性。特别是在轰轰烈烈的乡村建设运动中，近代大学更是注重农民组织觉悟的提升。近代大学的农业社会服务在一定程度上缓解了农村危机。

传统社会重农抑商，乃至步入近代以后，我国工商业发展极为落后。民国建立之后，工商业发展有了较好的社会环境。近代中国大学大力发展实科，培养了大批工商业人才，为工商业发展提供重要的人力资源支持。与此同时，近代中国大学急工商企业之所急，积极面向企业，提供针对性强、技术含量高的社会服务，在一定程度上解决了制约近代工商业发展的技术瓶颈。交通大学工业研究所从设立到抗战爆发的短短十年时间内，“完成社会各界委托实验的钢铁、水泥、砖瓦、木材、合金等各

① 黄新宪：《基督教教育与中国社会变迁》，福建教育出版社2000年版，第236页。

种材料约1500件”，其中“工商业委托的约占50%”①。南开大学应用化学研究所，立足中国实际，服务祖国工商业的事迹更是为人称道。

近代中国医疗卫生水平落后，人民缺医少药。近代中国大学积极提供医疗服务，有些学校还走乡入户，将医疗服务送到田间地头，这在很大程度上缓解了人民的病痛。齐鲁大学医学院成立后，在基督教服务和牺牲精神的感召下，师生进行了大量送医、送药下乡的活动。仅在1934年，就有3500余人得到该校医学院提供的医疗诊治服务。② 近代中国大学还积极开展卫生宣传活动，采取多种方式唤起人们的卫生意识。所有这些都有助于消除病痛对人们的折磨，提高人民的健康水平。协和医学院等高校在定县实验区内通过摸索建立了适合中国国情的三级医疗卫生保健体系，对于保障实验区内人民群众的生命健康功不可没。同时，近代中国大学的这种医疗卫生探索也为政府建立全国范围的医疗卫生宣传、防护体系提供了有益的经验指导。不仅如此，近代大学所进行的医疗卫生宣传及实践活动所带来的人们精神观念的冲击更是具有深远的意义。在医疗实践活动中，现代医学依靠强大的科学力量驱走了国人病痛的折磨，医学起到了“神仙”“佛祖”所不能带来的治疗效果。在医学科学与迷信的较量中，科学占据了上风，这无疑冲击国人传统的迷信观念，为后来科学旗帜的高扬奠定了一定的社会基础。

近代中国大学在普及文化，扫除文盲方面成绩卓著。蔡元培认为：“民众教育，是帮助民众，使他们能达到自给、自管、自卫的目的。”③ 近代中国大学通过设立夜学、暑期学校、简易识字班等不同形式提高了普通民众的知识文化水平。此外，还通过设立流动图书馆、阅报处等教育文化机构，极大丰富了人们的课余文化生活。创办于1908年的华南女子文理学院在“受当施”校训精神的感召之下，进行了大量的教育普及活动。作为一所专业的女子学院，该校致力于妇女扫盲工作，取得显著成效。同时，还面向贩童、工童以及失业人员开设大量的识字进修班。④ 通

---

① 《交通大学》编写组：《交通大学校史资料选编》（第1卷），西安交通大学出版社1986年版，第237页。

② 黄新宪：《基督教教育与中国社会变迁》，福建教育出版社2000年版，第236—237页。

③ 高平叔：《蔡元培教育论著选》，人民教育出版社1991年版，第686页。

④ 黄新宪：《基督教教育与中国社会变迁》，福建教育出版社2000年版，第240页。

过丰富多样的社会教育内容和形式，近代中国大学在知识水平低下的近代中国社会初步撒播了智慧的种子，一定程度上提高了人民的识字水平和教育程度，有助于民众精神面貌的改善。

（四）社会服务所彰显的精神成为国人救亡图存的重要动力支持

百年近代中国史堪称百年屈辱史，亦是百年奋斗史。这种艰苦卓绝的奋斗历程需要强大的精神支持。这种动力支持来自伟大的中华民族精神。这种精神既包括古代的自强不息、整体趋同等精神，更包括以爱国、民主和科学为内容的近代民族精神。[①] 在风雨如晦背景下诞生的近代中国大学自然继承了这种伟大的民族精神，而且在各自办学实际的基础上发扬了这种精神，甚至形成独特的精神品格。这种精神品格与中华民族精神相互激荡，形成鼓舞人心的伟大力量。

近代大学精神在其社会服务活动中得到淋漓尽致的体现。五四时期的北大、清华等校师生满怀饱满的热情，积极投身轰轰烈烈的平民教育运动中，通过各种途径提升民众素质、传播先进文化。其中透露的牺牲和服务精神，至今思来仍然让人回味无穷。金陵女子大学社会学系学生组织妇婴保健组，在极端艰苦的条件下为贫苦农民提供妇婴卫生服务。“对产妇，只要来请，不论远近，日夜出诊。”[②] 这种具体细微的服务活动体现了金陵女大校长吴贻芳的厚生精神，体现了她所说的“当国家民族需要服务时，吾人能有‘我在这里，来差遣我’之态度”[③]；在国难日殷的情况下，南开大学东北研究会师生依然不惜冒生命危险，前往东北实行社会调查等服务活动，以加深国人对于东北之了解，唤醒国人危机意识。此种活动体现了张伯苓校长毕生倡导的公能精神……近代中国大学社会服务渗透着强烈的大学精神和民族精神，这种精神就是自强不息、勇于牺牲和服务的精神。这种精神以近代中国大学师生为圆心，通过他们及他们所进行的社会服务活动逐步扩散开去，对于激励国人战胜时艰，尽快实现国家民族富强具有重要作用。

---

① 朱西周：《中华民族精神的历史演变与时代价值》，博士学位论文，中共中央党校，2007年，第39—56页。

② 程斯辉、孙海英：《厚生务实 巾帼英雄——金陵女子大学校长吴贻芳》，山东教育出版社2004年版，第85页。

③ 同上书，第39页。

二 近代中国大学社会服务的问题

在看到近代中国大学社会服务取得成就的同时，我们也必须直面其存在的问题，并对这些问题做出合理的评价。

同近代中国社会转型的区域差异相适应，近代中国大学主要分布在沿江、沿海的几个大城市，大学社会服务所产生的影响毕竟有限。以许多大学都热衷的农业科技推广为例，从地域分布来看，最需要农业科技新风的地区无疑是那些最为偏僻和落后的农村地区。近代大学在选择农业服务地点时往往选择距离大学不远的、交通较为方便的地方进行。齐鲁大学的龙山实验区、金陵大学的乌江实验区、燕京大学的清河镇实验区……无不如此。近代中国经济衰败，人们教育文化水平较低也严重影响近代大学社会服务的成效。燕京大学学生曾经积极参与晏阳初在河北定县的乡村建设实验。乡村卫生改造是实验的重要内容。仓廪实而知礼节，衣食足而知荣辱。对于贫穷的定县人民而言，在生活没有保障的情况下而去讲究日常卫生，无疑显得十分荒唐。院子保持干净，有助于家人的健康，但是，农民往往忙于劳作而无暇顾及院子扫除；过夜的饭菜不利于身体健康，但是，由于生活贫困，农民们却不得不吃；衣服要勤洗勤换，有助于预防细菌传染，但是，农民为了省钱，只能选择少洗多穿。① 由此，我们就会明白近代大学积极参加的乡村运动，而中国乡村却没有动的原因了！有人不禁撰文痛陈社会服务效能之低下，“溯自欧风东渐，社会服务之声浪奔腾于耳鼓者，已数十稔于兹矣。其音响所及，于社会不无稍补”。然而，最终“社会之腐败依然，道德之堕落如故，几至奄奄一息”②。

除上述成效性问题之外，近代中国大学社会服务在组织过程中也存在不少问题。大学社会服务是一项异常复杂的活动。为了使效益最大化，人力、财力均有限的近代大学在进行社会服务活动时应该进行谨慎而又通盘的考虑与设计，尽量避免机构重复、资源浪费的现象。然而，一些

---

① 章有义：《中国近代农业史资料》（第3辑），生活·读书·新知三联书店1957年版，第992页。

② 汪痴若：《社会服务之管见》，《兴华》1919年第2期。

大学在进行社会服务活动时，存在社会服务机构设置不合理、资源没有有效整合的问题。清华之成立得益于庚子退款，“明耻是清华精神的重要表征”[①]。在此种精神的鼓舞激励之下，清华学子热衷于社会服务事业，清华社会服务在社会上享有盛名。即便如此，清华社会服务存在服务团体各自为政、办事效率不高，而且各团体的社会服务计划缺乏长远规划的问题。比如，同是为了提高平民知识水平，清华却分别设置平民图书馆和车驴夫阅览所。这两个机构规模都不大，却分别设置庶务、会计、登录、书记、指导等职位，造成人员极大的浪费。国立东南大学首先导入美国大学服务机制，该校农业推广工作卓有成效。然而，早期各系进行的农业社会服务是各自为政，缺少联系和沟通。直到后来成立统一的农业推广部，对于农业推广工作进行统一组织和领导，各自为政的状况才得到改善。圣约翰大学曾于五四运动当年在上海设立义务学校，旨在解决上海贫困儿童的入学问题。“义务学校是由学生为主创办并由学生担任教员，经费不足的情况常有，尤其学生放假或毕业期间，师资力量得不到保证，所以学校往往难以发挥预期的作用。”[②] 经费不足是学生所无能为力的，但是，师资缺乏显然是由于组织不善所造成的。此外，大学在进行社会服务时，没有很好地考虑到服务对象的知识水平、接受能力，总是急于想把新知尽快地输入到大众的头脑中。这种急切的心情是可以理解的，但是效果往往不好，这在很大程度上也限制了近代中国大学社会服务的功用。北京大学平民教育讲演团致力于通过讲演而服务于社会，该社的具体情况在上一章已经有所涉及。尽管该团活动坚持数年，但是实际举办者认为“收效还是不大”，原因何在？举办者认为“丢不掉”的“满嘴的新名词”是一个非常重要的原因。[③]

马克思主义原理告诉我们，要释放生产力就必须改变生产关系。在近代中国，如果不能从根本上铲除落后的生产关系，救亡图存之梦注定破灭。从这一层面来讲，以技术路径和教育路径相标榜的近代大学社会

① 高天明：《校训与近代中国大学精神》，《黑龙江高教研究》2004 年第 2 期。

② 熊月之、周武：《圣约翰大学史》，上海人民出版社 2007 年版，第 305 页。

③ 张允侯等：《五四时期的社团》（二），生活·读书·新知三联书店 1979 年版，第 158 页。

服务注定难以肩负民族复兴的重任。欲科教兴国，首先必须国家重视和支持科教事业。百年近代，百年乱离。科教事业的发展始终无法步入正常、稳定和健康发展的轨道。在新旧急剧冲突的社会转折期，一些不良的社会价值观严重干扰大学的日常活动，对大学社会服务亦产生负面影响。比如，当时很多国人认为大学是升官发财的阶梯、青年消遣的处所、成年的婴儿院、感化院、特殊分子养成所等①，此种观念显然完全背离了大学的本真所在。此种大学观念指导下的社会服务活动要么带有极强的功利性，要么难以维持长久。本书所论述的近代大学暑期学校的弊端也印证了这一点。再者，近代中国大学总体规模非常有限，这也严重制约大学社会服务功效的发挥。以农业院校来说，它们是进行农业科学技术推广的重要力量。在艰难困苦的环境中，农业高等教育虽然也有发展。但是，受到种种因素的掣肘，这种发展步伐非常缓慢。1927 年到 1936 年我国农学毕业生的数目很好地说明了这种艰难的发展历程。这十年间全国农学毕业生分别是 148 人、73 人、98 人、153 人、348 人、627 人、446 人、363 人、448 人、418 人。如果平均到每一所高等农业院校的话，仅有几十人而已②。很显然，即使每年全部的农学毕业生都投入到农业科技推广的事业中，对于土地广袤的我国来说也是杯水车薪。较之西方大学的社会服务，近代中国大学社会服务所面临的社会环境要复杂得多。近代中国大学在进行社会服务的时候，必须接受来自政治、战争、经费、天灾等因素的考验与挑战，这种考验与挑战的程度之深是同期国外大学进行社会服务事业时所不曾遇到的。在诸种因素限制之下，近代大学社会服务出现一些问题是在所难免的。

第二节　近代中国大学社会服务的现实意蕴

从大学社会服务在中国发端至今，已有一百多年的历史，走过了一条漫长而又曲折的道路。历史是流动的长河。不同历史时期的大学社会

---

① 方增泉：《近代中国大学（1898—1937）与社会现代化》，北京师范大学出版社 2006 年版，第 235 页。

② 曹幸穗等：《民国时期的农业》，《江苏文史资料》编辑部 1993 年版，第 135 页。

服务的内容、形式、特点是不同的。当今中国大学社会服务水平较之近代大学的社会服务不可同日而语。当今大学的社会服务更为直接，范围更广，内容和形式更为丰富多样，服务带有双向性特征，服务实现实体化。[①] 21世纪的今天对于大学社会服务提出更多的要求，吸收和总结近代大学社会服务正反两方面的经验与教训，对于克服当今大学社会服务中的问题，建立和完善有效的社会服务机制具有极高的参考价值。

一　当今大学社会服务存在的问题

美国著名高等教育学家、曾经担任哈佛大学校长达20年之久的德里克·博克对于大学社会服务有着精深的研究。博克指出，大学社会服务"有时行动过分，有时服务不周"[②]。"行动过分"说明大学社会服务过激，"服务不周"说明大学社会服务虚化。当今我国大学的社会服务，虚化与过激同存。

（一）当今我国大学社会服务的过激现象

"由于大学成为社会发展的动力源主体作用逐渐显像化，甚至在某些方面显示出大学的发展在很大程度上决定着社会政治经济发展的方向。因此，现代大学的服务职能从传统的附属性功能向主体性功能转变，成为现代大学动力源发挥作用的内部动力，成为社会发展的动力之动力。"[③]大学服务职能从附属向主体的转化，表明大学在社会发展中扮演的角色越来越重要。知识社会的来临要求大学发挥动力源的作用，这是社会发展的必然。然而，却存在使大学服务职能过度膨胀的内在危险。此外，大学社会服务的过度膨胀还与特定历史时期、特定国家的宏观政策、教育价值观念等方面关系密切。例如，改革开放之后，我们调整思路把工作重心转移到经济建设上来。然而，这种转变并不是说要泯灭其他机构的组织属性，一概臣服到经济的魔咒之下。这种不幸却发生在当今中国大学身上。内外因素的共同作用，使得当今我国大学社会服务在某些方

---

① 朱国仁：《从"象牙塔"到社会"服务站"》，《清华大学教育研究》1999年第1期。

② ［美］德里克·博克：《美国高等教育》，乔佳义译，北京师范大学出版社1990年版，第15页。

③ 张国祥：《大学职能的历史演变及启示》，《黑龙江高教研究》2000年第6期。

面表现出过激现象。

首先，片面强调大学服务于经济建设，忽略了大学社会服务的其他面向。西方大学在渐进发展过程中，形成了学术自由、学术自治的精神与传统，这种内力能够很好地制约大学社会服务的过分膨胀，做到既守望象牙塔，又超越象牙塔。在内外相互牵引的过程中，实现社会服务的某种均衡。不同于西方大学的内源发展，近代中国大学的产生则是内外双重作用的结果。而且，在相当长的一段时间内，内力的作用一度湮没不彰。中国大学从其产生之日起就是世俗的、工具性的，不具备西方大学的象牙塔精神。半殖民地半封建的旧中国，大学是救亡图存的希望；新中国成立之后，为了赶英超美，全面借鉴苏联的大学发展模式，突出培养经济建设急需人才的职能。改革开放之后，由于功利思想作怪，很长一段时间以来我们走的是一条粗放式增长的发展路线，过分强调物质文明建设，在一定程度上忽略了其他社会建设，大学片面强调为经济建设服务的做法与以前相比有过之而无不及。在这种背景之下，20 世纪 80 年代以来，大学直接参与经济建设的主战场，甚至成为拉动经济增长的动力。“大学里的非营利性机构正在呈现出营利组织的特色和活动。大学是市场的仆人、供应者和演员”①。

从西方大学社会服务的发展历程来看，为经济建设服务是社会服务的重要内容，却不是社会服务的全部意蕴所在。以威斯康星大学为例，除了服务经济之外，威斯康星大学还提供信息咨询、函授讲座等服务内容。服务领域涉及经济、文化、教育、政治等诸多方面。我们在引进和学习西方大学社会服务的时候，把其内涵和内容歪曲和窄化了。“在我国，一提大学的社会服务职能，人们往往想到大学为经济建设服务，想到创收，这便把社会服务的职能狭隘化了。大学的社会服务职能是面向社会发展各方面的需要的，服务既有经济方面的，也有政治、文化、教育、科技方面的。”②

---

① 加里·罗兹、希拉·斯特劳：《学术资本主义、被操纵的专业人员以及供应经济学政策的高等教育》，转引自王逢振《美国大学批判》，王义国译，天津人民出版社 2004 年版，第 79 页。

② 刘宝存：《威斯康星理念与大学的社会服务职能》，《理工高教研究》2003 年第 5 期。

其次，大学社会服务过度膨胀，冲击了正常的教学与科研秩序。三大职能之间的关系在理论上是和谐一致的，但在实际运作过程中往往存在矛盾，使大学职能生态环境呈现出非均衡性。大学社会服务的过度膨胀会冲击教学。人才培养是大学的基本职能，不管时代如何变迁，始终应该处于大学活动的中心。由于利益的驱使和市场刺激的结果，人才培养职能往往受到挤压。一者，教学的效果具有一定的滞后性，很难及时显现出来；二者，人才培养是一项系统的工程，是多因素共同作用的结果，大学究竟在其中发挥了什么作用很难做出评判。社会服务的效果则是立竿见影的，能在短时间内带来巨大的收益。教师是大学社会服务实施的重要主体。每一个教师的精力都是一定的，为了短期内的可见利益，如果过多的精力用于开展社会服务，那么用于教学的精力势必会受到影响，这是毋庸置疑的。“只要校外活动影响了教师以全部精力投入其所在大学的工作，就会产生职责冲突问题。”① 在当前我国大学中，教师担任一定的社会职务是普遍现象，也是大学开展社会服务的重要形式。问题在于教师到底应该把多少精力用于社会服务活动上，这完全是凭自己的道德和良心来控制，教师往往在这个问题上不能做出恰当的取舍。

大学社会服务过度膨胀冲击科研，特别是基础科研。“作为高等学校职能的社会服务是与高等学校的科研与教学密切相关的学术性活动。”②人类的科研活动虽然多种多样，但是大致可以分为基础研究、应用研究和开发研究三大类型。基础研究注重普遍真理的探索，研究周期比较长，研究成果一般不能及时转化为现实生产力；应用和开发研究通常具有研究周期短、研究难度较低、见效快的特点。由于研究性质的差别，加之当前高校注重效率的评估体制，使得应用开发研究受到学者们的青睐，基础研究则少有人问津。基础研究是原始创新能力的基础，是促进人类社会发展的内在驱动力。在庞大的科研体系中，基础研究起着支撑性的作用，没有基础研究的动力支持，持续的、高水平的应用开发研究是不可能的。德里克·博克认为，应用开发研究要取得最大的效益必须依靠大学所进行的基础研究工作，必须得到大学里从事基础研究的学者的支

① ［美］唐纳德·肯尼迪：《学术责任》，阎凤桥等译，新华出版社2002年版，第298页。

② 朱国仁：《高等学校职能论》，黑龙江教育出版社1999年版，第9页。

持与帮助。[①] 大学过分重视应用开发研究，势必强化研究中的商业色彩，造成教师急功近利的心态，这是对大学存在价值的侵蚀。

（二）当今我国大学社会服务的虚化现象

与大学社会服务过激现象相伴随的是服务的虚化。服务过激是说大学泯灭自己的组织特性、急功近利，以大学之名从事由其他机构能更为有效完成的服务工作。大学社会服务旨在满足社会的需求，社会需求是多种多样的。大学作为服务提供的主体之一，其应该着力满足社会发展根本方面的需求，为社会其他需求的满足提供支持。否则，大学社会服务就会出现虚化现象。

首先，热衷于经济服务，然而经济服务的技术含量并不高。“传统的大学服务职能的出场路径，是作为社会变化发展的一种辅助性人力资源支持系统。”[②] 为经济服务是大学社会服务的重要内容之一。然而，当前我国大学痴心于经济服务，服务的层次却较低，水平较差。例如，依靠创新性的成果服务社会是大学社会服务的重要形式。大学过于浓厚的行政化色彩、自主权的缺乏造成当今大学技术创新动力的不足。这直接导致大学社会服务的疲软。“我国高校科技成果转化率仅为8%……大学科技成果能够签约的不到30%，转化后能产生经济效益的成果又大约只占被转化成果的30%，只有约5%的成果能取得较大的效益。”[③] 大学是技术创新的重要动力源，大学技术创新的程度直接决定一个国家经济发展的质量与速度。缺少创新色彩的大学经济服务必然后劲不足，最终导致种种问题出现。知识经济时代的大学“不仅仅是培养人才和传播文化的教育中心和创造知识的科研中心，而且是高技术辐射源和高科技产业的孵化器”[④]。这就要求大学在提供经济服务时为其他部门所不能为，不断寻找、发现新的方法、资源，增加服务的科技含量，提高服务的学术性。

---

① ［美］德里克·博克：《走出象牙塔——现代大学的社会责任》，徐小洲、陈军译，浙江教育出版社2001年版，第156页。

② 刘理：《由服务社会向引领社会转变》，《教育与现代化》2006年第3期。

③ 赵日刚：《加强大学社会服务功能过程中政府职能研究》，博士学位论文，东北大学，2009年，第41—42页。

④ 肖凤翔：《大学在知识经济时代的地位》，《清华大学教育研究》1999年第4期。

其次，为服务所掣肘，没有充分发挥社会批判、引领作用。“国家需求是大学本质的一种外延，大学本质体现了国家需求的内在要求。”① 这告诉我们大学对于社会需求的满足不能违背大学的本质。洪堡的言论更能警示后人如何应对社会的需求与大学之间的关系。“国家不应当指望大学做与国家直接利益相关的事情，国家应当抱有一种信任感，让大学发挥真正的作用，大学不只是为国家的目的工作，而应该为一个更高的水平无限地发挥作用。”② 大学是灯塔，是海上之光。在国家发展战略制定过程中必须提供充足的思想资源，这就要求充分发挥人文社会科学的思想引领作用。要发挥这种引领作用，就要求大学具有直面惨淡人生，正视社会问题的勇气，敢于和善于进行社会批判。用大学的理想和价值观来涤荡社会浊流并且影响、感化芸芸众生，为和谐社会和人类的美好理想保驾护航，从而实现一个理想的社会。

社会批判是大学与生俱来的特质，渗透于大学的各项职能之中。缺少批判精神的社会服务必将变得庸俗化。不幸的是，当今我国的很多大学都有随波逐流的意味。一些大学教师身上沾满了铜臭的味道，社会流行什么他们就研究什么。大学成了社会的一面镜子。这与近代中国大学社会服务所表现出的那种直面时艰、迎难而上的精神境界相差何等之大。“大学理应超越一般的学术责任，不只是完成单纯的教学、科研和普通的技术服务任务，而是期望产生建立在批判精神基础之上的具有重大创新意义和价值的科技成果与社会改造之良策。”③

二　近代中国大学社会服务的启示意义

（一）转变观念，对大学社会角色进行合理定位

观念的存在基础是一定的文化、心理结构，其对人类行动的影响是根深蒂固的，短时期内很难改变。观念是行动的先导，某种观念的存在必然产生一种与之相应的行动实践。中国传统教育主张政教合一，教育

---

① 王飞、王运来：《大学对国家的放逐》，《大学教育科学》2011 年第 5 期。

② ［英］博伊德：《西方教育史》，任宝祥、吴元训译，人民教育出版社 1985 年版，第 320 页。

③ 周玲、谢安邦：《社会批判：大学与知识分子的历史使命与学术责任》，《现代大学教育》2006 年第 2 期。

的工具理性色彩非常明显，中国传统高等教育在清末被迫中断，先进志士将近代意义上的大学“移植”到中国。但是，移植的结果在很大程度上是形似而神非，移植而来的近代大学也被打上了深刻的工具性烙印。“与西方近代大学源头上有中世纪一段自治与协会性质不同的是，中国近代大学一开始就作为国家建制的一部分，直接参与到国家建设之中。”① 如果细读一部欧美大学发展史，西方大学与社会之间始终存在一种张力。这种张力使大学能够超脱于社会，同时又不过分远离社会。对于纷繁复杂的社会实践，大学拥有崇高的话语权威。反观中国，这种话语权威很难找到。中国大学时而在经济建设的战场东奔西跑，时而在政治的旋涡中不能自拔。在服务社会的浪潮中，大学迷失了自我，丢掉了灵魂。“国家政治场域的核心地位和优先性，使其权力配置模式能够不同程度地辐射到所有的场域中。”② 这一现象在中国大学和政府的关系上体现得更为明显。

随着大学与社会的联系增多，对于应对社会的需求大学变得心安理得。社会的飞速发展使得经验越来越束手无策，越来越多的事情要借助知识、依靠大学，大学成为知识经济社会的发展引擎。然而，我们不应忘记大学毕竟只是社会系统中的一员，其存在的根据不是工具性的简单满足社会的即时需要，大学必须做出合理的应对。大学应该与急功近利绝缘，应该对喧哗浮躁说不。在应对社会即时需要的同时，还应该对社会展开批判，引导社会的发展。大学不应该是“镜子”“风向标”，而应该成为社会的“灯塔”。

（二）完善制度，为大学社会服务提供重要保障

制度是指导人们行动的准则。“人才辈出，大师云集，主要是一种制度文明的产物，在五四和民国时期，北大、清华表现出来的精神和风采至今让人留恋，其气象恢宏、学术自由、欣欣向荣的面貌正是大学精神在追求宽松的文化与制度和谐共生的环境下孕育出的结果。”③ 当今中国

---

① 许小青：《政局与学府：从东南大学到中央大学（1919—1937）》，中国社会科学出版社 2009 年版，第 1 页。

② 王晓辉：《场域视野中大学权力结构的失调与调适》，《现代教育管理》2013 年第 3 期。

③ 高天明：《名校长与近代中国大学精神》，《深圳大学学报》（人文社会科学版）2003 年第 6 期。

大学发展过程中存在的诸多问题的根源就是现代大学制度的缺失。近代中国大学自产生以来，就面临一系列矛盾冲突，既要移植西方模式又要注意本土化，既要学习国外先进理念，又不能全盘拿来。主导中国大学发展的主要是两种外在的力量，一种是英美苏等西方国家，另一种是政府和市场，中国大学自身发展的逻辑力量被淹没在这两种强大的力量之中，使中国大学不堪重负。虽然历经百余年的发展，但完善的现代大学制度尚未真正建立。

学者们对于现代大学制度的探讨见仁见智，尚未产生一致的看法。在众说纷纭中，仍然可以找到有关现代大学制度的一些共识性的见解。宏观上，现代大学制度主要是就办学体制而言，要求厘清大学、政府、社会三者之间的关系，做到权责明确；微观上，现代大学制度主要是就大学的治理而言，要形成现代意义的治理结构。就宏观的办学体制而言，在我国，国家是大学的主要投资人，政府是当然的管理者，大学则必须享有独立法人的地位，拥有办学自主权。政府的作用主要是宏观的调控与监督，不能把触角也伸到大学日常行政管理和教育教学当中。相关各方权利、责任和义务分明。就大学日常管理和运行而言，主要是处理学术权力和行政权力的关系。大学组织的学术性特征决定了其运行逻辑与市场和政府存在根本区别。作为学者的团体，表面上看大学组织内部之间的联系是松散的，然而这种松散的联合却共享一些坚定的信念和逻辑，这种信念和逻辑通常是潜在的，主要表现在成员的精神层面上，而且通常是与强行的指令相矛盾的。这要求淡化我国大学行政化过浓的色彩，彰显学术的权威和声音，塑造学术自由、自治的良好氛围。就学者个人来看，这表现为学者们所从事的学术活动完全不是外力强加的，而是来自内心对知识的向往和坚守；从大学方面来看，在当今中国，大学和社会之间的张力必须加强，让大学面对社会多一分超然，少一分谄媚；多一些批判，少一些迎合。不能“我吃谁的面包，我就哼谁的曲调”①。

现代大学制度的建立旨在实现利益的均衡，就大学社会服务而言，利益的主体涉及大学、政府、社会等方面，片面强调任何一方的利益都会导致非均衡局面的出现，制度的规范作用就显得至关重要。“现在我要

---

① 金耀基：《大学之理念》，生活·读书·新知三联书店2001年版，第137页。

把一个制度理解为一种公开的规范体系，这一体系确定职务和地位及它们的权利、义务、豁免，等等。这些规范规定某些行为类型为能允许的，另一些则为禁止的，并在违反出现时，给出某些惩罚和保护措施。"[①] 对于克服大学社会服务的过激现象，实现社会服务的良性运行，现代大学制度的意义正在于此。

（三）调整策略，确保大学社会服务适度

社会是一个有机体。每一部分或者系统都有自己的分工，利用自己特有的机制，履行一定的功能，从而使社会的存在和发展成为可能。社会的有效运转需要每个部分各安其位，不能越俎代庖，更不能形同虚设。大学作为复杂社会系统中的一员，社会服务的发挥必须适度，这是由大学组织的特性即学术性所决定的。"高等教育系统是从事社会高级智力活动的有机组织体系，是社会精神文明和物质文明发展到一定阶段的产物。它区别于社会其他子系统的特殊性质在于它具有鲜明的学术性。"[②] 其活动的基础是专业和学科，活动的主体是学者以及具有独立思考和创新精神的学生，活动的对象是高深专门的知识。从大学职能的角度看，这种学术性表现为以知识为媒介所进行的创造、传播和应用活动。如果说权力是政治系统的表征，利润是经济系统博弈的焦点，那么学术就是大学系统的生命所在，大学社会服务必须体现学术性的特征，必须适度。

大学社会服务应该适度，就要正确处理社会需求和大学自身逻辑发展的关系。大学社会服务归根结底处理的是大学和社会的关系问题，其产生是外力牵引和内力趋合的结果。早期的大学理念注重大学内部的发展逻辑，注重探讨经典的高深学问，致力于纯学术的探索，知识本身就是大学存在的目的，从而成为远离社会的"象牙塔"。人们对此习以为常，社会并没有对大学提出直接服务的需要。后来由于资本主义发展的需要，社会对大学提出了新的要求。大学开始调整自己的办学思路，注重社会的需要，开展一些零星的社会服务活动，大学社会服务开始萌芽。

---

① ［美］约翰·罗尔斯：《正义论》，何怀宏等译，中国社会科学出版社 2002 年版，第 54 页。

② 潘懋元：《多学科观点的高等教育研究》，上海教育出版社 2001 年版，第 346 页。

真正的大学社会服务出现在美国创办赠地学院的时期，以“威斯康星理念”的诞生为标志。大学社会服务正式确立于美国与其特有的文化土壤和氛围有关，但是现实社会的迫切需要是其产生的直接诱因。大学社会服务职能确立之后，传统的注重内部发展逻辑的大学理念向注重外部需求的理念转变。在由大学职能所形成的涟漪上，越是后来产生的职能，其“涟漪”的范围越大，与社会的接触就越密切、广泛。不管这个涟漪如何扩大，它都是从前面的涟漪发展而来，其中心则是大学组织的学术性。正是在这个意义上，美国高等教育家弗莱克斯纳（Abraham Flexner）认为大学满足的是“社会的需要”，绝非社会的“欲望”[①]。大学在满足社会的同时，不能泯灭自己的组织特性。

大学社会服务应该适度，必须正确处理教学、科研和社会服务的关系。从三大职能之间的关系来看，它们应该是有机统一的。其最终目的都是促进社会的发展，活动主体都是教师和学生，活动对象是高深的专门知识。在三大职能当中，知识的创新、传播和物化相得益彰。大学新职能的产生以原先存在的职能为基础，不是对原有职能的否定，而是对原有职能的超越和完善。只有这样才能保持大学自身职能体系的完整与和谐。因此，大学社会服务的发挥必须要以大学教学和科研职能为依托，成为教学和科研职能的有机延伸和补充，不能越俎代庖、喧宾夺主。否则，大学社会服务就会泛化、庸俗化，构成对于大学自身组织特性的否定。

大学社会服务必须适度，就要充分观照不同层次、类型学校社会服务的特性，不能一味求全、趋同。社会复杂多样，变化多端，其需求是多方面的。这在客观上要求大学社会服务在诸如服务领域等问题上进行适当分工。早期美国大学开展社会服务活动基本都是集中在农业和工业领域，手段主要是开讲座、课程等社会教育的形式，层次和水平是比较低的。后来新科技革命发生，社会服务的内容和形式日新月异，科技含量越来越高，已不是传统大学社会服务所能比拟的。从大学层次来看，有些大学研究实力雄厚，可以科研为依托进行全方位、多维度的社会服

① ［美］亚伯拉罕·弗莱克斯纳：《现代大学论》，徐辉、陈晓菲译，浙江教育出版社 2001 年版，第 3 页。

务，有些大学则主要以教学为基础来开展社会服务，一些专科层次的学校或者社区学院则可以重点开展技术、教育培训等服务活动。从大学类型来看，理工类大学与经济建设密切相关，其社会服务活动特别是服务于经济建设的活动早已为人们所共识。人文社科类大学虽然服务的外显效果不明显，但是在社会服务方面一样有可为之处，它完全能够成为人类社会的思想库，政府决策组织的智囊团。必须充分挖掘人文社科类大学在社会服务中的作用，特别是发挥其在文化引导中的重要作用。

参考文献

一　经典著作

[1] 中共中央马克思恩格斯列宁斯大林著作编译局：《列宁选集》（第2卷），人民出版社1972年版。

[2] 中共中央马克思恩格斯列宁斯大林著作编译局：《马克思恩格斯全集》（第1卷），人民出版社1956年版。

[3] 中共中央马克思恩格斯列宁斯大林著作编译局：《马克思恩格斯选集》（第4卷），人民出版社1972年版。

[4] 中共中央马克思恩格斯列宁斯大林著作编译研究室：《五四时期期刊介绍（1）》，生活·读书·新知三联书店1978年版。

[5] 中国社会科学院语言研究所词典编辑室编：《现代汉语词典》，商务印书馆2005年版。

[6] 哲学大辞典中国哲学史卷编辑委员会：《哲学大辞典·中国哲学史》，上海辞书出版社1985年版。

[7] 程继隆：《社会学大辞典》，中国人事出版社1995年版。

二　中文译著

[1] [德] 鲍尔生：《德国教育史》，滕大春等译，人民教育出版社1985年版。

[2] [德] 爱因斯坦：《物理学的进化》，周肇威译，上海科学技术出版社1962年版。

[3] [德] 卡尔·曼海姆：《意识形态与乌托邦》，姚仁权译，中国社会科学出版社2009年版。

[4] [德] 马克斯·韦伯：《社会科学方法论》，杨富斌译，华夏出版社

1999 年版。

[5] [法] 埃德加·莫兰:《复杂性理论与教育问题》，陈一壮译，北京大学出版社 2004 年版。

[6] [法] 埃德加·莫兰:《方法：天然之天性》，吴泓缈、冯学俊译，北京大学出版社 2002 年版。

[7] [法] 埃德加·莫兰:《复杂思想：自觉的科学》，陈一壮译，北京大学出版社 2001 年版。

[8] [法] 埃德加·莫兰:《复杂性思想导论》，陈一壮译，华东师范大学出版社 2008 年版。

[9] [法] 埃德加·莫兰:《自然之为自然》，陈一壮译，北京大学出版社 2002 年版。

[10] [法] 皮埃尔·布迪厄:《科学的社会用途——写给科学场的临床社会学》，刘成富、张艳译，南京大学出版社 2005 年版。

[11] [法] 皮埃尔·布迪厄:《实践感》，蒋梓骅译，译林出版社 2003 年版。

[12] [法] 皮埃尔·布迪厄、[美] 华康德:《实践与反思——反思社会学导引》，李猛、李康译，中央编译出版社 1998 年版。

[13] [法] 布尔迪厄:《文化资本与社会炼金术》，包亚明译，上海人民出版社 1997 年版。

[14] [加] 许美德:《中国大学 1895—1995》，许洁英等译，教育科学出版社 2000 年版。

[15] [美] 费正清编:《剑桥中华民国史（1912—1949)》，刘敬坤等译，中国社会科学出版社 1994 年版。

[16] [美] 阿特巴赫:《比较高等教育》，付娟明译，文化教育出版社 1985 年版。

[17] [美] 本杰明·史华兹:《寻求富强：严复与西方》，叶凤美译，江苏人民出版社 1996 年版。

[18] [美] 伯顿·克拉克:《高等教育新论——多学科的研究》，王承绪等译，浙江教育出版社 2001 年版。

[19] [美] 大卫·沃德:《令人骄傲的传统与充满挑战的未来：威斯康星大学 150 年》，李曼丽等译，清华大学出版社 2007 年版。

[20] [美] 德里克·博克:《美国高等教育》，乔佳义译，北京师范大学出版社 1990 年版。

[21] [美] 德里克·博克:《走出象牙塔——现代大学的社会责任》，徐小洲等译，浙江教育出版社 2001 年版。

[22] [美] 杰佛里·亚历山大:《社会学二十讲》，贾春增译，华夏出版社 2000 年版。

[23] 杰西·卢茨:《中国教会大学史》，曾钜生译，浙江教育出版社 1988 年版。

[24] [美] 柯文:《在中国发现历史：中国中心观在美国的兴起》，林同奇译，中华书局 2002 年版。

[25] [美] 克拉克·克尔:《大学的功用》，陈学飞等译，江西教育出版社 1993 年版。

[26] [美] 克拉克·克尔:《高等教育不能回避历史》，王承绪译，浙江教育出版社 2001 年版。

[27] [美] 刘易斯·科塞:《理念人》，郭方译，中央编译出版社 2001 年版。

[28] [美] 米歇尔·沃尔德罗普:《复杂：诞生于秩序与混沌边缘的科学》，陈玲译，生活·读书·新知三联书店 1997 年版。

[29] [美] 帕森斯:《现代社会的结构与过程》，梁向阳译，光明日报出版社 1988 年版。

[30] [美] 唐纳德·肯尼迪:《学术责任》，阎凤桥等译，新华出版社 2002 年版。

[31] [美] 威廉·詹姆士:《实用主义》，陈羽纶、孙端禾译，商务印书馆 1979 年版。

[32] [美] 威廉·詹姆斯:《彻底的经验主义》，庞景仁译，上海人民出版社 1987 年版。

[33] [美] 魏定熙:《北京大学与中国政治文化（1898—1920）》，金安平、张毅译，北京大学出版社 1998 年版。

[34] [美] 亚伯拉罕·弗莱克斯纳:《现代大学论》，徐辉、陈晓菲译，浙江教育出版社 2001 年版。

[35] [美] 叶文心:《民国时期大学校园文化》，冯夏根等译，中国人民

大学出版社 2012 年版。
[36] [美] 约翰·S. 布鲁贝克:《高等教育哲学》, 王承绪等译, 浙江教育出版社 2002 年版。
[37] [美] 约翰·杜威:《经验与自然》, 傅统先译, 商务印书馆 1960 年版。
[38] [美] 约翰·杜威:《哲学的改造》, 许崇清译, 商务印书馆 1958 年版。
[39] [美] 约翰·罗尔斯:《正义论》, 何怀宏等译, 中国社会科学出版社 2002 年版。
[40] [美] 詹姆斯·杜德斯达:《21 世纪的大学》, 刘彤译, 北京大学出版社 2005 年版。
[41] [英] 阿什比:《科技发达时代的大学教育》, 滕大春、滕大生译, 人民教育出版社 1983 年版。
[42] [英] 艾萨克·牛顿:《自然哲学的数学原理》, 郑太朴译, 商务印书馆 1963 年版。
[43] [英] 博伊德:《西方教育史》, 任宝祥、吴元训译, 人民教育出版社 1985 年版。
[44] [英] 罗素:《论教育》, 靳建国译, 东方出版社 1990 年版。
[45] [英] 纽曼:《大学的理想》, 徐辉等译, 浙江教育出版社 2001 年版。

三 文选、史料汇编

[1] 北洋大学—天津大学校史编辑室:《北洋大学—天津大学校史资料选编》, 天津大学出版社 1991 年版。
[2] 北京大学校史研究室:《北京大学史料》(第 1 卷), 北京大学出版社 1993 年版。
[3] 北京师联教育科学研究所:《梅贻琦高等教育思想与教育文论选读》, 中国环境科学出版社 2006 年版。
[4] 蔡建国:《蔡元培先生纪念集》, 中华书局 1984 年版。
[5] 曹幸穗等:《民国时期的农业》,《江苏文史资料》编辑部 1993 年版。
[6] 陈学恂:《中国近代教育文选》, 人民教育出版社 1983 年版。

[7] 程焕文:《邹鲁校长治校文集》，中山大学出版社 2004 年版。
[8] 崔国良:《张伯苓教育论著选》，人民教育出版社 1997 年版。
[9] 丁文江、赵丰田:《梁任公先生年谱长编》，中华书局 2010 年版。
[10] 东南大学高等教育研究所:《郭秉文与东南大学》，东南大学出版社 2011 年版。
[11] 樊洪业、段异兵:《竺可桢文录》，浙江文艺出版社 1999 年版。
[12] 樊洪业、张久春:《任鸿隽文存》，上海科技教育出版社 2002 年版。
[13] 冯桂芬:《校邠庐抗议》，中州古籍出版社 1998 年版。
[14] 高平叔:《蔡元培教育论著选》，人民教育出版社 1991 年版。
[15] 高平叔:《蔡元培年谱长编》（上），人民教育出版社 1996 年版。
[16] 高平叔:《蔡元培年谱长编》（中），人民教育出版社 1996 年版。
[17]《龚自珍全集》，上海人民出版社 1975 年版。
[18] 国民政府教育部:《第一次中国教育年鉴》，开明书店 1934 年版。
[19]《胡适文集》（第 8 卷），北京大学出版社 1998 年版。
[20] 华恕:《邹秉文纪念集》，农业出版社 1993 年版。
[21] 江问渔、梁漱溟:《乡村建设实验》（第 3 集），中华书局 1937 年版。
[22]《蒋梦麟学术文化随笔》，中国青年出版社 2001 年版。
[23]《交通大学校史》编写组:《交通大学校史（1896—1949）》，上海教育出版社 1986 年版。
[24]《交通大学校史》编写组:《交通大学校史资料选编》（第 1 卷），西安交通大学出版社 1986 年版。
[25] 李国钧:《清代前期教育论著选》（上），人民教育出版社 1990 年版。
[26] 岭南文库编辑委员会:《孙中山文萃》（下），广东人民出版社 1996 年版。
[27] 刘露茜:《唐文治教育文选》，西安交通大学出版社 1995 年版。
[28] 刘述礼、黄延复:《梅贻琦教育论著选》，人民教育出版社 1993 年版。
[29] 刘昫:《旧唐书 · 刘晏传》（第 123 卷），中华书局 1975 年版。
[30]《刘湛恩文集》，上海交通大学出版社 2011 年版。

[31]《茅以升选集》，北京出版社 1986 年版。
[32] 梅生：《中国妇女问题讨论集》（上），上海新文化书社 1923 年版。
[33] 南京大学高教研究所校史编写组：《金陵大学史料集》，南京大学出版社 1989 年版。
[34]《南大百年实录》编辑组：《南大百年实录》，南京大学出版社 2002 年版。
[35] 潘懋元、刘海峰：《中国近代教育史资料汇编·高等教育》，上海教育出版社 2007 年版。
[36] 璩鑫圭、唐良炎：《中国近代教育史资料汇编·学制演变》，上海教育出版社 2007 年版。
[37]《齐大乡村服务社、齐大推广部报告、预算、卫生计划及农村事业运动国际组织章程等卷 = 英语》，1932 年，齐鲁大学档案，J109—01—0131，山东省档案馆。
[38]《山西大学百年纪事》编撰委员会：《山西大学百年纪事》，中华书局 2002 年版。
[39]《四川大学校史》编委会：《四川大学史稿》，四川大学出版社 1985 年版。
[40] 舒新城：《中国近代教育史资料》（中），人民教育出版社 1981 年版。
[41]《苏轼文集》（第 36 卷），中华书局 1986 年版。
[42] 唐文治：《茹经堂文集》（2 编卷 7），文海出版社 1974 年版。
[43]《王国维遗书》（第 4 册），上海古籍书店 1983 年版。
[44] 王文俊：《南开大学校史资料选 1919—1949》，南开大学出版社 1989 年版。
[45] 王文俊等：《张伯苓教育言论选集》，南开大学出版社 1984 年版。
[46]《王阳明全集》，上海古籍出版社 1992 年版。
[47] 王增炳等：《陈嘉庚教育文集》，福建教育出版社 1989 年版。
[48] 魏源：《海国图志》（第 47 卷），岳麓书社 1998 年版。
[49]《严复集》（1），中华书局 1986 年版。
[50]《颜元集》（上），中华书局 1987 年版。
[51] 张大为：《胡先骕文存》，江西高校出版社 1995 年版。

[52] 张静庐:《中国近现代出版史料》(初编), 上海书店出版社 2003 年版。
[53] 章有义:《中国近代农业史资料》(第 3 辑), 生活·读书·新知三联书店 1957 年版。
[54] 章元善、许仕廉:《乡村建设实验》(第 1 集), 中华书局 1934 年版。
[55] 章元善、许仕廉:《乡村建设实验》(第 2 集), 中华书局 1935 年版。
[56]《郑观应集》(上), 上海人民出版社 1982 年版。
[57] 中国蔡元培研究会:《蔡元培全集》(第 3 卷), 浙江教育出版社 1997 年版。
[58] 中国蔡元培研究会:《蔡元培全集》(第 5 卷), 浙江教育出版社 1997 年版。
[59] 中国社会科学院近代史研究所:《纪念五四运动六十周年学术讨论会论文集》, 中国社会科学出版社 1980 年版。
[60] 中国社会科学院近代史研究所编:《五四运动回忆录》(下), 中国社会科学出版社 1979 年版。
[61] 中国社科院近代史研究所:《五四运动》, 中国社会科学出版社 1954 年版。
[62] 中山大学历史系:《林则徐集·公牍》, 中华书局 1963 年版。
[63] 朱维铮:《马相伯集》, 复旦大学出版社 1996 年版。
[64] 朱有瓛:《中国近代学制史料》, 华东师范大学出版社 1983 年版。
[65]《竺可桢日记》, 人民出版社 1984 年版。
[66] 曾德珪:《马君武文选》, 广西师范大学出版社 2000 年版。
[67] 邹鲁:《回顾录》, 岳麓书社 2000 年版。

四 校刊、报刊

[1]《阿波罗第二届暑期学校简章》,《北京大学日刊》1923 年第 1262 期。
[2]《北大的社会服务》,《北大生活》1921 年第 12 期。
[3]《北大溜冰场行将售票》,《晨报》1920 年 12 月 25 日。
[4]《北大学生主办暑期补习学校简章》,《北京大学日刊》1923 年第

1263 期。
[5]《北京大学教育系、中华教育改进社、京师学务局合组北京暑期学校简章》,《新教育评论》1926 年第 1 期。
[6]《本校附设音乐传习所第三次音乐演奏会预告》,《北京大学日刊》1923 年第1157 期。
[7]《本校全体参加卫生运动》,《厦大周刊》1929 年第 206 期。
[8]《本校暑期学校学生成绩优良》,《国立同济大学旬刊》1932 年第 32 期。
[9]《本校校役夜班简章》,《北京大学日刊》1918 年 4 月 9 日。
[10]《本校与贵阳县府合办改进区成立》,《大夏周报》1938 年第 1 期。
[11] 皕诲:《学生社会服务之研究序》,《进步》1914 年第 6 期。
[12] 碧茵:《娼妓问题之检讨》,《东方杂志》1935 年第 17 期。
[13]《宾雪维尼省教员入暑期学校之踊跃》,《教育杂志》1923 年第 1 期。
[14] 蔡元培:《黑暗与光明的消长》,《北京大学日刊》1918 年第 260 期。
[15] 蔡元培:《贫儿院与贫儿教育的关系》,《北京大学日刊》1919 年第 359 期。
[16] 曹云祥:《开学词》,《清华周刊》1925 年第 350 期。
[17] 曹云祥:《清华学校之过去与将来》,《清华周刊》1926 年纪念号增刊。
[18] 陈平原:《北大人的精气神儿》,《光明日报》2001 年 5 月 18 日。
[19]《晨报》1922 年 2 月 11 日。
[20]《虫害问题》,《农林新报》1933 年第 28 期。
[21]《筹备消费公社事务所报告》,《北京大学日刊》1918 年 2 月 28 日。
[22]《调查中央农业推广委员会乌江实验区报告》,《农业周报》1931 年第 3 期。
[23]《大夏大学兼办社会教育一年来概况》,《教育通讯周刊》1939 年第 37 期。
[24]《大学部货价调查》,《南中周刊》1927 年第 20 期。
[25]《大学化学班出发》,《南开双周》1930 年第 2 期。
[26]《大学商学院之出发计划》,《南开双周》1930 年第 2 期。

[27]《大学应当为女子开放》,《晨报》1919 年 5 月 11 日。
[28] 导之:《在职教员之教育与暑期学校》,《教育杂志》1922 年第 5 期。
[29]《德国实业发展拟案》,《中外经济拔萃》1937 年第 5 期。
[30]《东南大学农科开班女子缫丝传习所》,《中外经济周刊》1924 年第 92 期。
[31] 杜威:《教育者的天职》,刘伯明译,《民国日报》1920 年 5 月 30 日。
[32] 钝根:《社会服务观》,《礼拜六》1921 年第 102 期。
[33]《二十五年川黔中等学校教员暑期讲习班各组学员表》,《国立四川大学周刊》1937 年第 17 期。
[34] 冯友兰:《旧学生与新学生》,《心声》1918 年第 9 期。
[35] 甘丹:《后科举时代:辅仁大学风雨二十七年》,《新京报》2005 年 9 月 8 日。
[36] 高阳:《社会教育实施目标及方法之商榷》,《教育与民众》1930 年第 6 期。
[37]《工学院电机工程系代办电业暑期学校》,《国立浙江大学校刊》1934 年。
[38] 龚放:《南高师的暑期学校》,《南京大学报》2004 年 10 月 20 日。
[39] 美德:《男女社交问题》,《复旦大学社会学系半年刊》1933 年第 2 期。
[40]《国立北京大学造型美术研究会暑期学校招生简章》,《北京大学日刊》1929 年第 2208 期。
[41]《国立上海医学院公共卫生科报告》,《上海市卫生局高桥卫生事务所暨国立上海医学院卫生科年报》,1935 年。
[42]《杭州大学章程》,《北京大学日刊》1923 年第 1197 期。
[43] 郝钦铭、蒋荫松:《乌江农业推广实验区农场工作报告(1934 年 1 月至 6 月)》,《农林新报》1934 年第 23 期。
[44] 侯鸿鉴:《说社会教育与学校教育联络之改进》,《教育杂志》1914 年第 10 期。
[45] 胡竞良:《东南大学农科之棉作推广》,《农学杂志》1926 年第 4 期。
[46] 胡竞铭:《清华绝对应当实行男女同校》,《清华周刊》1920 年第

187 期。
[47] 胡适:《大学开女禁的问题》,《北京大学日刊》1919 年第 466 期。
[48] 胡适:《杜威先生与中国》,《晨报》1921 年 7 月 11 日。
[49] 胡适:《公共卫生与东西文明》,《出版周刊》1935 年第 111 期。
[50] 胡适:《贞操问题》,《新青年》1918 年第 1 期。
[51] 胡庶华:《大学毕业生与农村复兴》,《重大校刊》1937 年第 7 期。
[52] 胡先骕:《说今日教育之危机》,《学术》1922 年第 4 期。
[53]《话剧社得人》,《交大周刊》1932 年第 4 期。
[54] 黄炎培:《敬悼吾师蔡孑民先生》,《大公报》1940 年 3 月 23 日。
[55] 吉菴:《复旦大学的暑期学校》,《希望》1931 年第 4 期。
[56] 贾丰臻:《吾国今后宜注意于社会教育》,《教育杂志》1919 年第 2 期。
[57] 建明:《暑期学校》,《社会与教育》1931 年第 12 期。
[58] 蒋梦麟:《社会运动的教育》,《新教育》1919 年第 4 期。
[59]《教部令本校办全国工业职业学校教员暑期讲习会》,《同济旬刊》1935 年第 135 期。
[60]《教习名言》,《江西官报》1903 年第 1 期。
[61]《金陵大学农学院 27 年至 28 年度兼办社会教育工作报告》,《农林新报》1940 年第 123 期。
[62] 金陵大学总务处:《私立金陵大学要览》1947 年。
[63]《金陵大学特设农业暑期学校》,《圣公会报》1926 年第 11 期。
[64]《进德会启示·欢迎新同学入会》,《北京大学日刊》1918 年 9 月 25 日。
[65] 敬之:《世界实业发展的大势》,《读书生活》1936 年第 6 期。
[66] 李洁斋:《本院农场乌江分场植棉情形》,《农林新报》1930 年第 207 期。
[67] 李廷安:《公共卫生与国难》,《东南医刊》1933 年第 4 期。
[68] 李彦士:《实业救国论》,《电业季刊》1933 年第 2 期。
[69] 李蒸:《大学兼办社会教育的方法》,《农业通讯周刊》1938 年第 23 期。
[70] 李仲平:《教育的洋化》,《时代公论》1932 年第 24 期。

[71] 力子:《介绍一个暑期义务学校》,《民国日报·觉悟》1923 年第 27 期。
[72] 厉家祥:《欧洲的社会教育》,《江苏教育旬刊》1933 年第 6 期。
[73] 憐:《评某大学的男女同学》,《现代生活》1923 年第 1 期。
[74] 廖士志:《大学办理社会教育的理由和原则》,《社会教育年刊》1943 年第 1 期。
[75] 林损:《致瑞安父老论严禁赌博书》,《中大季刊》1927 年第 4 期。
[76] 林文庆:《大学生活的理想》,《厦大周刊》第 319 期。
[77] 林文庆:《大学生应有之态度》,《厦大周刊》第 292 期。
[78] 林文庆:《科学在现代文化上的地位》,《厦大周刊》第 327 期。
[79] 林文庆:《三民主义救国真诠》,《厦大周刊》第 237 期。
[80] 刘季洪:《大学如何兼办社会教育》,《教育通讯周刊》1939 年第 2 期。
[81] 刘经庶:《学生社会服务问题》,《新教育》1919 年第 1 期。
[82] 卢祖霈:《本校青年会社会服务部之组织及成绩》,《约翰声》1915 年第 9 期。
[83]《论实业所以救亡》,《东方杂志》1904 年第 8 期。
[84] 罗家伦:《养成一种领导时代的健全人格》,《国立清华大学校刊》1919 年 7 月 6 日。
[85] 罗家伦:《转变青年的思想》,《中央半月刊》1927 年第 4 期。
[86] 罗暟岚:《赌博场中》,《清华周刊》1927 年第 6—7 期。
[87] 马君武:《十一月二日马校长君武在纪念周的报告》,《广西大学周刊》1931 年第 4 期。
[88]《马神庙暑期补习学校招考简章》,《北京大学日刊》1923 年第 1262 期。
[89] 梅贻琦:《大学一解》,《清华学报》1941 年第 1 期。
[90] 孟禄·保罗:《美国暑期学校》,刘荔生译,《同学季刊》1926 年第 1 期。
[91] 泌:《清华社会服务之今后》,《清华周刊》1921 年第 233 期。
[92]《民国十二年度暑期学校及讲习会一览》,《教育杂志》1923 年第 9 期。

[93] 穆藕初:《中国经济的路线》,《自由言论》1933 年第 17 期。

[94] 南:《学生对于国家社会服务论赘言》,《清华周刊》1919 年第 178 期。

[95]《农业展览会》,《农民与教育》1932 年第 6 期。

[96] 潘复:《电影与社会教育》,《学生文艺汇编》1926 年第 3 卷(上)。

[97] 且夫:《暑期学校》,《时时周报》1931 年第 24 期。

[98]《清华大学暑期体育学校筹备委员会来函》,《国立浙江大学校刊》1930 年第 18 期。

[99] 清扬女士:《书端中丞奏兴女学事》,《大公报》1905 年 11 月 30 日。

[100] 任鸿隽:《实业教育观》,《科学》1917 年第 6 期。

[101] 任鸿隽:《说中国无科学之原因》,《科学》1915 年第 1 期。

[102] [日] 与谢野晶子:《贞操论》,周作人译,《新青年》1918 年第 5 期。

[103] 邵力子:《我所追念的蔡先生》,《中央日报》1940 年 3 月 22 日。

[104] 邵仲香:《从乌江农业展览会谈到乌江农村问题》,《农林新报》1935 年第 30 期。

[105] 邵仲香:《乌江农业推广实验区是赔钱货?》,《农林新报》1934 年第 1 期。

[106]《社会服务之进行计画》,《进步》1915 年第 6 期。

[107] 慎思:《小脚狂》,《晨报》1925 年 3 月 10 日。

[108]《实业》,《江苏》1903 年第 1 期。

[109]《实业救国的步武》,《南洋周刊》1925 年第 8 期。

[110]《实业救国之根本》,《上海总商会月报》1924 年第 3 期。

[111] 史济宏:《暑期学校》,《十日谈》1934 年第 36 期。

[112]《暑期补习学校之发展》,《新教育》1922 年第 4 期。

[113]《暑期学校》,《浙江大学工学院月刊》1928 年第 6 期。

[114]《暑期中学师范学校教员讲习班》,《国立浙江大学日刊》1937 年第 204 期。

[115] 司徒雷登:《如何团结师生一致救亡》,《燕大周刊》1936 年第 12 期。

[116] 司徒雷登:《我所见的中国问题》,《燕大友声》1937 年第 6 期。

[117] 司徒雷登:《现在国际形势对燕大只有刺激》,《燕京新闻》1939 年 9 月 15 日。

[118]《苏报》1903 年 6 月 6 日。

[119] 遂初:《公共卫生概要》,《卫生杂志》1931 年第 2 年合集。

[120] 孙友农:《阿弥陀佛与乌江民众》,《农林新报》1930 年第 225 期。

[121] 孙友农:《乌江农村改进中的李洁斋先生》,《农林新报》1930 年第 219 期。

[122] 坦得楼:《中国之公共卫生及医学教育》,《同济医学季刊》1935 年第 2 期。

[123] 汤丙南:《改造社会当注意于农业社会》,《湖北省农会农报》1920 年第 8 期。

[124] 陶履恭:《女子问题》,《新青年》1918 年第 1 期。

[125] 陶孟和:《吾之大学教育观》,《中华教育界》1916 年第 10 期。

[126]《特约农家》,《山西棉讯》1935 年第 38 期。

[127]《体育系筹办暑期体育学校》,《金陵女子文理学院校刊》1935 年第 25 期。

[128]《天津研究会》,《南开大学周刊》1927 年第 42 期。

[129]《天津研究会立正开步走》,《南开大学周刊》1927 年第 44 期。

[130] 天民:《英美社会教育四则》,《教育杂志》1912 年第 5 期。

[131]《万国联盟会在意开办暑期学校》,《教育杂志》1923 年第 7 期。

[132] 汪痴若:《社会服务之管见》,《兴华》1919 年第 2 期。

[133]《乌江农业推广实验区工作报告(1931 年 10 月至 1933 年 3 月)》,《农业推广》1933 年第 4 期。

[134] 巫启瑞:《看了北大平民夜校新剧以后》,《晨报副刊》1922 年第 3 期。

[135] 吴聪:《组织清华学生社会服务团》,《清华周刊》1927 年第 270 期。

[136] 吴昆吾:《如此大学农村焉得不破产》,《时代公论》1933 年第 45 期。

[137] 吴文藻:《社会服务的研究》,《清华周刊》1921 年第 7 期增刊。

[138] 吴自强:《日本的社会教育》,《学艺》1933 年第 6 期。

[139] 吴宗濂:《民国急宜设卫生行政专部注意全国公共卫生议》,《中西医学报》1914 年第 8 期。
[140] 伍连德:《公共卫生与民族复兴》,《教育旬刊》1934 年第 2 期。
[141] 武三多:《清华的社会服务》,《清华周刊》1925 年第 11 期。
[142]《消费公社首日售品之结果》,《北京大学日刊》1918 年 3 月 22 日。
[143]《校长旅英记事》,《南开双周》1929 年第 5 期。
[144]《厦门大学学生婚姻改革同盟宣言》,《晨报》1922 年 5 月 9 日。
[145] 秀:《提倡正当娱乐》,《清华暑期周刊》1935 年第 6 期。
[146] 徐正铿:《农业推广》,《农学杂志》1926 年第 4 期。
[147] 俞晋:《美国的暑期学校》,《先导半月刊》1933 年第 10 期。
[148] 闫克烈:《山东龙山农村服务社会社现况》,《农林新报》1933 年第 9 期。
[149] 杨廉:《读书不忘救国、救国不忘读书:现在有实行之必要》,《安徽政务月刊》1935 年第 6 期。
[150] 杨贤江:《学生社会服务何以必要》,《学生杂志》1920 年第 3 期。
[151] 杨贤江:《新学生与旧学生》,《学生杂志》1925 年第 3 期。
[152] 杨贤江:《美国暑期学校的发达》,《教育杂志》1922 年第 5 期。
[153]《意大利的社会教育》,《乐群》1933 年第 1 期。
[154] 尤其伟:《中国虫害问题及其解决之我见》,《国立中央大学农学丛刊》1929 年第 11 期。
[155] 俞子夷:《我对于办暑期学校的一点小意思》,《教育杂志》1923 年第 10 期。
[156] 恽代英:《共同生活的社会服务》,《人》1920 年第 6 期。
[157] 张伯苓:《要革除自私和自满的旧观念:11 月 26 日于中央航空学校》,《空军》1935 年第 158 期。
[158] 张孝骞:《公共卫生设施之程序》,《新湖南》1919 年第 1 期。
[159] 张原契:《中国妇女运动的批评》,《东吴学报》1920 年第 5 期。
[160] 赵漠埜:《南开学校社会视察新组织》,《南中周刊》南开学校二十二周年纪念号。
[161] 震瀛:《俄国底社会教育》,《新青年》1921 年第 5 期。
[162] 郑振铎:《社会服务》,《新社会》1920 年第 7 期。

[163] 志坚:《从救济农村到大学分布》,《中华周报》1934 年第 109 期。
[164]《中央农业推广委员会乌江农业推广实验区与金陵大学农学院合作办法大纲》,《农业推广》1931 年第 3 期。
[165] 朱斌魁:《办大学暑期学校之紧要几点》,《教育会刊》1924 年第 2 期。
[166]《竺可桢讲演词》,《国立浙江大学校刊》1936 年第 250 期。
[167] 庄:《清华学生西山消夏团之社会服务》,《清华周刊》1916 年第 81 期。
[168] 邹秉文:《改进吾国农业专门学校办法之商榷》,《湖北省农会农报》1921 年第 3 期。

五　中文研究类著作

[1] 毕汝刚:《公共卫生学》,商务印书馆 1946 年版。
[2] 陈功江:《精神符号与个性彰显:民国时期知名大学校训研究》,华中科技大学出版社 2011 年版。
[3] 陈鼓应:《老子今注今译》,商务印书馆 2003 年版。
[4] 陈鼓应:《庄子今注今译》,中华书局 1983 年版。
[5] 陈国钦、袁征:《瞬逝的辉煌——岭南大学六十四年》,广东人民出版社 2008 年版。
[6] 陈平原:《大学有精神》,北京大学出版社 2009 年版。
[7] 陈一壮:《埃德加·莫兰复杂性思想述评》,中南大学出版社 2007 年版。
[8] 陈翊林:《最近三十年中国教育史》,太平洋书局 1931 年版。
[9] 陈远:《燕京大学》,浙江人民出版社 2013 年版。
[10] 程斯辉、孙海英:《厚生务实　巾帼英雄——金陵女子大学校长吴贻芳》,山东教育出版社 2004 年版。
[11] 邓秉元:《孟子章句讲疏》,华东师范大学出版社 2011 年版。
[12] 董宝良:《中国近现代高等教育史》,华中科技大学出版社 2007 年版。
[13] 方增泉:《近代中国大学(1898—1937)与社会现代化》,北京师范大学出版社 2006 年版。

[14] 冯友兰:《三松堂自序》，生活·读书·新知三联书店 2009 年版。
[15] 高伟强:《民国著名大学校长》，湖北人民出版社 2007 年版。
[16] 高宣扬:《布迪厄的社会理论》，同济大学出版社 2004 年版。
[17] 高宣扬:《当代社会理论》，中国人民大学出版社 2005 年版。
[18] 高宣扬:《当代法国思想五十年》，中国人民大学出版社 2005 年版。
[19] 侯钧生:《西方社会学理论教程》，南开大学出版社 2001 年版。
[20] 郭秉文:《中国教育制度沿革史》，商务印书馆 1922 年版。
[21] 行龙:《山大往事》，山西人民出版社 2002 年版。
[22] 何怀宏:《选举社会及其终结》，生活·读书·新知三联书店 1998 年版。
[23] 何晓夏、史静寰:《教会学校与中国教育近代化》，广东教育出版社 1996 年版。
[24] 胡鸿基:《公共卫生概论》，商务印书馆 1929 年版。
[25] 黄书光:《国家之光 人类之瑞——复旦公学校长马相伯》，山东教育出版社 2004 年版。
[26] 黄新宪:《基督教教育与中国社会变迁》，福建教育出版社 1996 年版。
[27] 黄延复:《一个时代的斯文：清华校长梅贻琦》，九州出版社 2011 年版。
[28] 黄炎培:《八十年来》，文史资料出版社 1982 年版。
[29] 霍益萍:《近代中国的高等教育》，华东师范大学出版社 1999 年版。
[30] 金玫:《不可不知的中国名校》，中国水利水电出版社 2006 年版。
[31] 金耀基:《大学之理念》，生活·读书·新知三联书店 2001 年版。
[32] 金以林:《近代中国大学研究（1895—1949）》，中央文献出版社 2000 年版。
[33] 李伟:《明夷待访录译注》，岳麓书社 2008 年版。
[34] 李枭鹰:《高等教育选择论》，中国社会科学出版社 2011 年版。
[35] 李跃森:《司徒雷登传》，中国广播电视出版社 2011 年版。
[36] 李瑛:《民国时期大学农业推广研究》，合肥工业大学出版社 2012 年版。
[37] 梁吉生:《允公允能 日新月新——南开大学校长张伯苓》，山东教

育出版社 2003 年版。
[38] 梁吉生:《张伯苓的大学理念》,北京大学出版社 2006 年版。
[39] 梁吉生:《张伯苓教育思想研究》,辽宁教育出版社 1994 年版。
[40] 梁景和:《近代中国陋俗文化嬗变研究》,首都师范大学出版社 2009 年版。
[41] 梁启超:《清代学术概论》,中国人民大学出版社 2004 年版。
[42] 梁启超:《戊戌政变记》,中华书局 1954 年版。
[43] 刘宝存:《大学理念的传统与变革》,教育科学出版社 2007 年版。
[44] 刘简:《中文古籍整理分类研究》,文史哲出版社 1978 年版。
[45] 刘乃和:《励耘承学录》,北京师范大学出版社 1992 年版。
[46] 刘亚敏:《大学精神探论》,中国海洋大学出版社 2006 年版。
[47] 刘志琴、涂文学:《赌博纵横》,民主与建设出版社 1997 年版。
[48] 刘志琴:《烟毒兴灭》,民主与建设出版社 1997 年版。
[49] 罗家伦:《文化教育与青年》,华国出版社 1952 年版。
[50] 罗荣渠:《现代化新论》(增订本),商务印书馆 2004 年版。
[51] 罗义贤:《司徒雷登与燕京大学》,贵州人民出版社 2005 年版。
[52] 吕思勉:《先秦学术概论》,中国大百科全书出版社 1985 年版。
[53] 马征:《教育之梦——蔡元培传》,四川人民出版社 1995 年版。
[54] 孟照华:《中国灾荒史记》,中国社会科学出版社 1999 年版。
[55] 穆子月、许毕基:《大学校长记》,济南出版社 2010 年版。
[56] 倪梁康:《会意集》,东方出版社 2001 年版。
[57] 潘懋元:《高等教育学讲座》,人民教育出版社 1993 年版。
[58] 潘懋元:《中国高等教育百年》,广东高等教育出版社 2003 年版。
[59] 潘懋元:《多学科观点的高等教育研究》,上海教育出版社 2001 年版。
[60] 钱穆:《新亚遗铎》,生活·读书·新知三联书店 2004 年版。
[61] 钱益民:《李登辉传》,复旦大学出版社 2005 年版。
[62] 桑兵:《晚清学堂学生与社会变迁》,广西师范大学出版社 2007 年版。
[63] 商丽浩:《政府与社会——近代公共教育经费配置研究》,河北教育出版社 2001 年版。

[64] 沈卫星:《重读张伯苓》，光明日报出版社 2006 年版。
[65] 宋路霞:《盛宣怀》，河北教育出版社 2002 年版。
[66] 宋秋蓉:《近代中国私立大学发展史》，陕西人民教育出版社 2006 年版。
[67] 苏云峰:《从清华学堂到清华大学 1911—1929》，生活·读书·新知三联书店 2001 年版。
[68] 苏云峰:《从清华学堂到清华大学 1928—1937》，生活·读书·新知三联书店 2001 年版。
[69] 苏中立、苏晖:《执中鉴西的经世致用与近代社会转型》，中华书局 2004 年版。
[70] 孙秀玲:《近代中国基督教大学社会服务研究》，山东人民出版社 2013 年。
[71] 田正平:《中外教育交流史》，广东高等教育出版社 2004 年版。
[72] 田正平、程斯辉:《辛亥革命与中国近代教育：第五届海峡两岸教育史论坛论文集》，浙江大学出版社 2012 年版。
[73] 谭光鼎、王丽云:《教育社会学：人物与思想》，华东师范大学出版社 2008 年版。
[74] 王处辉:《中国社会思想史》，中国人民大学出版社 2009 年版。
[75] 王德滋:《南京大学史》，南京大学出版社 1992 年版。
[76] 王逢振:《美国大学批判》，王义国译，天津人民出版社 2004 年版。
[77] 王国平:《博习天赐庄——东吴大学》，河北教育出版社 2003 年版。
[78] 王雷:《大学社会教育研究：基于大学服务社会的历史考察》，人民出版社 2013 年版。
[79] 王先明:《近代新学：中国传统学术文化的嬗变与重构》，商务印书馆 2000 年版。
[80] 王运来:《诚真勤仁　光裕金陵——金陵大学校长陈裕光》，山东教育出版社 2004 年版。
[81] 王振亚:《旧中国体育见闻》，人民体育出版社 1987 年版。
[82] 夏基松:《现代西方哲学教程》，上海人民出版社 1985 年版。
[83] 萧超然:《北京大学与近代中国》，中国社会科学出版社 2005 年版。
[84] 熊明安:《中国高等教育史》，重庆出版社 1988 年版。

[85] 熊月之、周武:《圣约翰大学史》，上海人民出版社 2007 年版。

[86] 徐以骅:《教会与宗教：作为传教媒介的圣约翰大学》，珠海出版社 1999 年版。

[87] 许小青:《政局与学府：从东南大学到中央大学（1919—1937）》，中国社会科学出版社 2009 年版。

[88] 严昌洪:《中国近代社会风俗史》，浙江人民出版社 1992 年版。

[89] 严春宝:《大学校长林文庆：一生真伪有谁知》，福建教育出版社 2010 年版。

[90] 阎广芬:《经商与办学：近代商人教育活动研究》，河北教育出版社 2002 年版。

[91] 杨东平:《大学精神》，辽海出版社 1999 年版。

[92] 杨剑利:《女性与近代中国社会》，中国社会出版社 2007 年版。

[93] 姚明达:《中国目录学史》，上海古籍出版社 2005 年版。

[94] 俞信芳:《张寿镛先生传》，北京图书馆出版社 2003 年版。

[95] 詹栋梁:《现代社会教育思潮》，中国台湾五南出版社 1991 年版。

[96] 张彬:《倡言求是　培育英才——浙江大学校长竺可桢》，山东教育出版社 2003 年版。

[97] 张楚廷:《高等教育学导论》，人民教育出版社 2010 年版。

[98] 张国有:《大学章程》（第 1 卷），北京大学出版社 2011 年版。

[99] 张宪文:《金陵大学史》，南京大学出版社 2002 年版。

[100] 张晓唯:《蔡元培传》，百花文艺出版社 2009 年版。

[101] 张允侯等:《五四时期的社团》（二），生活 · 读书 · 新知三联书店 1979 年版。

[102] 赵凯荣:《复杂性哲学》，中国社会科学出版社 2001 年版。

[103] 郑大华:《民国乡村建设运动》，社会科学文献出版社 2000 年版。

[104] 周邦任、费旭:《中国近代高等农业教育史》，中国农业出版社 1994 年版。

[105] 周川、黄旭:《百年之功——中国近代大学校长的教育家精神》，福建教育出版社 2005 年版。

[106] 周谷平等:《中国近代大学的现代转型：移植、调适与发展》，浙江大学出版社 2012 年版。

[107] 朱斐:《东南大学史》，东南大学出版社 1994 年版。

[108] 朱国仁:《高等学校职能论》，黑龙江教育出版社 1999 年版。

[109] 庄泽宣:《如何使新教育中国化》，民智书局 1929 年版。

[110] 宗有恒:《马相伯与复旦大学》，山西教育出版社 1996 年版。

六 学术论文

[1] 陈建军:《梅光迪与“南高第一届暑期学校”》,《书屋》2012 年第10 期。

[2] 陈婉燕:《近代直隶（河北）天主教会医疗卫生事业研究》，硕士学位论文，河北师范大学，2010 年。

[3] 陈一壮:《埃德加·莫兰的“复杂方法”思想及其在教育领域内的体现》,《教育科学》2004 年第 2 期。

[4] 陈一壮:《论埃德加·莫兰复杂性思想的三个理论柱石》,《自然辩证法研究》2007 年第 12 期。

[5] 陈玉崧:《林文庆论》，新加坡《南洋学报》1965 年第 1、2 辑合辑。

[6] 陈裕光:《回忆金陵大学》,《高教研究与探索》1987 年第 2 期。

[7] 陈蕴茜:《论教育对近代中国知识分子群体转型的影响》,《江海学刊》1996 年第 5 期。

[8] 陈祖兴:《论高等学校职能与功能的关系》,《上海高教研究》1994 年第 1 期。

[9] 程斯辉:《中国近代大学校长研究》，博士学位论文，华中师范大学，2007 年。

[10] 丁守和:《实业救国、教育救国、科学救国思潮的再认识》,《文史哲》1993 年第 5 期。

[11] 丁亚金:《现代大学社会服务职能的反思》,《教育发展研究》2008 年第 Z3 期。

[12] 冯夏根、胡旭华:《注重学术 服务民族——论罗家伦的大学理念》,《现代大学教育》2009 年第 1 期。

[13] 宫留记:《布迪厄的社会实践理论》，博士学位论文，南京师范大学，2007 年。

[14] 高申春、王东:《试论詹姆斯的“彻底的经验主义”》,《河南师范大

学学报》（哲学社会科学版）2011 年第 1 期。

[15] 高天明:《名校长与近代中国大学精神》,《深圳大学学报》（人文社会科学版）2003 年第 6 期。

[16] 高天明:《校训与近代中国大学精神》,《黑龙江高教研究》2004 年第 2 期。

[17] 晨虹:《近代社会服务在北京大学兴起的动因分析》,《江苏高教》2010 年第 4 期。

[18] 郝先中:《西医东渐与中国近代医疗卫生事业的肇始》,《华东师范大学学报》（哲学社会科学版）2005 年第 1 期。

[19] 何芳:《清末学堂中的身体规训》，博士学位论文，华东师范大学，2009 年。

[20] 侯怀银、张宏波:《“社会教育”解读》,《教育学报》2007 年第 4 期。

[21] 胡春光、胡丽萍、黄文彬:《大学学科知识的演变：知识转型的历史社会学分析》,《中国高教研究》2011 年第 7 期。

[22] 金林祥:《蔡元培论杜威》,《湖南师范大学教育科学学报》2009 年第 1 期。

[23] 康乐:《大学社会责任理念与履行模式》，博士学位论文，大连理工大学，2012 年。

[24] 李传斌:《基督教在华医疗事业与近代中国社会》，博士学位论文，苏州大学，2001 年。

[25] 梁德阔:《社会资本理论对社会学方法论二元对立的消解》,《安徽大学学报》（哲学社会科学版）2007 年第 6 期。

[26] 李长莉:《清末民初城市的“公共休闲”与“公共时间”》,《史学月刊》2007 年第 11 期。

[27] 李传斌:《基督教在华医疗事业与近代中国社会》，博士学位论文，苏州大学，2001 年。

[28] 李在全:《教会大学与中国近代乡村社会——以福建协和大学乡村建设运动为中心的考察》,《教育学报》2005 年第 12 期。

[29] 李在全:《民国福建乡村建设运动研究》，硕士学位论文，福建师范大学，2003 年。

[30] 李章鹏:《清末中国现代社会调查肇兴刍论》,《清史研究》2006 年第 2 期。

[31] 李忠:《近代中国"教育救国"与"实用救国"的互动》,《西南大学学报》(社会科学版) 2011 年第 4 期。

[32] 刘宝存:《威斯康星理念与大学的社会服务职能》,《理工高教研究》2003 年第 5 期。

[33] 刘家峰:《中国基督教乡村建设运动研究 1907—1950》,博士学位论文,华中师范大学,2001 年。

[34] 刘理:《由服务社会向引领社会转变》,《教育与现代化》2006 年第 3 期。

[35] 刘尧:《高等教育功能和高等学校职能研究要科学化》,《清华大学教育研究》1996 年第 2 期。

[36] 刘占祥:《论茅以升的教育思想及其意义》,《西南交通大学学报》(社会科学版) 2001 年第 2 期。

[37] 鲁彦:《金陵大学农学院对中国近代农业的影响》,硕士学位论文,南京农业大学,2005 年。

[38] 鲁洁:《论教育之适应与超越》,《教育研究》1996 年第 2 期。

[39] 陆茂清《蔡元培在北大筹建"进德会"》,《传承》2010 年第 25 期。

[40] 陆炎:《论林则徐与魏源的经世思想》,《山东师范大学学报》(人文社会科学版) 2002 年第 2 期。

[41] 毛亚庆:《论教育学理论建构的科学主义倾向》,《北京师范大学学报》(社会科学版) 1997 年第 3 期。

[42] 幺加利:《走向复杂:教育视角的转换》,博士学位论文,华东师范大学,2002 年。

[43] 聂海:《大学农业科技推广模式研究》,博士学位论文,西北农林科技大学,2007 年。

[44] 潘懋元、朱国仁:《高等教育的基本功能:文化选择与创造》,《高等教育研究》1995 年第 1 期。

[45] 潘懋元:《高等教育的基本功能》,《高等教育研究》1995 年第 1 期。

[46] 蒲艳艳:《金陵大学农学院和中国农业教育的近代化》,硕士学位论文,陕西师范大学,2007 年。

[47] 饶正慧:《民国时期著名大学校长领导力研究》,博士学位论文,西南大学,2013 年。
[48] 任燕红:《大学功能的整体性及其重建》,博士学位论文,西南大学,2012 年。
[49] 上官剑:《中西方文化差异中的大学社会服务观》,《江苏高教》2009 年第 4 期。
[50] 沈岚霞:《20 世纪上半叶美国对华教育传播研究——以哥伦比亚大学师范学院为例》,博士学位论文,华东师范大学,2010 年。
[51] 沈志忠:《美国作物品种改良技术在近代中国的引进与利用》,《中国农史》2004 年第 4 期。
[52] 石中英:《知识性质的转变与教育改革》,《清华大学教育研究》2001 年第 2 期。
[53] 时赟:《中国高等农业教育近代化研究 1897—1937》,博士学位论文,河北大学,2007 年。
[54] 眭依凡:《我国高校社会服务 30 年发展实践研究》,《中国高教研究》2008 年第 11 期。
[55] 孙存昌:《中国近代大学教师专业素质研究》,博士学位论文,苏州大学,2009 年。
[56] 孙秀玲、程金良:《近代中国教会大学走向社会服务的原因分析》,《江南大学学报》(教育科学版)2008 年第 3 期。
[57] 孙秀玲:《近代中国教会大学走向农村的历史考察》,《民办教育研究》2008 年第 5 期。
[58] 唐世纲:《大学制度价值研究》,博士学位论文,华中科技大学,2013 年。
[59] 涂又光:《文明本土化与大学》,《中国哲学史》1999 年第 2 期。
[60] 田正平、刘保兄:《消极应对与主动调试——圣约翰大学与燕京大学发展方针之比较》,《高等教育研究》2006 年第 4 期。
[61] 田正平:《教会大学与中国教育现代化》,《文史哲》2007 年第 3 期。
[62] 王飞、王运来:《大学对国家的放逐》,《大学教育科学》2011 年第 5 期。
[63] 王宏斌:《关于"经世致用"思潮的几点质疑》,《史学月刊》2005

年第 7 期。

[64] 王雷:《论大学对社会德育质量的提升——从我国近代大学知识群体参与社会教育谈起》,《沈阳师范大学学报》(社会科学版) 2008 年第 6 期。

[65] 王雷:《我国近代社会教育的发展历程与基本经验》,《华东师范大学学报》(教育科学版) 2010 年第 3 期。

[66] 王晓辉:《场域视野中大学权力结构的失调与调适》,《现代教育管理》2013 年第 3 期。

[67] 王晓阳:《大学社会功能比较研究》,博士学位论文,北京师范大学,2001 年。

[68] 王元明:《美国实用主义新析》,《南开学报》(哲学社会科学版) 1994 年第 5 期。

[69] 王作权:《大学组织的社会服务职能新探》,《复旦教育论坛》2007 年第 1 期。

[70] 邬大光:《也谈高等教育的功能和高等学校的职能》,《高等教育研究》1995 年第 3 期。

[71] 吴洪富:《大学场域变迁中的教学与科研关系》,博士学位论文,华中科技大学,2011 年。

[72] 吴俊斌:《国家与社会:内涵、分化及其范式转换分析》,《理论与现代化》2011 年第 4 期。

[73] 肖凤翔:《大学在知识经济时代的地位》,《清华大学教育研究》1999 年第 4 期。

[74] 谢保成:《关于唐代史学地位的几个问题》,《中国社会科学院研究生院学报》1989 年第 4 期。

[75] 徐邦俊:《皮尔士实用主义哲学辨析》,《南京理工大学学报》(社会科学版) 2002 年第 5 期。

[76] 徐辉:《再谈现代高等学校的基本职能》,《高等教育研究》1995 年第 1 期。

[77] 荀渊:《中国高等教育从传统向现代的转型》,博士学位论文,华东师范大学,2002 年。

[78] 闫广芬:《大学在推进妇女解放中的历史进程与作用》,《南开学报》

（哲学社会科学版）2007 年第 2 期。

[79] 阎万英:《抗日战争时期的清华大学农研所》，《中国科技史料》1987 年第 4 期。

[80] 颜丙峰:《知识社会：高等教育功能的重新审视》，《河北师范大学学报》（教育科学版）2003 年第 5 期。

[81] 杨才林:《“作新民”、“唤起民众”——民国社会教育研究》，博士学位论文，首都师范大学，2007 年。

[82] 叶纪元:《近现代学科分类体系在中国学术转型中的作用与局限》，《云梦学刊》2009 年第 4 期。

[83] 叶澜:《世纪初中国教育理论发展的断想》，《华东师范大学学报》（教育科学版）2001 年第 1 期。

[84] 于述胜:《民国时期社会教育问题论纲》，《北京大学教育评论》2005 年第 3 期。

[85] 余英时:《中国知识分子的边缘化》，《二十一世纪（香港）》1991 年第 8 期。

[86] 张国祥:《大学职能的历史演变及启示》，《黑龙江高教研究》2000 年第 6 期。

[87] 张剑:《金陵大学农学院与中国农业近代化》，《史林》1998 年第 3 期。

[88] 张男星、王纾:《如何理解与发挥大学的社会服务职能：访天津大学校长李家俊》，《大学》（学术版）2013 年第 12 期。

[89] 章潇、孙秀玲:《社会服务：近代中国基督教大学的本土化探索》，《河北师范大学学报》（教育科学版）2011 年第 7 期。

[90] 赵法生:《内圣外王之道的重构与儒家的现代转型》，《开放时代》2011 年第 6 期。

[91] 赵日刚:《加强大学社会服务功能过程中政府职能研究》，博士学位论文，东北大学，2009 年。

[92] 郑大华:《民国乡村建设运动之“公共卫生”研究》，《天津社会科学》2007 年第 3 期。

[93] 郑庆平:《对中国近代农业生产力的基本估计》，《晋阳学刊》1994 年第 6 期。

[94] 周东华、董景安:《〈六百字编通俗教育读本〉考》,《近代史研究》2009 年第 5 期。

[95] 周谷平、孙秀玲:《近代中国大学社会服务探析》,《河北师范大学学报》(教育科学版)2007 年第 6 期。

[96] 周谷平、孙秀玲:《近代中国基督教大学的农业推广服务》,《高等教育研究》2009 年第 4 期。

[97] 周谷平、孙秀玲:《挑战与应对:近代中国教会大学的社会服务》,《华东师范大学学报》(教育科学版)2007 年第 4 期。

[98] 郑杭生、杨敏:《社会学理论体系的构建与拓展——简析个人与社会关系问题在社会学理论研究中的意义》,《社会学研究》2004 年第 2 期。

[99] 周玲、谢安邦:《社会批判:大学与知识分子的历史使命与学术责任》,《现代大学教育》2006 年第 2 期。

[100] 朱国华:《社会学的不朽者:布迪厄》,《文化研究论坛》2003 年第 3 期。

[101] 朱国仁:《从"象牙塔"到社会"服务站"》,《清华大学教育研究》1999 年第 1 期。

[102] 朱国仁:《论现代高等学校三种职能的意义》,《高等教育研究》1998 年第 1 期。

[103] 曾海洋:《厦门大学与闽南区域社会文化变迁研究》,博士学位论文,厦门大学,2007 年。

[104] 张剑:《金陵大学农学院与中国农业近代化》,《史林》1998 年第 3 期。

[105] 朱九思:《论学科建设》,《高等教育研究》1993 年第 2 期。

[106] 朱西周:《中华民族精神的历史演变与时代价值》,博士学位论文,中共中央党校,2007 年。

七 外文资料

[1] Benjamin Schwartz, *In Search of Wealth and Power*: *Yen Fu and the West*, Boston: Harvard University Press, 1964.

[2] Charles McCarthy, *The Wisconsin Idea*, New York: The McMillan Com-

pany, 1912.

[3] Cooper Wesley, *The Unity of William James's Thought*, Vanderbit University Press, 2002.

[4] F. L. H. Pott, *Letter to John Wood*, Nov. 8, 1911, Q243 - 170.

[5] John Burder Hipps, *History of the University of Shanghai*, Valley Forge: Board of Founders of the University of Shanghai, 1964.

[6] Lim Boon Keng, "The Renovation of Chinese", *Straits Chinese Magazine*, Vol. 2, No. 7, September 1898.

[7] Minden Karen Paule, *Bamboo Stone: The Evolution of a Chinese Medical Elite*, Toronto: University of Toronto Press, 1994.

[8] William Purviance Fennel, *Christian Higher Education in Changing China, 1880 - 1950*, Wm. B. Emerdmans Publishing Company, 1976.

[9] Olaf Pedersen, *The First Universities: Studium Generale and the Origins of University Education in Europe*, Cambridge University Press, 1997.

[10] Pierre Bourdieu, *In Other Words-Essays Towards a Reflexive Sociology*, Stanford University Press, 1990.

[11] Pierre Bourdieu, *The Field of Cultural Production—Essays on Art and Literature*, New York: Columbia University Press, 1993.

[12] Robert Coltman, *The Chinese, Their Present and Future: Medical, Political and Social*, Philadelphia and London: F. A. Davis, 1891.

[13] Thomas Chrowder Chamberlin, *Charles Richard Van Hise* 1857 - 1918, The University of Chicago Press, *The Journal of Geology*, Vol. 26, No. 8, Nov. - Dec. 1918.

[14] Tse-tsung, Chow, *The May Fourth Movement: Intellectual Revolution in China*, Harvard University Press, 1980.

[15] Wen-hsin Yeh, *The Alienated Academy: Culture and Politics in Republican China*1919 - 1937, Boston: Harvard University Press, 1990.

[16] Yuan Shan Diang, "An Outline of System of Schools Calculated to Promote Mass Education in China", *Education Review*, Vol. 15, No. 1, Jan. 1922, 31.

后　记

本书是在我的博士论文基础上修改而成，从选题、开题到最终定稿无不得到闫广芬老师的悉心指导。选题是费思量的过程。导师一向尊重学生自己的选择，我在选题时“左思右想”，最终也没有找到一个理想可行的论文题目。老师更是用心良苦，指导我选题时既要考虑题目的学术价值，又要考虑我自身的知识储备以及兴趣等方面的因素。最后几经和导师切磋，终于确定了这个题目。然后，就是查阅资料，撰写研究设计。在与导师讨论研究设计的时候，感觉思路还比较清晰，但是到落实的时候发现还是与我们师徒当时的设想差距较大！最终摆在我跟老师面前的只能是这一枚“青涩的果实”。

记得在自己的硕士论文致谢部分，我曾经用“治学严谨”“学识极高”来形容后来成为我博士导师的闫广芬教授。那时的我并不是老师的及门弟子，对老师的感知主要来自课堂上，了解最多的自然是导师的学识。后来有幸成为闫氏弟子，几年的门下生活使我对自己老师的了解和感悟显然已经远远超出了当时学的层面。导师经常在师门集会上讲述她自己当年的读博生活以及她们师门的那些治学逸事、同门往还。通过这些生动的事实，我对导师的了解更加深刻，更加明了老师对我们的用心之苦。老师在处理师生关系问题上，经常进行“吾日三省吾身”，对自己做深刻的反省。其实，最该反省的不是老师，而是学生自己。比如，针对我的博士论文，老师一再指出我收集资料的功夫不够，原因不在于基础如何，而是没有安静坐下来做踏实的沉潜功夫。现在回想起来，的确如老师所言，自己真的没有达到老师说的“对自己要狠”的境界和功夫，对自己总是太过于宽恕和纵容。导师为学、为人对我的影响，可谓大矣！对我的照拂和关心更是语言所难以描述的。在今后的道路上，只有不懈地努力方能报师恩于万一。

本书的最终完成还受益于众多良师益友的指导与帮助。南开大学陈·巴特尔老师是我硕士时期的导师。陈老师一直对我的工作和学习给予指导，与先生交流往还的日子使我的视野得到极大开阔。南开大学张晓唯教授对我的求学与生活亦多有指教，学生深表谢意。另外，天津师范大学李素敏、南开大学沈亚平等老师在论文开题或答辩中提出诸多修改意见，学生在此亦深表谢忱。本书的出版，还得到单位领导、同事以及出版社方面的关心和帮助，在此深表谢意。本书付梓的背后更有家人的牺牲与付出，感谢他们为我求学与工作营造的良好环境。

对近代中国大学社会服务的探索仍然在路上，限于个人的能力与水平，书中疏漏之处在所难免，恳请专家、学者批评指正。

许衍琛

2019 年 5 月于天津